KB199601

파리를
Penser
생각한다
Paris

파리를 생각한다
─도시 걷기의 인문학

1판 1쇄 발행 2009년 9월 4일
1판 10쇄 발행 2019년 9월 20일

지은이 정수복
펴낸이 이광호
펴낸곳 ㈜문학과지성사
등록번호 제1993-000098호
주소 04034 서울 마포구 잔다리로7길 18(서교동 377-20)
전화 02)338-7224
팩스 02)323-4180(편집) 02)`338-7221(영업)
전자우편 moonji@moonji.com
홈페이지 www.moonji.com

ISBN 978-89-320-1993-2 03920

| 도시 걷기의 인문학 |

파리를
Penser
생각한다
Paris

정수복
지음

문학과지성사
2009

책을
열며

이 책은 어떤 책인가

땅과 이어져 있음을 느끼고
사랑하는 사람이 몇 있고
마음이 편안한 장소가 늘 거기 있다는 것을 안다면
한 번 사는 인생은 이미 확실해진다.
아니, 어쩌면 그걸로 충분할 것이다.
—알베르 카뮈

고요한 일요일 아침의 생-루이 섬, 파리 4구, 2009.

파리,
거대한 도서관

      2002년 서울을 떠나 파리에서 새로운 삶을 시작한
지 어느덧 7년이 넘었다. 1980년대 유학 시절을 보낸 7년을 더하면 14년이
라는 세월을 이방의 도시 파리에서 보낸 셈이다. 그 수많은 시간들 가운데
많은 부분이 책 읽기와 파리 걷기로 채워져 있다. 일상의 소소한 걱정거리나
밥벌이와 관련된 골치 아픈 문제들을 뒤로하고 마음을 끄는 책 속으로 빠져
들거나 파리 시내를 마음 내키는 대로 산책하는 시간들이 없었다면 나의 두
번째 파리 체류는 벌써 끝이 났을지도 모른다. 책을 읽고 책을 쓰는 일을 직
업으로 하는 나에게는 걸으면서 파리를 발견하는 즐거움도 크지만, 책을 읽
다가 파리를 새로운 눈으로 볼 수 있게 만들어주는 뛰어난 문장을 만나는 기
쁨도 그에 못지않게 크다. 누구보다도 파리를 많이 걷고 사랑했으며 파리를
독특한 시각으로 연구한 발터 벤야민에 따르면, "세계의 어떤 도시도 파리만

큼 책과 내밀하게 연결된 도시는 없다. 왜냐하면 수세기 전부터 센 강에는 학문의 담쟁이덩굴이 붙어 있기 때문이다. 파리는 센 강이 가로지르는 도서관의 거대한 열람실이다. 〔…〕 가장 완성된 형태의 산책, 가장 행복한 산책은 책을 향한 산책이고 책 속으로의 산책이다." 벤야민의 말대로 파리가 하나의 거대한 도서관이라면 파리를 걷는 일은 그곳에 들어가 마음에 드는 책을 꺼내 읽는 일과 같다. 파리에는 독자의 눈길을 기다리는 수많은 책이 배열되어 있다. 파리는 신비로운 '상상의 도서관'이며 거대한 '기호의 공화국'이다. 건물, 길, 공원, 팻말, 카페, 광장, 골목길, 성당, 학교, 신문가판대, 공연장, 극장과 영화관, 박물관, 운동장과 체육관, 사무실, 동상, 버스, 지하철 그리고 거리를 지나가는 남녀노소가 모두 해석을 기다리는 독서의 대상들이다. 그래서 도서관에서 책을 읽는 일과 파리를 걷는 일이 하나로 이어진다.

사회학자의
인문학적 파리 산책기

　　　　　　　프랑스혁명 이후 근대의 문학과 예술, 사회과학과 사회운동은 모두 파리라는 도시에서 꽃을 피웠다. 파리는 프랑스의 수도가 아니라 유럽의 수도였고, 근대성의 수도이며 19세기의 수도였다. 그러기에 19세기 유럽의 근대문명을 알기 위해서는 파리를 알아야 하고, 파리를 알기 위해서는 파리를 걸어야 한다. 그래서 나는 1980년대 파리에 와서 사회학을 중심으로 하여 오늘날 세계로 확산된 근대문명과 근대사회의 핵심을 탐색했다. 그때부터 나는 전공의 울타리를 벗어나 나의 지적 관심을 충족시키는 다른 학문 분야에도 못지않은 관심을 기울였다. 파리의 자유로운 지적 분위기는 인간과 사회에 대한 나의 인문학적 관심을 자극했다. 그래서 나는 사회과학과 인문학을 오가는, 때로는 인문학적 사회학자가 때로는 사회학적 인문학자가 되었다. 그리고 2000년대 내 인생 두번째로 파리에 체류하면서는 아예 책 밖으로 뛰쳐나와 파리라는 거대한 도서관을 본격적으로 산책하기 시작했다. 파리의 거리는 생생한 기억의 저장소다. 파리의 거리에는 역사와 철학, 건축과 문학, 예술과 과학, 폭동과 혁명의 흔적이 남아 있다. 그러기에 파리에서 거리를 걷는 일은 지나간 역사의 조각들을 찾아내고 이어보는 조각그림 맞추기 놀이가 될 수도 있다. 파리를 하염없이 걸으며 파리에 대한 정보와 지식, 느낌과 생각들이 쌓이면서 파리 산책기 한 권을 쓰고 싶다는 생각이 들기 시작했다. 그래서 나의 두번째 파리 생활 7년 만에 이 책을 썼다.

오랜 파리 산책의 열매인 이 책은, 두 가지 의미에서의 파리 산책기라고 할 수 있다. 먼저, 이 책은 내가 파리라는 도시 공간을 발길 가는 대로 산책하면서 보고 듣고 느끼고 생각한 것들을 적은 것이다. 그런데 파리를 걸으면서 파리와 친숙해질수록 파리를 더 잘 알고 싶었다. 그래서 파리를 주제로 한 역사와 문학, 철학과 사회과학 분야의 책들을 찾아 읽기 시작했다. 그래서 이 책에는 파리에 대한 책들 속으로 산책하면서 내가 찾아낸 사실과 정보들이 파리를 직접 내 발로 걸으며 느끼며 생각한 것들과 함께 녹아 어우러져 있다. 그러니까 이 책은 말하자면 '파리 걷기'와 '파리 읽기'가 상호작용을 하며 만들어낸 사회학자의 인문학적 파리 산책기라고 할 수 있다. 이 책에는 내가 파리를 걷게 된 개인적 내력(「파리를 걷는 사회학자」)과 걷는다는 것의 진정한 의미를 생각해본 글(「걷기의 철학」)에서 시작하여 파리의 형성과정을 역사적으로 기술하며 파리의 현재를 객관적으로 기술한 글(「지도 속의 파리 읽기」)과 파리가 아름다운 미학적 이유를 나 나름대로 이해하고 해석해본 글(「파리의 도시미학」)이 실려 있다. 나는 이 책에서 파리를 남다르게 걸었던 사람들의 계보를 추적해보기도 했고(「파리 산보객의 계보학」) 오늘을 사는 파리지앵들이 파리라는 도시 공간을 일상의 삶 속에서 어떻게 활용하고 있는가를 알아보기도 했다(「파리지앵들의 파리」). 그러니까 이 책은 파리 전체를 하나로 놓고 쓴 총론 또는 개론에 해당한다. 원래 이 책의 초고에는 '캉파뉴 프르미에르 거리의 기호학' '몽파르나스 묘지 기행' '사라진 강의 흔적을 찾아서' '몽마르트르 언덕의 다른 얼굴' 등 파리 시내의 개별적 장소들에 대한 나의 체험과 생각들을 담은 열 편의 글이 실려 있었다. 그러나 책의 부피가 커지는 등 편집상의 이유도 있고 해서 구체적 장소에 대한 나머지 글들은 다음번 기회에 다른 형식으로 독자들에게 내보이기로 했다. 발자크의 말대로 파리는 수심을 알 수 없는 거대한 대양이다. 이 책은 작은 배를 타고 파리라는 대양을 탐사한 한 인문학적 사회학자의 작은 중간보고서에 불과하다. 나는 아직도 파리를 더 넓고 더 깊게 알고 싶다. 아는 만큼 보일 뿐만 아니라 아는 만큼 깊이 사랑하게 되고 사랑하는 만큼 더 많이 알고 싶어지는 법이다. 그래서 나는 오늘도 파리로 길을 떠난다.

낯섦과 익숙함
사이에서

　　　　　　　　　누구나 파리를 만나보고 싶어 한다. 그러나 누구나
다 파리를 진정으로 깊이 사랑하지는 않는다. 사람과 사람 사이의 만남처럼
파리와 사람 사이의 만남도 파리의 특성과 특정 개인의 취향이 만나 일어나
는 특별한 심리-화학 반응이다. 파리의 겉모습을 넘어서 본모습을 볼 줄 아
는 감수성 있는 사람이라야 파리의 본질을 진정으로 보고 느끼고 해석하고
찬양할 수 있다. 그런데 때로 파리지앵들의 편안한 시선보다는 이방인의 낯
섦을 느끼는 눈이 파리의 본질을 꿰뚫어볼 때가 있다. 그러나 완전한 낯섦은
공포를 불러오고, 그 공포는 자신과 외부 세계를 제대로 볼 수 있는 길을 차
단하기도 한다. 누구라도 어느 정도 주위 환경에 익숙해져야 바깥세상을 자
연스럽게 바라볼 수 있기 때문이다. 그러나 한 장소에 너무 익숙해지면 모든
것이 너무 당연하게 보인다. 그래서 낯섦은 벗어났지만 아직 너무 익숙해지
지는 않은 상태가 파리를 호기심을 가지고 바라볼 수 있는 가장 이상적인 정
신의 상태라고 할 수 있다. 나는 2002년 이후 파리에 살면서 파리 곳곳을 걸
어 다녔다. 낯설었던 파리가 날이 갈수록 점점 더 익숙한 장소가 되었다. 좋
은 느낌이 들어서 자주 다닌 장소는 너무 익숙해지기도 했다. 그러면 그 장
소는 당분간 피하고 새로운 장소를 찾아다녔다. 그러다가 오래전에 다녔던
장소를 다시 찾아가면 똑같은 장소가 새롭게 느껴졌다. 과거에 왔을 때는 보
이지 않던 것들이 눈에 들어왔다. 나는 그런 방식으로 익숙함과 낯섦 사이를
오가며 항상 새로운 기분으로 파리를 걸어 다닐 수 있었다.

13

부분과 전체를
오가며

        세상의 모든 도시는 어느 한 장소에서 시작하여 걷기 시작하면 그 도시의 어느 방향의 어느 장소라도 다 갈 수 있도록 모든 부분이 서로 연결되어 있는 신비한 공간이다. 모든 길은 서로서로 이어져 있다. 막힌 길이나 끊어진 길이 있어도 우회를 통해 다시 연결된다. 그러니까 한 도시를 안다는 것은 각각의 장소들을 하나씩 알아가는 일에서 끝나지 않고 각각의 장소들이 서로 어떻게 이어지는가를 아는 일로 계속된다. 부분들의 이음새와 짜임새를 파악하여 도시를 전체로 바라볼 수 있어야 우리는 그 도시를 안다고 할 수 있다. 그러므로 파리를 안다는 것은 파리를 이루는 모든 부분을 다 아는 일로 끝나지 않는다. 그와 함께 파리의 부분들이 서로 어떻게 이어져 전체를 이루는가를 밝히고 전체로서의 파리가 갖는 아름다움과 매력을 설명할 수 있어야 한다. 책 쓰기를 사진 찍기에 비유하자면, 이 책에서 나는 줌인과 줌아웃을 거듭하면서 부분과 전체, 미시와 거시 사이를 오가며 파리의 모습을 잡아보려 했다. 골목길을 걸으며 만나는 각각의 건물들이 주는 느낌에 마음의 문을 열고, 건물들의 역사적 유래와 의미를 찾으며 길의 진행에 관심을 기울였으며, 그 길이 다른 길과 어떻게 만나는가를 살폈다. 길모퉁이 카페에 앉아 지나가는 사람들을 물끄러미 바라보며 그들의 삶을 상상해보기도 했고, 묘지를 순례하며 죽은 자들과 무언의 대화를 나누기도 했으며, 도서관에 들어가 책 속에 흠뻑 빠지기도 했고, 미술관이나 박물관에서 수많은 작품들을 하염없이 감상하기도 했다. 사라진 강의 흔적을 찾아 파리 변두리 지역을 떠돌기도 했으며, 언덕 위에 자리 잡은 파리의 달동네에 올라가 파리를 하염없이 내려다보기도 했고, 서점에 들러 새로 나온 책들을 뒤적이다가 머릿속이 꽉 차오르면 센 강변을 산책하기도 했다.

중앙에서
변두리로

나는 지난 7년 동안 파리를 걸었다. 처음에는 아무 순서도 없고 아무 문제의식도 없이 그저 호기심이나 그날의 기분에 따라 자연스럽게 발길 가는 대로 파리를 걸었다. 그런데 지금 와서 보니까 중앙보다는 변두리 지역을 많이 다녔다. 물론 도시의 역사는 언제나 중앙에서 시작하여 동심원을 그리며 외곽으로 퍼져나간다. 유럽의 어느 도시에 가보아도 도심에 권력의 축과 중요한 기념비적 장소들이 몰려 있다. 파리도 시테 섬을 중심으로 하여 센 강 좌안과 우안 중심부에 중요한 기념비적 건물들이 거의 다 있다. 그곳을 모르고 파리를 안다고 할 수는 없다. 그러나 중앙을 넘어 변두리로 발걸음을 옮길 때 파리의 진실에 더 가까이 다가갈 수 있다. 도시의 진실은 손님맞이를 위해 꾸며진 화려한 중앙보다는 그 도시에 사는 사람들의 일상적 삶이 꾸밈없이 그대로 드러나는 변두리에 있다. 관공서와 상가와 사무실이 밀집된 도시의 중앙은 아침이면 사람들이 몰려왔다 저녁이면 사라지는 가공의 공간인 반면, 주거공간이 대부분인 도시의 변두리는 삶의 애환이 펼쳐지는 삶의 공간이기 때문이다. 그래서 파리의 진실은 1구에서 9구 사이의 중앙보다는 10구에서 20구로 이어지는 변두리에서 더 많이 발견된다. 파리의 변두리를 걸어봄으로써 우리는 파리지앵도 느끼지 못하는 파리의 다양한 분위기를 느낄 수 있다. 가장 프랑스적인 취향의 지식인으로 꼽히는 롤랑 바르트도 어느 인터뷰에서 파리의 주변부로 나가면 어디 다른 도시에 온 느낌을 받는다고 말한 적이 있다. 지난 몇 년 동안 파리 곳곳에 수없이 남긴 발자국 덕택에 나는 어떤 점에서 보자면 파리지앵보다도 더 많이 파리를 알게 되었다. 파리지앵들도 자기가 사는 동네와 일터를 오가는 생활권에 잡혀 있기 때문에 그 바깥의 파리에 대해서는 잘 모르는 경우가 대부분이다. 파리의 지식인들을 보기로 들어보면, 그들은 5구의 캬르티에 라탱을 중심으로 동쪽으로는 콜레주 드 프랑스를 지나 파리 7대학이 있는 쥐시외에 이르고 서쪽으로는 생-제르맹-데-프레와 불바르 라스파이, 남쪽으로는 옵세르바퇄르, 북쪽으로는 센 강에서 멈추는 제한된 구역 안에서만 생활한다. 그러기에 그들은 파리의 변두리를 모른다. 그러나 파리에는 지식인의 파리만 있는 것이 아니다. 파리는 수없이 많은 조각들로 이루어진 거대한 모자이크 그림이다. 노동자와 이민객의 파리가 있는가 하면, 동성애자와 불법체류자의 파리도 있다. 그리고 그런 파리는 중앙이 아니라 변두리에 있다. 나는 중심부뿐만 아니라 변두리까지, 화려한 동네만이 아니라 허름한 동네까지, 유명한 장소만이 아니라 일상의 장소까지 파리 곳곳을 내 발로 직접 걸어 다니며 보고 듣고 생각하고 느낀 것들을 기록했다. 부유층 주거지인 16구, 노동자 주거지였으나 이제는 보보들이 찾아오는 18구와 19구의 달동네, 14구와 15구의 골목길, 아시아인들이 많이 사는 13구 등 파리 곳곳에는 나의 산책의 발자취들이 남아 있을 것이다. 그럼에도 불구하고 이 책에서 드러나는 파리의 모습은 수없이 많은 파리의 모습 가운데 내가 바라본, 극히 부분적이고 개인적인 파리에 불과하다. 파리는 보는 사람에 따라 그 모습을 달리하는 수없이 많은 얼굴을 가진 신비한 도시이기 때문이다.

생각의
씨앗

　　　　　　　모든 책은 생각의 씨앗이 발아하여 자라난 한 그루의 나무와 같다. 파리와 걷기를 주제로 한 이 책의 씨앗을 1996년에 펴낸 『녹색 대안을 찾는 생태학적 상상력』에 실린 '녹색 문화도시를 꿈꾼다—서울, 파리 그리고 경주에서의 산책'에서 찾아볼 수 있다. 그 글에서 나는 이미 파리 걷기를 서울과 경주에서의 걷기와 교차시킨 바 있다. 그리고 어떻게 보면 이 책은 서울을 떠나기 전 아내와 함께 펴낸 『바다로 간 게으름뱅이』(2001)의 후속편이라고 볼 수 있다. 나는 그 책에서 속도를 숭배하는 현대사회를 비판하며 시간의 여유, 마음의 여유를 가지고 자연의 흐름과 변화를 느끼고 문화의 향기를 체험하며, 오감을 열고 시적 영감을 기다리며, 계산을 넘어서고 자신을 넘어서서 초월적 세계와 만나는 느림의 삶의 양식을 모색했다. 어떻게 보면 나의 파리 생활은 그런 대안적 삶의 실험 과정이기도 하다. 파리에는 오랜 문화와 예술, 역사와 지성의 향기가 춤추며 날아다닌다. 파리는 그곳을 걷는 사람의 역사적 상상력을 증진시킨다. 그러나 파리 곳곳에 새와 나무, 풀밭과 꽃밭이 있는 정원이 없다면 파리가 지닌 문화와 역사의 향기도 그 가치를 충분히 발휘하지 못할 것이다. 파리의 콩코르드 광장에는 거대한 오벨리스크가 서 있고, 뤽상부르 공원의 보들레르의 동상 곁에는 키가 큰 마로니에 나무가 의젓한 자태로 서 있다. 역사적 상상력과 자연에 대한 감수성의 결합이 지금 여기의 분주한 마음을 누그러뜨려 파리 걷기를 새로운 발견으로 인도할 것이다.

기록의 중요성

나는 기록의 중요성을 생각하면서 이 책을 썼다. 어느 순간 떠올랐다가 향수처럼 사라지는 순간의 느낌이나 생각들을 붙잡아두고 싶었다. 파리에 대한 막연한 느낌과 두루뭉술한 생각을 좀더 분명하게 만들기 위해서도 기록이 필요했다. 아름다운 장소를 소유하기 위한 가장 효과적인 방법은, 재능의 유무와 관계없이, 그곳에서 느끼고 생각한 바를 글로 쓰는 일이다. 그래서 나는 파리 시내를 산책할 때면 언제나 손안에 들어오는 수첩을 가지고 다니는데, 간혹 카메라를 가지고 다니기도 했다. 어느 장소의 특별한 분위기를 이미지로 잡아보고 싶을 때가 있기 때문이다. 이 책에 실린 사진들은 그렇게 채집한 우연한 장면들이다. 그런데 사진 찍기가 때로는 한 장소를 잘 보고 느끼는 것을 방해하기도 한다. 일단 찍어놓고 나중에 다시 보자는 심리가 작용하기 때문이다. 프랑스의 원로 사진작가 앙리 카르티에-브레송이 만년에 사진작업을 중단하고 데생에 전념한 이유도 카메라에 담기에 쫓겨 스쳐지나간 대상들을 더 잘 보고 느끼기 위해서였는지도 모른다.

이 책은 일단 파리에 대한 나의 개인적 기록이다. 그러나 모든 기록은 개인적 의미를 넘어서 그 안에 더 큰 중요성을 담고 있다. 모든 문화는 기록을 통해 한 세대의 체험이 다음 세대로 전달되면서 만들어진다. 기록의 중요성은 개인적 체험을 사회적 자산으로 만들고 그것을 후대에까지 전수하는 일에 있다. 나는 나보다 먼저 파리를 걸었던 사상가, 시인, 작가, 예술가, 학자들이 남긴 글들을 읽으면서 나의 파리 생활을 기록으로 남겨야겠다는 생각을 더욱 굳혔다. 나는 이 책을 쓰면서 식민지시대 도쿄에서 프랑스어를 공부하며 파리를 동경했던 『오감도』와 『날개』의 작가 이상이 파리에 올 수 있었다면 어떤 기록을 남겼을까 생각해보았다. 개화기에서 식민지시대에 이르기까지 20세기 전반기에 유길준에서 나혜석을 비롯해서 여러 한국 사람들이 파리를 여행하고 파리를 느꼈지만 그들이 남긴 글은 거의 없거나 빈약하다(유길준은 『서유견문』에 파리에 대해 간략한 소개글을 남겼고, 나혜석은 파리 클뤼니 중세박물관의 오래된 아치형 문을 그림으로 남겼다). 철학자 정석해, 사회학자 공항진을 비롯해 1920년대에 파리에 유학했던 사람들이 여럿 있었으나 그들이 파리에서 어떻게 살고 무엇을 느꼈는지는 알 수가 없다. 그렇다면, 이 책은 앞으로 한 세대가 지나서 2000년대에 파리에 살았던 한 한국 사람이 파리에서 무엇을 보고 어떻게 느꼈는지를 알 수 있는 기록이 될지도 모른다.

하나만의
선택

파리를 걷고 파리에 대한 책을 읽으며, 파리에 대한 이 책을 쓰면서 머릿속에 책의 제목들을 떠올려보았다. 젊은 세대들에게

호소하기 위해서 "파리, 영화 속처럼 걷기" "파리, 걸어서 내 것으로 만들기" 등의 제목을 떠올렸고, 파리를 걷는 일과 인생행로를 비유하여 "파리에서 길 찾기"라는 제목도 생각해보았다. 그러다가 단순하게 "걸으며 발견한 파리" "걷는 자의 파리" "파리를 걷는 사람" "행복한 걷기" "문화 도시 파리 산책기" 등의 제목도 떠올렸다. "파리의 유목민" "매일 오후 파리로 떠나는 여행" "나는 매일 센 강을 건넌다" 등을 생각해보기도 했고, "파리와 나눈 이야기" "파리, 깊이 알고 사랑하기" "내 마음속의 파리" "문화적 삶의 공간, 파리 이야기" "파고들어서 발견한 파리" 등의 제목도 떠올렸다. 책의 제목은 하나일 수밖에 없다. 하나만의 선택을 위한 심사숙고의 날들이 흘렀다. 그러다가 어느 날, 이 책이 파리에서 있었던 나의 사적 체험담만 늘어놓은 것이 아니라 파리 전체를 이해와 분석의 대상으로 놓고 있다는 생각이 들었다. 그때 불현듯 떠오른 제목이 바로 "파리를 생각한다Penser Paris"였다. 그러나 이 책의 내용을 관통하는 두 개의 키워드를 들라면 '파리'와 더불어 '걷기'를 들어야 했다. '걷기'라는 단어가 꼭 들어가야 할 것 같았다. 그리고 이 책은 파리를 여행할 때 '유용한' 실용적 정보들보다는 파리라는 도시를 걸을 때 떠오르는 '쓸모없는' 인문학적 사실과 해석들이 주류를 이루고 있다. 여기서 인문학이란, 인간은 무엇이고, 삶의 의미는 어디에 있으며 나는 어떻게 살 것인가라는 질문에 답하기 위한 지속적 노력을 말한다. 파리를 걷다 보면 수많은 삶의 이야기와 만나게 되고 그래서 철학적, 미학적, 역사학적, 사회학적, 인류학적, 지리학적, 심리학적 성찰이 일어난다. "도시 걷기의 인문학"이라는 부제를 붙인 이유가 여기에 있다. 초현실주의 화가 마그리트가 파이프를 그려놓고 그 밑에 "이것은 파이프가 아니다"라고 써놓은 것처럼 얼핏 보기에 파리 여행안내서처럼 보이는 이 책은 여행안내서가 아니다. 그렇다면 이 책의 제목은 "파리를 생각한다—이 책은 여행안내서가 아닙니다"가 될 수도 있을 것이다. 다시 말해서 나는 독자들이 파리에 가보지 않더라도 상상과 추체험을 통해 파리라는 도시를 느끼고 생각해볼 수 있기를 바라면서 이 책을 썼다.

파리 걷기로의
초대

파리를 걷기 위해서는 일단 마음의 준비가 필요하다. 마음먹기에 따라 파리는 다른 모습을 보이기 때문이다. 파리는 세계적인 문화의 중심지이며 세계적인 유행과 사치품 생산의 본고장이다. 파리에서는 끊임없이 전시회, 음악회, 연극, 영화, 무용, 오페라 등의 문화 행사가 열리고, 봄·가을에는 유명 디자이너들의 패션쇼가 열리고, 수많은 신상품 소개 행사가 줄을 잇는다. 파리의 이미지는 화려함의 극치다. 각자 자신의 기호와 처지에 따라 각기 다른 파리를 찾기 마련이지만, 중동의 산유국이나 러시아와 중국의 신흥 부유층들에게 파리는 고급 호텔에 머무르면서 고급 레스토랑에서 식사를 하며 고급 포도주를 마시고 세계 최고 수준으로 디자인된 보석과 유명 브랜드의 의상, 핸드백, 구두, 선글라스, 향수, 화장품, 시계를 매입하는 장소다. 그들에게 파리는 몽테뉴 거리와 방돔 광장을 크게 벗어나지 않는다. 많은 사람에게 '명품'이라고 불리는 사치품 구매가 파리에 오는 주요한 이유 중의 하나다. 매년 1월 초 신년휴가 직후와 6월 말 여름휴가 직전에 각각 5주일 동안 진행되는 세일 기간에 좋은 물건을 싸게 사면 비행기 값과 숙박비가 떨어진다는 계산 방법도 있다. 그러나, 모든 대도시가 그렇지만 특히 파리의 특징은 다양성에 있다. 사치와 허영의 파리가 있는가 하면, 예술과 영감의 파리도 있다. 파리의 구석진 골목길의 매력이나 한적한 동네의 카페에서 느낄 수 있는 분위기는 많은 돈을 가지고 화려한 물건을 좇는 사람에게는 오히려 자신의 본모습을 감춘다. 화려함을 좇는 이들에게 파리는 겉으로 비위를 맞추지만 결코 자신의 속내는 드러내지 않는다.

파리에 대해 근거 없는 환상을 가질 필요는 없다. 사람 사는 곳이 다 그렇듯이 파리에도 불평과 불만거리가 많다. 길거리에 개똥이 많아 지저분하고, 오래된 건물의 계단 사이에 꾸겨 넣은 엘리베이터의 내부가 너무 좁고, 지하철에는 냉방 장치가 없고, 인터넷 속도가 느리고, 영어가 잘 안 통하며, 24시간 편의점이 없으며, 물가가 비싸고, 카페나 식당의 종업원들이 불친절하다. 그렇다고 그런 불만과 불평에 사로잡히면 파리의 본모습을 볼 수가 없다. 무엇이든 귀한 것은 즉각적으로 손에 잡히지 않는 법이다. 파리의 매력도 마찬가지다. 파리의 불편함에 짜증으로 즉각적인 반응을 보이는 단계를 넘어서 겉껍질 속에 숨어 있는 진정한 가치와 매력을 발견하려는 마음의 준비가 된 사람에게만 파리는 자신의 매력을 서서히 드러낸다.

관광산업을 가리켜 "집에 가만히 있으면 더 나을 사람들을, 그들이 없으면 더 나을 장소로 이동시키는 산업"이라고 말하는 사람도 있지만, 관광은 너무 많이 알려졌고 너무 많은 사람들이 지나가서 이미 진부해진 장소를 보러 가는 일종의 소비 행위가 되어버렸다. 필리프 메이에르가 쓴 『위대한 파리』(1997)에는 한국인 관광객 이야기가 나온다. 영어를 조금 하는 20대 한국인 의대생이 20일 동안 유럽 10개국을 순방하는 일정에서 마지막으로 파리에 와서는 에펠탑 앞에서 아름답다는 환성을 지르고, 루브르 박물관에서 「모나리자」와 「비너스」를 서둘러 보고 나와서 오르세 박물관에 들러 인상파 화가들의 그림을 본 뒤, 몽마르트르 언덕을 올라갔다가 다음 날 아침 일찍 베르사유에 갔다가 그날 밤 드골 공항에서 서울로 돌아가는 이야기다. 필리프 메이에르는 어디어디를 다녀왔다는 증명사진 찍기에 바빠서 파리의 진정한 매력을 만나지 못하고 돌아가는 한국 청년을 안타깝게 바라보며 아프리카의 밀림 속에서 줄을 타고 이 나무 저 나무를 빠르게 옮겨 다니는 타잔의 모습을 떠올린다. 그러면서 그는 한국 관광객을 '문화의 타잔'이라고 부른다. 그는 한국인만이 아니라 파리를 오는 모든 나라 사람들에게 짧은 시간에 많은 곳을 보려고 서두르지 말고 어느 한 장소라도 깊게 음미하며 '자기만의 순간'을 만들기를 권한다. 많은 장소를 가보려고 서두르지 말고 몇 개의 장소와 내밀한 개인적 관계를 만드는 것이 진정한 여행의 기술이다. 파리는 마음의 여유를 갖고 천천히 길을 걷는 사람에게 자신의 모습을 보여줄 것이다. 에펠탑과 노트르담 사원 방문, 치즈와 포도주 맛보기, 샤넬 향수와 루이뷔통 핸드백 쇼핑이 2박 3일 파리 관광의 주요 일정인 사람에게 그런 이야기는 무슨 뚱딴지같은 소리로 들릴지도 모른다. 그러나 허영의 뤽스luxe와 세속적 솔드

solde를 뒤로하고 파리에 대한 불평과 편견이라는 문지방을 넘어서 파리의 진면모를 느껴보려는 사람만이 파리의 숨겨진 모습을 볼 수 있을 것이다. 그런 사람만이 파리에서 '자기만의 순간'과 '자기만의 장소'를 발견하게 될 것이다.

파리에서
헛걸음은 없다

나는 파리 전체를 발로 걸으면서, 파리의 역사적 유래와 흔적을 기록한 에릭 아장의 저서 『파리의 발명』의 부제 "헛걸음은 없다Il n'y a pas de pas perdu"라는 문장을 혼자 입속으로 중얼거리곤 한다. 사실, 파리에서는 아무 데나 걸어도 무언가 새로운 것을 발견할 수 있다. 걸으면 발견한다. 시인 말라르메는 "이 세상의 모든 것은 한 권의 '절대적 책Le Livre'으로 귀결되게 되어 있다"고 말했지만, 파리라는 거대한 책은 그 자체로 살아 숨 쉬는 공간이고 사람들이 두 발로 걸어 다니는 삶의 공간이다. 그러기에 파리는 직접 자기 발로 걸어보아야 알 수 있는 도시다. 똑같은 파리라도 자동차를 타고 다니며 보는 파리와 발로 걸어 다니면서 보는 파리는 크게 다르다. 파리를 걷다 보면 도처에서 문화와 예술, 종교와 철학의 역사 속으로 빠져들 수 있다. 그러다 보면 세상을 다시 보게 되고 인생을 새로운 눈으로 볼 수 있게 될지도 모른다.

이 책이 나오기까지 서울과 파리의 여러 친구들의 격려와 도움이 있었다. 우선 나와 함께 파리의 많은 장소들을 함께 걸으며 느낌과 생각을 나누고 있는 아내에게 감사한다. 감사하다는 말이 필요 없는 관계라고 할지라도 감사하다는 말을 하고 싶다. 파리 걷기를 격려해준 도미니크, 미셸, 베아트리스, 베르트랑, 브리지트, 알랭, 즈느비에브, 알방 등 프랑스 친구들에게 감사한다. 그들은 자신들이 사는 동네와 자신들이 즐겨 찾는 장소들에 대한 이야기를 해주었고 파리에 살게 된 유래와 파리에 대한 생각들을 말해주었다. 그들의 저녁식사에 초대받아 아페리티프를 마시며 나눈 이런저런 이야기의 편린들이 이 책 이곳저곳에 스며들어 있을 것이다.

　서울에서 파리에 여행 와서 나와 함께 파리 이곳저곳을 함께 걸어 다니며 많은 이야기를 나눈 김기석, 한상익 등 여러 친구들에게도 감사의 마음을 전한다. 파리의 공원과 골목길, 묘지와 강변을 함께 걸으며 나눈 속 깊은 이야기들이 이 책을 쓰는 데 많은 격려가 되었다.

　파리에서 알게 된 나의 말벗 이윤영에게 감사한다. 그는 이 책의 초고를 꼼꼼히 읽고 중요한 제안을 해주었으며 이 책이 갖는 의미를 되짚어주었다. 이 책의 초고와 재교가 서울과 파리를 오가는 과정에서 크고 작은 문제들을 함께 풀어나가는 데 애써준 박지현 씨를 비롯한 문학과지성사 편집부와 미술부 담당자들에게도 감사의 마음을 전한다.

2009년 여름의 끝자락에
파리에서
정수복

파리를 걷는 사회학자

내가 파리를 걷는 이유

l'Attrape-Cœurs

librairie
généraliste

파리
나의 도시
나의 둥지
나의 섬
나의 삶!

—파리 지하철 차량 속에 붙어 있는 시

몽마르트르 언덕의 서점 앞, 사진 속의 남자는 2008년 노벨문학상을 받은 르 클레지오, 파리 18구, 2009.

땅은 언어에
앞선다

　　　　　　　서울 생활을 뒤로하고 파리 생활을 시작한 지 벌써
7년이 넘었다. 일상적 삶의 공간을 서울에서 파리로 바꾸었다는 것은 발을
딛고 사는 땅이 달라졌고, 바라보는 하늘이 달라졌고, 함께 사는 사람들이
달라졌고, 무엇보다도 매일 듣고 말하는 언어가 달라졌음을 뜻한다. 현실은
언어를 통해서 구성된다. 나는 프랑스 친구들과 프랑스어로 이야기하고 같은
건물의 사람들과 프랑스어로 인사를 주고받고 『르몽드』지를 읽고 '프랑스 퀼
튀르' 라디오 방송을 듣고 아르테Arte와 엘세이LCI 텔레비전 방송을 본다. 프
랑스어가 없는 파리 생활은 생각할 수 없는 일이다. 그러나 나의 파리 생활
이 서울 생활과 가장 확실하게 구별되는 점은, 매일 내 마음이 가는 대로 파
리의 땅 위를 내 발로 걸어 다닌다는 사실이다. 파리의 공기를 숨 쉬며 파리
의 하늘을 바라보며 파리 구석구석의 땅기운을 내 두 발로 직접 느끼며 걸어

다니는 일은, 오로지 파리에서만 가능한 일이다. 그러므로 땅은 언어에 앞선다. 언어 이전에 땅이 있다. 오전 시간을 책상 앞에서 글쓰기로 보낸 나는 오후가 되면 대문을 박차고 나와 파리 시내 곳곳을 배회한다. 그래서 파리는 나에게 일상의 다양한 모험을 허락하는 약속의 땅이 된다.

파리에서만
할 수 있는 일

나는 오늘도 파리를 걷는다. 프랑스와 파리에 대한 나의 관심은 중·고등학교 시절 프랑스어를 배우면서 시작되었다. 그때 외운 데카르트의 "나는 생각한다. 고로 나는 존재한다Je pense, donc, je suis"는 구절이나 파스칼의 "인간은 자연에서 가장 나약한 갈대에 불과하다. 그러나 그것은 생각하는 갈대다L'homme n'est qu'un roseau le plus faible de la nature. Mais c'est un roseau pensant"라는 구절은 아직도 내 머릿속에 그대로 남아 있다. (두 문장의 공통점이 '생각'에 있듯이 이 책의 제목인 '파리를 생각한다'에도 '생각'이 들어가 있다.) 그렇게 해서 만들어진 프랑스에 대한 관심은 1970년대 경복궁 동문인 건춘문 앞에 있던 프랑스 문화원 시네마테크에서 본 프랑스 영화들과 문과대 불문학과를 들락거리며 읽은 프랑스 소설들을 통해 더욱 깊어졌다. 프랑스 문화의 세련됨과 우아함 그리고 프랑스 사람들의 자유분방함과 개성에 대한 존중이 나의 마음을 끌었다. 김붕구, 박이문, 김현, 김치수, 오생근, 김화영, 곽광수 등이 쓰거나 번역한 책들이 프랑스에 대한 나의 관심을 키우는 자양분이 되었고, 1789년 프랑스혁명에서 1968년 5월운동으로 이어지는 프랑스 사회운동의 역사가 나를 불렀으며, 사르트르, 레비-스트로스, 알튀세, 라캉, 모랭, 투렌, 부르디외 등의 철학, 사상, 정신분석학, 사회이론들이 나를 유혹했다. 그래서 나는 드디어 1982년 파리로 유학을 떠났고 오늘날까지 파리와 끊을 수 없는 각별한 관계를 맺으며 살아가고 있다.

　1980년대 유학생으로 6년 반 이상 파리에서 생활하면서 나는 파리를 어느 정도 안다고 생각했다. 그러나 지금 와서 다시 생각해보면 "서울 사람이 남산에 안 올라간다"는 말이 있듯이 유학 시절의 나는 파리에 살면서도 파리를 몰랐다. 파리 14구 주르당 거리에 있는 국제학생기숙사 주변과 6구 라스파이 거리의 학교 도서관 그리고 라탱 구역과 일 생-루이를 넘어서면 가본 곳이 거의 없었다. 당시 나는 유럽의 다른 나라들을 알고 싶다는 생각에 부활절 방학, 여름 방학, 만성절 휴가 등 기회가 되면 닥치는 대로 영국과 독일, 이탈리아, 스위스, 네덜란드, 벨기에 등을 여행했고 프랑스의 여러 지방들을 알아야겠다는 마음에 프로방스, 브르타뉴, 방데, 페리고르, 부르고뉴, 알자스-로렌과 알프스 지방 등을 돌아다녔다. 그러나 "등잔 밑이 어둡다"는 말처럼 파리에 살고 있다는 이유로 파리를 제대로 모르면서도 그냥 안다고 생각하며 살았다.

　1989년 귀국 이후 13년 동안 떠돌던 서울 생활을 접고 2002년 다시 파리에 와서 살기 시작하면서 다른 곳에서는 할 수 없고 오로지 파리에서만 할 수 있는 일이 무엇인지 생각해보았다. 서울 생활의 중심을 이루었던 사회학과 시민운동을 의도적으로 멀리하고 무언가 새로운 길을 찾고 싶었다. 그래서 처음에는 우선 프랑스와 프랑스 사람들의 생활을 더 잘 알기 위해 신문을 열심히 읽고 오랜 시간 라디오 방송을 듣기도 했다. 그러나 그런 일은 인터넷이 발달된 요즘 시절 성의만 있다면 서울에서도 할 수 있는 일이었다. 게다가 골방의 책상 앞에만 앉아 있는 일이 답답하게 느껴졌다. 그래서 동네 산책을 시작했다. 그러다가 어느 날 내가 사는 동네를 넘어 파리 시내의 모든 길을 내 발로 직접 걸어 다니겠다는 '야심 찬' 계획을 세웠다. 공부에 쫓기던 유학 시절보다 훨씬 더 시간적 심리적 여유가 있어서인지 그때는 보이지 않던 파리의 구석들이 눈에 들어오기 시작했다. 그래서 나는 점차 파리를 걷는 사람이 되어갔다. 세상과 직접 부딪쳐 세상을 파악하는 성향의 아내는 나보다 먼저 파리 이곳저곳을 발견하고 다녔다. 아내는 파리의 새로운 장소에 다녀온 날이면 흥분된 어조로 파리의 다채로운 아름다움을 이야기했다. 그러면서 책상 앞에서 많은 시간을 보내는 나에게 파리 산책을 권했다. 어느 날은 아내와 함께, 또 다른 날은 나 홀로 파리의 이곳저곳을 다니다 보니까 마치 매일 다른 도시에 여행 온 것 같은 느낌이 들 정도로 파리의 모습은 다양했다. 그러면서 파리의 수많은 장소들이 갖는 고유한 분위기를 내 몸과 마음으로 직접 느껴보는 일이야말로 파리가 아니면 하지 못할 직접 체험이라는 생각이 점점 더 분명하게 들었다. 그래서 나는 파리의 스무 개 구를 스무 개의 도시처럼 생각하며 매일 다른 도시로 여행을 떠났다. 파리를 내 두 발로 걷는 일은 언어와 이론, 추상과 관념으로 치우친 나의 생활을 감성과 육체, 구체와 현실 쪽으로 이동시켜 삶의 균형을 찾는 일이기도 했다. 그래서 나는 걸었다. 파시에서 벨빌로, 몽파르나스에서 뷔트 오 카이로, 에콜 밀리테르에서 몽마르트르 언덕으로 발걸음을 옮겼다. 때로는 맑은 정신으로, 때로는 흐릿한 정신으로, 때로는 호기심에 차서, 때로는 겁먹은 마음으로, 때로는 명랑한 마음으로, 때로는 화가 나서, 때로는 어리둥절해서, 때로는 가라앉은 마음으로, 때로는 가벼운 마음으로 파리 시내 스무 개 구의 경계를 발길 가는 대로 넘나들며 파리 전체를 샅샅이 누비고 다녔다. 그러다가 언제부터인가 파리의 모든 길이 다 나오는 12,000분의 1 지도 위에 그날 내가 다닌 곳을 초록색 형광펜으로 표시하기 시작했다. 날이 갈수록 지도는 초록색으로 변해갔다. 그렇게 7년 넘게 걷다 보니 파리 사람들과 이야기할 때 어떤 거리나 동네 이름이 나와도 모르는 곳이 거의 없게 되었고, 파리를 배경으로 한 영화나 소설에 나오는 파리의 거리, 카페, 공원, 묘지 등 웬만한 장소는 거의 다 알아볼 수 있게 되었다. 프랑스 사람들의 표현 방식을 따르자면, 파리를 점점 더 호주머니 속처럼 알게 되었다.

파리의
재발견

        1980년대 유학생 시절, 나는 파리 곳곳을 자유롭게 걷지 못했다. 혹시 산책할 마음의 여유가 생기면 항상 다니는 센 강 좌안의 카르티에 라탱과 생-제르맹-데-프레 사이의 익숙한 장소만 오갔다. 나의 파리는 그렇게 제한된 범위를 크게 넘어서지 못했다. 그 밖의 지역은 갈 필요도 없었고 알 필요도 없는 그저 거기에 있는 곳이었다. 당시만 하더라도 '제3세계' 지식인으로 자처하던 나에게 사치와 소비주의에 물든 파리의 상가

나 환락가는 관심의 대상이 되지 못했다. 게다가 파리에서 이동할 때는 시간 절약을 위해 언제나 지하철을 이용했다. 그래서 내 머릿속의 파리는 내가 자주 오가는 지하철역들로 이어진 검은 점들의 세계였다. 파리를 이루는 수많은 점들이 지하철 노선을 통해 연결되었지만 지상에서 어떻게 연결되는지는 알지 못했다. 몇몇 익숙한 지하철역 주변의 모습만 알았지 지하철역과 지하철역 사이에 있는 파리의 지상 풍경은 몰랐다. 알 필요를 느끼지 않았다. 결과적으로 내가 아는 파리는 제한된 범위의 파리에 불과했다. 나는 아직 파리를 몰랐다. 그런 상태에서 나는 공부를 마치고 귀국했다.

그러다가 1993년 12월 한 일간지의 부탁으로 알랭 투렌과 에드가 모랭 등 프랑스 지식인을 현지에서 인터뷰하기 위해 파리에 오게 되었다. 그런데 그 당시 파리는 지하철을 포함하여 온갖 공공교통수단의 노동자들이 파업에 들어간 상태였다. 그래서 자전거, 롤러스케이트, 스케이트보드 등 모든 탈것이 등장했고, 웬만한 곳은 다 걸어 다니는 분위기였다. 당시 내가 머물고 있던 호텔은 생-제르맹-데-프레의 생-페르 거리에 있는 생-페르 호텔이었다. 투렌의 연구실은 6구 라스파이 거리에 있어서 호텔에서 가까웠지만 모랭이 사는 집은 4구의 마레 지역에 있었다. 지도를 펴놓고 보니 파리의 직경 3분의 1 이상 되는 거리였다. 매우 멀게 느껴졌다. 그래서 인터뷰 약속을 한 날 아침 일찍 일어나 모랭의 집까지 걸어가기로 했다. 지도를 펴놓고 보니까 호텔에서 나와 '퐁 데 자르(예술의 다리)'를 건너 우안으로 가서 루브르 박물관과 파리 시청을 지나 강 건너의 생-루이 섬을 바라보며 앙리 4세 거리를 지나 바스티유 광장을 지나면 그의 집이 있는 마레 지역에 도착할 수 있었다. 파리에서 그 정도의 거리를 걸어본 적이 없었기 때문에 얼마만큼의 시간이 걸릴지, 가다가 지치지는 않을는지 전혀 짐작할 수 없는 상황이었다. 그래서 약간 걱정도 되고 흥분도 되었다. 바로 그날 그렇게 파리를 걷다가 나는 파리를 새롭게 발견했다. 걸어가면서 보는 파리의 풍경이 너무나 새롭고 황홀하게 느껴졌다. 마치 처음 보는 파리의 모습 같았고 영화 속을 걷는 느낌이었다. 시간도 한 시간 남짓밖에 걸리지 않았다. 약속 시간보다 30분 이상 앞서서 도착했다. 그렇게 걸으면서 나는 동서 11.5킬로미터, 남북 9.5킬로미터의 타원형으로 이루어진 파리의 규모를 난생처음 내 몸으로 직접 느낄 수 있었다. 지도 속의 파리는 짐작이 가지 않았지만 걸어보니 파리는 그다지 넓지 않은 규모의 도시였다. 웬만한 곳은 한나절에 다 걸어서 오갈 수 있는 거리에 있었다. 그때 나는, 파리가 사람들이 걸어 다니던 시대에 만들어진 도시임을 깨달았다. 20세기에 들어서서 파리가 자동차 중심의 도시로 변모한 것은 사실이지만, 아직도 걷는 자를 위한 도시의 흔적이 고스란히 남아 있는 도시라는 사실을 걸으면서 몸으로 알게 된 것이다.

편견을
넘어서

앞서 말했듯이 2002년 1월, 내 인생에서 두번째로 파리에 둥지를 틀게 되었다. 1980년대 유학 생활을 마치고 귀국해서 서울에서 13년을 살다가 다시 살러 온 파리가 낯설게만 느껴졌다. 1990년대 여행객으로 파리를 걸을 때 내가 느꼈던 파리는 환상 속의 파리처럼 생각되었다. 그동안 파리의 분위기도 많이 바뀌었고 실업률이 높아지고 외국인 이민객이 많아지면서 언론에서는 치안 문제를 많이 다루고 있었다. 지하철 유리창에 칼로 긁어놓은 낙서나 교외로 나가는 변두리 건물들의 벽에 페인트로 쓰여진 낙서들이 다소 위협적으로 느껴지기도 했다. 9·11 사태 이후 미국은 테러와의 전쟁을 선포했고, 지금은 프랑스 대통령이 되었지만 당시에는 시라크 정부의 내무부 장관이었던 니콜라 사르코지는 치안 문제 해결을 위해 경찰력을 강화했다. 위협적인 분위기가 증폭되고 있었다. 교외로 나가는 전철에서 강간 사건이나 폭행 사건이 벌어지기도 했다. 유색 인종은 가난, 폭력, 범죄라는 이미지와 쉽게 연결되는 분위기였다. 그래서 나도 모르게 아랍인들과 흑인들이 밀집해서 사는 지역은 위험한 지역이라는 선입견을 갖게 되었다. 어쩌면 이미 내 머릿속에 자리 잡고 있던 편견이 더욱 강화된 건지도 모른다. 그래서였는지 안전하고 익숙한 파리의 장소들만 다녔다. 그러던 어느 날, 라루스 출판사에서 일하는 프랑스 친구 도미니크의 초청으로 10구에 있는 '본 누벨(기쁜 소식)'이라는 이름의 9번 선 지하철역에 내려 근처 골목에 있는 식당을 찾아가게 되었다. 그곳에는 터키, 인도, 알제리, 세네갈 등 여러 나라에서 합법, 불법으로 이민 온 사람들이 밀집해서 살고 있었다. 내가 그런 분위기를 매우 낯설어하자 프랑스 친구는 이곳이 보기와는 달리 전혀 위험하지 않은 동네라고 말하며 나를 안심시켰다. 그러나 친구의 그 말이 나의 느낌으로 확인되기까지는 좀더 시간이 걸렸다. 식사를 마치고 헤어지는데 도미니크는 이곳에서 마레 지역까지 그리 멀지 않으니까 시간이 있으면 천천히 산보해보는 것도 괜찮을 것이라고 귀띔을 해주었다. 그래서 약간 불안하기는 했지만 새로운 장소를 발견하는 탐험가의 기분으로 천천히 걷기 시작했다. 다소 위험이 느껴지는 생소한 길을 걸으면서 시각과 청각이 예민해지는 것을 느꼈다. 몸 전체에 긴장감이 감돌았다. 처음 본 듯이 생소해 보이는 생-드니 문과 생-마르탱 문을 지나 계속 걸으니까 레퓌블릭 광장이 나왔다. 모든 것이 신기하게만 보였다. 엄마의 손만 잡고 따라다니던 아이가 엄마가 위험하다고 가지 말라고 하던 지역으로 혼자 들어선 기분이었다. 레퓌블릭 광장을 지나 바스티유 광장 쪽으로 걸어가다가 오른쪽 골목길로 들어서니까 1993년 겨울에 인터뷰하러 왔던 에드가 모랭의 집이 있던 동네와 연결되었다. 불과 몇십 분 만에 마레에 도달한 것이다. 안도의 한숨이 나왔다. 그때 나는 파리의 지도 위에 뚝뚝 떨어져 있던 일련의 지하철역의 검은 점들이 지상에서 밝게 연결되는 느낌을 받았다.

어느 저녁의
모험

그럼에도 불구하고 나는 아직 파리 시내를 내 집처럼 편안한 마음으로 아무 곳이나 자유롭게 걸어 다니지는 못했다. 파리 시내 곳곳을 다닌다고는 하지만, 19세기 내내 '위험한 계급'이라고 불린 노동자 계급의 밀집 지역이었다가 지금은 이민객들이 많이 모여 사는 파리 동북부의 18구, 19구, 20구 쪽을 나도 모르게 피하고 있었다. 그러다가 어느 날 내 마음속에서 그곳에 가는 것을 가로막던 심리적 장벽이 무너져 내리는 체험을 했다. 2003년 가을 어느 토요일 오후 3시경이었다. 그날 나는 11구의 파르 망티에 지하철역에 내려서 20구에 있는 쿠론 지하철역으로 이어지는 완만한 언덕길을 천천히 걸어 올라가고 있었다. 아랍인들이 눈에 많이 보이고 아랍 어로 씌어진 간판을 단 가게들이 나오면서 내가 사는 파리 16구의 분위기와 는 완전히 다른 파리가 나타났다. 마음이 조마조마하고 손에 땀이 났다. 그 래도 용기를 내서 계속 언덕길을 걸어 쿠론 지하철역 부근에 도착하니까 벨 빌 대로에 아랍 사람들이 떼거지로 모여서 알아들을 수 없는 말로 시끄럽게 이야기하는 소리가 들렸다. 토요일 오전 거리에서 무슨 행사가 있었던 모양 이었다. 길거리에 이렇게 많은 유색 인종이 뚜렷한 일도 없이 모여 웅성대고 있는 모습은 가히 충격이었다. 여기가 파리인가 북아프리카의 도시인가 하는 의구심이 들었다. 알아들을 수 없는 말을 하는 아랍 인종의 남자들이 모여 있는 상태만으로도 저들이 나를 해치지 않을까 하는 두려운 생각이 들었다. 백인들은 거의 찾아볼 수 없었고 관광객들의 모습도 보이지 않았다. 1993년 겨울 손에 땀을 흘리며 방문했던 뉴욕 할렘가의 이미지가 떠오르기도 했다. 나는 그곳에서 완전히 낯선 이방인이었다. 낯선 장소에 전혀 짐작이 안 가는 사람들이 대거 몰려 있는 장소에 혼자 뚝 떨어진 상태였다. 나는 그들의 눈 에 쉽게 띌 수밖에 없었고, 그들 가운데 누가 나에게 무슨 일을 저지를지도 모르는 상황이었다. 그래도 흥분을 가라앉히고 여유 있는 척하면서 천천히 거리를 걸어 내려갔다. 가끔씩 나를 쳐다보는 사람들은 있었지만 말을 붙여 오는 사람은 없었다. 벨빌 지하철역까지 걸어 내려가면서 살펴본 사람들의 얼굴색, 분위기, 몸동작, 옷차림, 상점이나 시장, 식당에서 흘러나오는 냄새, 카페의 분위기가 모두 낯설고 생소했다. 21세기에서 19세기로 돌아간 느낌이었고 파리가 아니라 제3세계의 어느 낯선 도시의 낯선 시간 속으로 흘러 들어온 느낌이었다. 지금까지 내가 알았던 파리와는 완전히 다른 파리의 모습이 눈앞에 펼쳐졌다(1925년, 시몬 드 보부아르도 열일곱 살의 나이에 지하철을 타고 처음으로 벨빌에 왔을 때 국경을 넘어선 느낌이었다고 썼다). 그러나 그날 그곳에서 나에게 아무 불미스러운 일도 일어나지 않았다. 벨빌 대로를 죽 걸어 내려와 지하철 벨빌 역에 도착하면서 이 지역에 대해 가졌던 나의 편견은 무너져 내리기 시작했다. 무지와 편견이 공포를 만든다는 사실도 알게 되었다. 나중에 알고 보니 토요일 오전에 노천 시장이 끝나고 난 다음이라 많은 사람들이 거리에 나와 있었던 것이다. 그날 이후 나는 위험하다고 알려진 파리의 동북부를 그전보다 훨씬 편한 마음으로 걸어 다닐 수 있게 되었다. 18구를 넘어 19구를 걸어 다녔고, 그곳과 연결된 20구와 12구, 11구와 10구를 차례로 다니면서 직접 걸어본 파리의 장소들이 동서남북으로 균형을 잡아가기 시작했다. 그러면서 파리는 나에게 서서히 작아졌고 점점 더 친밀한 공간이 되었다.

원대한
계획

세계화와 정보화로 세계는 하나가 되어서 세계 곳곳의 모습을 사진으로 보고 소리로 들을 수 있지만 장소의 직접 체험은 불가능하다. 파리를 걷는 일은 언제까지나 파리에서만 가능한 일이다. 그래서 파리의 모든 거리를 내 발로 모두 걸어 다녀보겠다는 '원대한' 계획을 실천으로 옮기기 시작했다(파리의 거리는 5,000개가 넘는다). 파리의 동네와 동네, 구석과 구석을 다 걸어 다녔다. 공원과 묘지, 병원과 박물관 등 들어가 볼 수 있는 공간은 다 들어가 보았고, 걷다가 다리가 아프면 마음에 드는 카페에 들어가 커피를 마시며 지나다니는 사람들을 구경했다. 사람들의 얼굴 분위기와 차림새와 걷는 모습을 바라보면서 그 사람들이 어떻게 사는가를 상상했다. 사회계급 간의 문화적 불평등과 문화적 취향의 차이를 연구한 사회학자 부르디외는 고향인 스페인 국경 근처의 시골 마을을 떠나 파리에 처음 올라왔을 때 지나다니는 사람 가운데 호기심을 자아내는 사람이 있으면 그 사람 뒤를 따라가서 그 사람이 어느 지역의 어떤 집에서 어떻게 사는지를 확인해 보았다고 하는데, 이방인인 나에게 파리 사람들은 더욱 큰 호기심과 관찰의 대상이 되었다. 그래서 파리를 무작정 걸으면서 동네에 따라 달라지는 분위기를 느꼈고, 그 동네의 카페에 앉아 지나가는 사람들을 바라보며 그 동네 사는 사람들의 생활수준과 생활양식을 짐작해보기도 했다. 그러다 보니 파리 사람들이 사는 방식을 점차 그들이 사는 구체적 삶의 공간과 연결 지어 생각할 수 있게 되었다. 그런 과정에서 파리는 하나가 아니라 여럿이라는 생각이 들었다. 그렇게 파리를 걷는 날들이 쌓여가면서 나보다 먼저 파리를 남다르게 걸었던 사람들의 계보를 추적하게 되었고, 영화나 사진 속에 나오는 파리의 모습들을 전보다 세심하게 살펴보게 되었다.

흥분과
평화

       파리에서 이루어지는 나의 일상생활의 특징은 외부적 제약이 거의 없다는 사실이다. 하루 24시간을 거의 내가 정한 원칙과 규칙에 따라 살고 있다. 오전에는 글을 쓰고, 오후에는 파리 시내를 산책하고, 저녁에는 책을 읽다가 요가와 명상을 하고 잠자리에 드는 것이 요즈음 나의 파리 생활의 기본 틀이다. 그런 나의 일상 가운데 나는 오후의 산책 시간에 가장 큰 자유로움을 느낀다. 내 마음 가는 대로, 그야말로 일본의 사진작가 모리야마의 표현을 빌리자면 나를 부르는 '주변의 냄새'에 따라 발걸음을 옮긴다. 미리 정해진 목적지도 없고 할 일도 없이 그저 어슬렁거리다 보면 머릿속에 많은 생각들이 떠오르기도 하고 처음 느끼는 동네의 분위기에 나도 모르게 몸에 전율이 느껴지기도 한다. 누구 못지않게 파리를 사랑했던 미국 출신의 여성작가 거트루드 스타인이 말했듯이, "파리는 사람을 흥분시키면서도 평화로운 느낌을 주는" 묘한 도시다. 어느 길을 걷다 보면 몸이 가벼워지고 또 다른 길을 걷다 보면 마음이 가라앉는다. 물론 나의 마음 상태에 따라 파리의 똑같은 장소가 다른 모습으로 나타나고 계절과 시간과 날씨에 따라 똑같은 장소가 다른 느낌을 준다. 그런 변화가 있기 때문에 갔던 곳을 다시 가도 지루하지 않다. 아니, 갔던 곳을 자꾸 다시 가면서 그 변화를 발견하는 것이 파리 산책의 묘미다.

조각 그림
맞추기

　　　　　　영감은 낯설면서도 익숙한 곳이나, 익숙하면서 낯
선 곳을 걸을 때 나를 찾아온다. 아주 낯선 곳이나 아주 익숙한 곳에서는 영
감이 찾아오지 않는다. 낯선 곳에서는 두려움 때문에 자신을 보호하기 위해
주변 상황을 살피기에 바빠서 영감이 피해가고, 익숙한 곳에서는 너무 편안
하고 당연해서 아무런 영감이 떠오르지 않는다. 그래서 파리의 어느 구역을
익숙해질 때까지 여러 번 다니다가 익숙해질 만하면 다른 지역으로 산책의
장소를 옮겼다. 그러다가 얼마 후에 익숙해졌던 지역을 다시 가보면 익숙하
면서도 낯선 모습이나 낯설면서도 익숙한 모습으로 나에게 다가온다. 그때
나의 발걸음은 가벼워지고 눈에는 신기한 것들이 많이 보이고 가슴은 평소보
다 빠르게 뛰기 시작하고 머릿속에는 많은 생각들이 뭉게구름처럼 일어난다.
　나의 파리 산책은 내가 살고 있는 동네인 16구에서 시작하여 그 옆에 붙어
있는 15구와 17구, 그리고 8구와 9구 쪽으로 넓혀졌다. 동쪽으로는 14구와
13구를 지나 12구와 20구로 뻗어나갔고 북쪽으로는 17구와 18구로 갔다가
다시 8구와 9구를 지나 10구와 11구로 나갔다. 유학생 시절에 익숙한 5구, 6
구, 7구를 새로운 눈으로 보게 되었고, 다른 구들에 비해 규모가 작은 파리
중심부의 1구, 2구, 3구, 4구도 새로운 발견의 대상이 되었다. 그러니까 파
리에서 나의 산책 코스는 집 주변에서 시작해서 점점 더 먼 곳으로 이동했고,
좌안에서 우안으로 이동했으며, 중심부에서 변두리로 이동했다. 그렇게 산책
의 범위를 넓히면서 조각으로 뚝뚝 떨어지고 흩어져 있던 파리의 부분들이

서로 이어져 하나의 거대한 모습이 머릿속에 그려졌다. 나의 마음은 마치 조각 그림을 한 조각 한 조각 맞추다가 숨겨져 있던 호랑이의 모습을 발견하고 기뻐하는 어린아이의 심정이었다.

내가 파리를
걷는 법

처음 파리를 걸을 때는 아무 계획 없이 무작정 걸었다. 프랑스어 책을 읽다가 모르는 단어가 나오면 사전을 찾아보듯 모르는 길이 나오면 그쪽으로 발길을 옮겼다. 유명한 장소나 기념비적 건물을 찾아다니지 않고 처음 가보는 길들을 신기한 마음으로 걸었다. 그러다가 버스를 타고 종점까지 가서 변두리 지역을 걸어 다니기도 했다. 우리 동네 앞을 지나가는 22번, 32번, 52번, 63번, 72번 버스의 양쪽 종점 부근을 다 다녀보고 난 다음 파리 동서남북의 변두리로 가는 버스들을 차례로 타보기도 했다. 그러면서 점차 변두리 지역의 색다른 분위기를 알게 되었다. 그러다가 어느 때는 지하철 6번 선 가운데 한 번도 내려보지 않은 역들을 하루에 하나씩 차례로 내려보기도 했다. 그래서 6번 선이 지나는 16구, 15구, 14구, 13구, 12구, 20구의 모르던 동네들을 하나하나 알게 되었다. 그러고 나서 한참 이곳저곳을 기분 나는 대로 자유롭게 걸어 다니다가 어느 시기에는 2번 선의 모든 역에 다 내려보기도 했다. 그래서 2번 선이 지나가는 16구, 17구, 18구, 19구, 20구의 동네들을 차례로 알게 되었다. 때로 주제를 정해서 다니기도 했다. 어느 봄에는 센 강 위의 모든 다리를 다 건너 다녀보기도 했고, 어느 여름에는 파리 시내의 크고 작은 모든 공원을 빠짐없이 찾아다니기도 했다. 어느 가을에는 파리 시내의 모든 공동묘지를 다 찾아다니기도 했고 어느 겨울에는 파리의 작은 박물관들을 하나씩 방문하기도 했다. 물론 찾아간 공원, 묘지, 박물관만이 아니라 그 주변을 천천히 둘러보았고, 마음에 드는 곳이 있으면 다시 가보곤 했다. 가끔씩 『파리의 한적한 장소』 『감추어져 있는 놀라운 파리』 등의 가이드북을 읽다가 관심이 있는 장소들을 가보기도 했다. 그렇게 해서 파리 전체상이 점점 더 분명해졌고, 자주 가는 산책 코스가 만들어졌다.

파리는
하나가 아니다

똑같은 사람도 언제 어디서 어떻게 만나느냐에 따라 다른 인상을 주듯이 파리와도 언제 어디서 어떻게 만나느냐가 파리에 대해 다른 느낌을 갖게 한다. 파리의 똑같은 장소도 언제 가느냐에 따라 다른 느낌을 준다. 장소는 시간에 따라 다른 색깔의 옷을 갈아입는다. 봄의 파리와 가을의 파리가 다르고 월요일 오전의 파리와 금요일 저녁의 파리가 다르며 오전 8시 출근시간대의 파리와 오후 1시 점심시간대의 파리가 다르다. 같은 봄날 오후의 파리라고 하더라도 맑은 날의 파리와 비 오는 날의 파리, 안개 낀 날의 파리와 바람 부는 날의 파리가 서로 다른 얼굴로 다른 분위기를 연출한다. 파리는 고정된 실체가 아니라 계절과 시간, 날씨와 파리 사람들의 생활 리듬에 따라 시시각각으로 달라지는 움직이는 생명체다.

지금은 작고한, 프랑스를 대표하는 만능 연예인 이브 몽탕이 부른 '나는 파리를 사랑해J'aime Paris'라는 노래 가사에는 "나는 아침의 파리도 사랑하고, 저녁의 파리도 사랑하고, 봄의 파리도 사랑하고, 여름의 파리도 사랑하고, 가을의 파리도 사랑하고, 겨울의 파리도 사랑한다"는 구절이 나온다. 그의 노래를 듣고 있다 보면 정말 파리를 사랑하는 그의 마음이 저절로 느껴진다. 계절과 시간의 흐름에 따라서 그 모습을 달리하는 파리의 모습을 있는 그대로 사랑한다는 것이다. 나도 그 노래만큼은 아니지만 누구 못지않게 파리를 사랑한다. 내 발로 파리 곳곳을 샅샅이 걸어 다니면서 파리를 더욱 잘 알게 될수록 파리를 더 깊이 사랑하게 된다.

   파리 하늘 아래라고 하더라도 어느 구역의 어느 길, 어느 카페에 앉아 있느냐에 따라 분위기가 다르다. 막힌 데 없이 넓게 펼쳐진 하늘 아래 푸른 풀밭이 펼쳐진 엥발리드의 에스플라나드와 메닐몽탕 언덕과 벨빌 언덕을 이어주는 좁은 골목길은 같은 파리 하늘 아래 있지만 너무나 다른 분위기를 풍긴다. 파리에는 개선문, 노트르담 사원, 콩코르드 광장, 에펠탑 등의 장엄하고 화려한 기념비적 장소가 있는가 하면, 바빌론 거리의 카트린 라브레 정원, 카네트 거리, 뷔트 오 카이 언덕, 블로메 거리의 블로메 공원 같은, 잘 알려지지 않아 숨겨져 있는 조용하고 비밀스러운 장소도 있다. 몽파르나스 타워 같은 거대한 철조건물이 있는가 하면, 페루 길에 있는 나무로 지은 작은 창고 건물도 만날 수 있다. 매력적이고 감동적이고 열정을 불러일으키는 장소가 있는가 하면, 아는 사람만 찾아오는 숨겨진 조용한 명상의 장소도 있다.

계절에 따라
변화하는 파리

파리는 무엇보다도 계절에 따라 그 모습을 달리한다. 계절의 변화는 우선 밤낮의 길이로 나타난다. 겨울이 오면 오후 5시만 되면 어둠이 내리고 오전 9시가 넘어야 겨우 해가 뜨니까 햇빛을 볼 시간이 얼마 되지 않는다. 그래서 크리스마스와 신년 축제가 끝난 1월 중순이 되면 짧은 낮 시간 때문에 우울증세를 보이는 사람들이 많다. 그러나 2월이 되면 낮이 견딜 만하게 길어지고 3월이 되면 다시 낮과 밤의 길이가 같아져 활기를 찾는다. 봄이 오고 있다는 말은 아침 해가 점점 일찍 뜨고 황혼이 점점 늦게 물들고 있음을 뜻한다. 봄이 지나고 여름이 오면 낮의 길이는 최대한으로 길어진다.

파리에서 여름이 시작됨을 알리는 공식적인 신호는 서머타임의 시작이다. 시간이 한 시간 빨라지는 것이다. 그러니까 아침 9시가 아침 10시가 되고 8시가 9시가 된다. 그래서 출근시간이 한 시간 빨라지게 되는 것이다. 낮의 길이가 가장 긴 하지가 되면 저녁 10시까지도 환하다. 밤이 늦게 찾아오는 여름이면 퇴근시간 후에도 낮같이 환해서 그냥 집으로 들어가고 싶지가 않다. 그래서 젊은이들은 집에 돌아가지 않고 친구들을 만나고 영화나 공연을 즐기고 카페와 식당의 테라스에 앉아 하염없이 이야기를 나눈다. 집에 돌아간 사람들은 저녁식사를 하고 나서도 동네를 산책하기에 넉넉하다. 그리고 7월이 오면 바캉스를 떠나고 한여름의 파리에는 파리지앵들이 없다. 가을이 오면 점차 저녁이 빨리 찾아와서 다시 마음이 안정된다. 그리고 겨울이 오면 밤이 점점 더 길어지고 파리는 크리스마스 축제 분위기로 들어간다.

밤낮 길이의 변화와 더불어 계절의 변화를 느끼게 하는 자연 현상으로 대기의 변화를 들어야 할 것이다. 프랑스어에 "공기 속에 벌써 봄이 들어 있다"는 표현이 있듯이, 계절의 변화는 대기의 온도 변화로 나타난다. 센 강변에는 수양버들이 늘어지고 마로니에와 플라타너스 나무의 여린 연둣빛 잎들이 터져 나오기 시작하면서 파리는 온통 초록의 공간으로 변한다. 그리고 파리지엔느들의 옷차림이 달라진다. 3월이 오고 기온이 20도만 되어도 파리 카페의 햇빛 비치는 테라스에는 선글라스를 끼고 가슴이 깊게 파이고 어깨가 다 나오는 셔츠를 입은 여성들이 진을 친다. 하늘은 맑고 길가의 나무들이 푸르러가고 분수대에서 떨어지는 물소리가 귓가에 들릴 때 근처 성당에서 울려 퍼지는 종소리를 들으며 돌로 포장된 거리를 걷다 보면 벌써 봄이 왔음을 실감하게 된다. 물론 파리의 날씨는 변화무쌍해서 4월 어느 날에는 찌는 듯한 여름 날씨였다가 5월 어느 날에는 싸늘한 가을 날씨가 되기도 한다. 맑은 하늘이다가 갑자기 소나기가 쏟아지고 그러다가 금방 맑아진다. 언젠가는 쏟아지던 소나기가 우박으로 바뀌어 길바닥에 떨어지는 소리가 요란할 정도였다. 그래서 파리에서는 봄이 왔다고 쉽게 방심할 수가 없다. 개인적으로 내가 파리에 봄이 확실하게 왔음을 아는 방법이 하나 있다. 그건 우리 동네 투르 거리에 있는 레지나 드 파시 호텔의 벽 가까이에 서 있는 메마른 아카시아 나무가 잎을 펼 때이다. 그 아카시아 나무는 척박한 주위 환경 때문에 날씨가 아주 따뜻해져야 겨우 힘겹게 연둣빛 잎을 틔우고 흰 꽃잎을 내보인다.

생활 리듬에 따라
달라지는 파리

프랑스 사람들, 특히 파리 사람들은 지루함을 참지 못한다. 무언가 재미있는 일이 없으면 견디지를 못한다. 그래서 어떤 사람은 파리 사람들은 지루하면 할 일이 없어 폭동을 일으킨다고 말하기도 한다. 그래서 프랑스 사람들의 생활 리듬은 축제, 문화행사, 스포츠 행사로 만들어진다. 칸 영화제와 롤랑 가로스 테니스 경기대회가 봄의 분위기를 만들고 여름이 되면 음악축제로부터 시작해서 아비뇽 연극축제와 프랑스 일주 자전거 경주인 '투르 드 프랑스'가 열린다. 가을이 오면 '살롱 도톤' 축제를 비롯해서 외국문학축제, 문화재축제, 백야축제 등이 계속된다. 축제와 더불어 생활 리듬을 만드는 것이 휴가 기간이다. 매주 금요일 오후가 되면 파리는 벌써 노는 분위기로 바뀐다. 게다가 2월의 스키 방학, 4월의 부활절 휴가, 7월과 8월의 여름휴가, 10월의 만성절 휴가, 12월 크리스마스 휴가 등, 봄, 여름, 가을, 겨울에 모두 긴 휴가 기간이 들어 있다. 그리고 그 중간 중간에도 1, 2차대전 승전 기념일, 노동절 등의 휴가가 끼어 있어 조금 힘들어질 것 같으면 금방 숨통을 틸 수가 있다.

파리지앵들은 봄이 오면 4월의 부활절 휴가를 기다리고 6월이 오면 벌써 여름 휴가의 분위기로 들뜬다. 6월 말이면 중·고등학교가 방학에 들어가고 바칼로레아 시험성적이 발표된다. 7월 첫째 주말에 초등학교가 방학에 들어가면 파리지앵들은 짐을 싸고 바캉스를 떠나기 시작한다. 7월 14일 프랑스혁명기념일 행사가 끝나면 파리는 갑자기 한산하고 조용해진다. 7월과 8월 파리지앵들은 파리를 떠나 시골의 별장으로 산과 들과 바다로 떠나고 파리는 관광객과 나 같은 외국인들의 차지가 된다. 대로에는 자동차들의 흐름이 현저하게 줄어들고 동네 길가에 죽 늘어섰던 자동차들은 어디론가 다 떠나버리고 빈자리가 많아진다. 특히 8월 파리의 주거지역은 사막의 적막함을 느끼게 한다. 9월이 오면 떠났던 파리지앵들이 다시 돌아오기 시작한다. 파리지앵들은 바캉스를 최대한으로 즐긴다. 그들은 바캉스가 끝나는 것이 아쉬워 학교가 시작되고 직장 일이 시작되는 9월 첫째 월요일 바로 전의 주말에 파리로 돌아온다. 그래서 파리로 들어오는 차량의 물결로 파리 부근의 도로들은 북새통을 이룬다.

여름휴가가 끝나고 일이 시작되는 9월 첫째 주에서 열흘 정도가 파리 사람들이 가장 너그러워지는 기간이다. 물론 그 기간은 날씨나 예기치 못한 사건들로 인해 짧아질 수도 있다. 그러나 여름휴가가 끝나고 아직 가을이 오기 직전인 이 기간에는 다른 계절에는 볼 수 없는 일들이 일어난다. 어느 보행자가 횡단보도의 신호가 바뀌었는데도 아직 길을 다 못 건너고 있다면 운전자는 다른 때와 달리 여유를 가지고 기다려준다. 보통 때 같았으면 얼굴을 붉히고 두 손을 펴서 좌우로 올리며 열을 올렸을 것이다. 파리에서도 지하철을 타고 내릴 때 내리는 사람이 우선이다. 그런데 다 내리기도 전에 먼저 올라타려는 성질 급한 사람들이 있다. 보통 때는 소리를 지르던 사람도 이 기간에는 바빠서 그런가 보다, 하고 너그럽게 양보한다. 버스정거장에서 버스가 이미 출발했는데 누가 쫓아오면서 버스 뒤쪽을 손으로 두드리면 운전기사가 버스를 멈추고 문을 열어줄 확률이 높아지는 것도 이때다. 비 오는 날 길을 걸을 때 보행자들에게 물을 튀기지 않기 위해 자동차들이 속도를 늦추는 것도 이 무렵이다. 택시를 탔을 때 운전기사가 틀어놓은 라디오를 꺼달라고 부탁해도 얼굴을 찌푸리지 않고 그렇게 해주는 것도 이 기간이다.

시골에서 산과 바다에서 바캉스를 보내고 파리로 돌아온 파리지앵들이 그동안 잊고 있던 파리의 매력을 다시 발견하고 "역시 파리밖에는 없어"라고 말하는 것도 이때다. 그리고 그들은 파리를 떠나 다른 어떤 곳에서도 살 수 없을 것임을 확인한다. 파리와 파리지앵들이 서로를 인정하고 서로를 자랑스럽게 생각하는 때가 이때다. 그래서 그들은 파리에 사는 기쁨을 기꺼이 다른 사람들과 나누려 한다. 그러다가 가을이 오면 마로니에의 나뭇잎이 갈색으로 변하고 찬바람이 싸늘하게 얼굴을 스친다. 툭, 하는 소리를 내고 마로니에 열매가 길가로 떨어진다. 여름에 야외로 나왔던 뤽상부르 공원의 거대한 야자수는 다시 온실로 들어간다. 기온이 내려가고 어깨가 움츠러든다. 그리고 밤이 빨리 찾아온다. 가로등이 켜진 저녁, 길을 걸어 집으로 돌아가는 사람들의 발걸음이 바빠진다. 3월 마지막 일요일에 한 시간 앞당겨진 시간은 10월 마지막 일요일에는 다시 한 시간 물러난다. 아침 9시가 8시가 되고 10시가 9시가 된다. 그래서 12월이 되면 저녁 5시만 돼도 벌써 어둠이 내린다. 낮에서 밤으로 바뀌는 어둑어둑해진 시간에 사람들은 하루 일을 마치고 사무실을 나와 지하철을 타거나 버스를 타고 귀가를 서두른다. 어둡고 차가운 바깥을 피해 따스한 집으로 발걸음을 재촉한다. 발걸음을 재촉하여 집으로 돌아가는 길에는 이미 가로등이 켜져 있고, 에펠탑이 휘황찬란하게 깜박이고, 조명을 켜놓은 거리의 상점 진열장 안이 환하게 보인다. 동네 골목길을 걸어 들어가다 보면 커튼을 친 유리창 안으로 거실의 벽에 붙은 그림이며 책장이며 샹들리에들이 보인다. 밤이 내리는 순간, 거리의 풍경은 점차 흐려져 어둠 속으로 몸을 숨기지만 불이 켜진 실내는 더욱 분명하게 그 따스한 분위기를 연출한다. 겨울날 저녁 길을 걷다 보면 어둠과 빛, 차가움과 따뜻함이 교차하면서 나도 모르게 상상력의 날개가 펼쳐진다. 저녁 7시 콩코르드 광장에 서면 오벨리스크와 짝을 이루며 우뚝 선 에펠탑이 반짝이고 멀리 엥발리드의 금박을 입힌 돔 지붕이 빛을 발한다. 날씨가 조금씩 추워질수록 상상력의 날개는 더 활기를 얻는다.

봄·여름·가을·겨울이 한 해의 리듬을 결정하는 자연의 교향곡이라면, 오전·오후·저녁·밤은 하루하루의 일상에 리듬을 부여하는 자연의 협주곡이다. 평일 아침 파리의 동네 골목길에는 어린아이들을 유아원에 맡기고 직장으로 나가는 젊은 엄마 아빠들과 학교에 가는 초·중·고등학교 학생들의 발걸음이 부산하다. 12시에서 오후 2시 사이 점심시간이면 카페와 식당이 붐비고 3시면 다시 조용해진다. 오후 4시 반이 되면 파리의 모든 유아원과 초등학교 정문 앞은 아이들을 찾으러 와서 기다리고 있는 엄마나 아빠, 할머니나 보모들로 붐빈다. 중·고등학교 아이들도 수업을 마치고 교문 밖으로 쏟아져 나온다. 그래서 조용하던 파리의 주택가는 금방 떠들썩해지면서 다시 활기를 찾는다. 6시가 되면 직장을 퇴근하는 사람들로 지하철과 버스가 만원이 되고 파리의 도로에는 자동차들이 밀린다. 토요일 오전이면 프레지당 윌슨 거리, 콩방시옹 거리, 라스파이 거리를 비롯해서 시내 곳곳에 가설 지붕을 친 노천 시장이 선다. 트럭에 물건을 싣고 온 생선 가게, 고기 가게, 채소와 야채 가게, 포도주 가게, 치즈 가게, 꽃가게 주인들이 간이상점을 차리고 싱싱한 물건들을 선보이면 동네 사람들은 너도 나도 장바구니를 들고 나와 시장을 본다. 시장의 상인들은 오후가 되면 가설 지붕을 거두고 한바탕 물청소를 하고 떠난다. 그러면 언제 시장이 섰냐는 식으로 분위기가 싹 달라진다. 주중에 비해 일요일 오전은 너무 조용하다. 그래서 조용한 파리를 즐기려면 일요일 아침 일찍 일어나 파리 시내로 나가야 한다. 주중과 주말의 차이가 너무 커서 똑같은 장소가 전혀 다른 곳으로 느껴진다. 파리는 그렇게 요일과 시간대에 따라 시시각각으로 분위기를 바꾼다. 그래서 파리에서는 똑같은 장소를 반복해서 걸어도 언제나 새로운 느낌을 갖게 된다.

파리,
제2의 고향

훗날 미국의 3대 대통령이 된 토머스 제퍼슨은 1780년대 프랑스혁명 전야에 미국 대사로 파리에 살았다(최근에 그의 동상이 오르세 박물관 앞 솔페리노 다리 입구에 세워졌다). 그가 "파리는 모든 이의 제2의 고향이다"라고 말했듯이 파리는 나에게도 제2의 고향이 되었다(사실 파리는 서울에 이어 내가 두번째로 오랜 시간을 산 장소이기도 하다). 고향은 객지를 떠돌다가도 생각나는 장소이며, 다시 돌아가고 싶은 장소다. 그곳은 다른 곳은 다 변해도 변하지 않는 장소다. 잃어버린 유년의 꿈이 있고 따스한 어머니의 손길이 있는 곳이다. 파리가 모든 사람들에게 제2의 고향이요 마음의 고향이 되는 까닭은 파리의 중요한 장소들이 세월이 가도 그대로 남아 있고 지난날의 분위기가 살아 있기 때문이다. 그래서 언제 다시 가보아도 10년 전, 20년 전의 기억이 새롭게 살아난다. 파리는 젊은이들에게는 추억과 기억을 만들 수 있는 장소이고, 중년 이후의 덜 젊은 사람들에게는 지나간 젊은 시절을 회상하며 새로운 삶을 꿈꾸어볼 수 있는 장소이다. 그런데 이상하게도 나는 파리에서 나의 유년 시절을 많이 떠올리게 된다. 1950년대 중반에서 1960년대에 걸친 나의 유년 시절, 서울에는 그야말로 일제 식민지 잔재와 한국전쟁의 흔적이 많이 남아 있었다. 내가 살던 동네는 남산 밑자락에 자리잡고 한강과 그리 멀지 않은 약수동이라는 동네였다. 학교 가는 길이나 장충단공원으로 놀러 다니는 길가에는 일본인들이 살던, 높은 담을 친 양옥집들이 많이 있었고, 내가 다닌 초등학교는 일본 아이들이 다니던 학교였다. 학교에는 수세식 화장실과 스팀 난방장치가 설비되어 있었는데, 우리는 그것을 쓰지 않고 재래식 화장실을 사용했고, 장작과 조개탄으로 난방을 했다. 지금 그 양옥집들은 다 없어지고 그 자리에 높은 아파트들이 들어섰고, 오래된 학교 건물도 철거되고 새로 지은 건물이 말쑥하게 서 있다. 나의 유년 시절의 장소들은 깡그리 다 없어지고 내 기억 속에만 아련하게 남아 있다. 그런데 이상하게도 파리의 골목길들을 걷다 보면 유년의 기억이 모락모락 피어난다.

기와를 얹은 작은 양옥집, 나무 몇 그루가 심어져 있는 마당이 있는 집, 오래된 시멘트 벽, 나무로 만든 낡은 대문, 거리로 나 있는 창고 건물, 경사진 언덕으로 올라가는 돌계단, 빨간 페인트를 칠한 높은 문의 소방서 건물, 동네 식료품 가게에서 이야기하고 있는 주인과 손님의 모습, 골목에 나와 놀고 있는 아이들의 모습을 바라보면 그 위에 나의 유년의 장면들이 소리 없이 겹쳐진다.

파리에서 다시 찾은
사라진 서울

나의 서울 공간 체험은 내가 살던 동네인 약수동을 중심으로 장충단공원, 남산으로 넓혀지는 유년기의 서울, 신촌과 명동과 종로를 중심으로 하는 청년기의 서울, 그리고 강남에서 지낸 성인기의 서울로 구별될 수 있다. 1979년 우리 가족이 강남으로 이사를 가면서 나는 허허벌판에 바둑판 모양으로 길만 뚫린 동네를 자전거를 타고 돌아다니곤 하였다. 그리고 1982년 유학을 떠났고 1989년에 귀국해서도 대부분의 세월을 강남에서 살았다. 그런데 이상하게 무언가 남의 나라에 와서 사는 느낌이었다. 『오래된 미래』의 저자 헬레나 노르베리-호지는 서울을 보고 나서 서울이 600년 된 도시라는데 자기에게는 30년 된 신도시로 느껴진다고 말한 바 있다. 그만큼 서울은 '기억의 장소'를 많이 잃어버렸다. 서울을 서울로 만들었던 건물과 장소들이 일제에 의해 파손되고, 전쟁으로 부서지고, 조국 근대화 과정에서 철거되고 일제 잔재 청산이라는 이름으로 사라져버렸다. 국보 1호인 숭례문

마저 불에 타 연기로 사라졌다. 그래서 서울에 살다 보면 과거의 나와 현재의 나 사이에 커다란 단절이 일어난 것처럼 느껴진다. 한 개인의 정체성이 그가 산 공간과의 관련 속에서 구성된다면, 나는 완전히 분리된 두 개의 정체성을 가지고 사는지도 모른다. 평소에는 잊고 살다가 가끔씩 환기되는, 머릿속에만 존재하고 지금은 사라진 유년의 장소들과 그 이후 수많은 변화를 겪으며 형성된 고층건물과 아파트로 가득 찬 도시 공간의 모습 사이에는 아무런 연관이 없는 듯이 느껴진다. 서울에서 살 때 나는 과거를 거의 떠올리지 않고 살았다. 미래를 향해 바쁘게 달리는 서울은 기억상실의 도시가 되었고 서울에 살던 나도 공간체험의 기억상실증 환자가 되었다. 오늘날 서울 강남은 새것, 번쩍거림, 편리함, 청결함을 추구하는 나무랄 데 없는 현대 도시의 모습을 하고 있지만 거기에는 기억이 없다. 말쑥함 뒤에는 헤어날 수 없는 권태와 지루함, 피상성과 무미건조의 분위기가 배어 있다. 그렇다고 강북에서 헌것, 옛것, 세월의 이끼와 흔적을 찾아볼 수 있는 것도 아니다. 그곳도 기억의 장소들을 허물며 강남을 따라오기 바쁘다.

  그런데 이상하게도 파리의 좁은 골목길이나 언덕길들을 걷다 보면 나도 모르게 아득하게 사라져버린 유년의 장소들이 서서히 그 모습을 드러내는 경우가 있다. 19구의 벨빌이나 20구의 메닐몽탕 부근의 서민들이 사는 언덕길만이 아니라 내가 사는 16구의 니콜로 거리나 마스네 거리의 마당이 있는 집도 유년의 기억을 환기시키는 장소들이다. 나의 유년의 삶과는 아무런 상관이 없는 파리 한구석의 장소들이 망각의 강 저편에 있는 나의 유년기의 기억들을 하나씩 둘씩 서서히 피어오르게 하는 까닭은 무엇일까? 그것은 그 장소들에 세월의 이끼가 끼어 있기 때문이다. 한 세기나 두 세기의 나이를 가진 오래된 건물들이 모여 이루는 파리의 구석진 동네들에는 나의 유년기였던 1950년대 말과 1960년대 초의 기억이 담겨져 있다. 그런 파리의 장소들에 남아 있는 지나간 시간의 자취들이 나의 유년기에 형성된 기본적 정서를 건드리고 움직이는 모양이다. 내가 살지 않은 공간이 내가 살았던 공간을 생각나게 하는 까닭은 바로 그 시간의 흔적에 있었다. 나의 유년의 기억이 식민지 근대도시의 잔해 위에 이루어진 것이었다면 파리는 그런 도시 공간에 나타나는 근대성의 원형일 것이다. 그러니까 파리 속에 스며들어 있는 19세기 말, 20세기 초의 근대적 도시의 분위기가 나에게 서울에서 보낸 유년의 기억을 환기시키는 모양이다.

그렇다면 부정할 수 없는 방식으로 내 몸속에 정서적 감수성으로 남아 있는 식민지 근대성을 어떻게 청산할 것인가? 식민지 근대성의 부정은 나의 개인적 체험을 부정하는 일은 아닌가? 파리를 걸으면서 혹시 식민지 근대성의 원형인 유럽의 근대성에 매몰되어버리고 있는 것은 아닌가? 이런 문제들에 답하기는 쉽지 않다. 나는 한국의 농촌을 모르고 유교를 바탕으로 한 양반 문화의 전통에서도 벗어난 상태에서 성장한 세대에 속한다. 겉으로는 반일민족주의 담론이 힘을 발휘했지만 일본 아이들이 쓰다가 버리고 간 학교에서 일제시대에 사범학교를 나온 선생님들에게 교육을 받았고, 일본 사람들의 간사하고 악랄한 행동을 욕하면서도 일제 물건들에 매혹되는 어른들에 둘러싸여 유년 시절과 청소년기를 보냈다. 그런 식민지 근대성의 분위기에서 형성된 기본 정서는 그렇게 간단하게 잘라버릴 수 있는 성격의 것이 아니다. 나의 정서만이 아니라 오늘 한국의 근대성 안에 이미 식민지 근대성이 녹아들어가 있기 때문이다. 우리 안에 들어 있는 식민지 근대성을 넘어서는 길은 서구 근대성의 뿌리를 깊이 있게 이해하고 그것이 드러내고 있는 문제점을 극복하는 대안적 근대성을 만들어내는 일이다. 오리엔탈리즘이 비판받고 탈식민주의 담론이 거세지고 있지만, 다른 한편 서구 근대성의 확대 재생산인 세계화의 열풍이 온 세상을 뒤덮고 있는 현실에서 대안적 근대성의 창조는 인류의 생존과 직결된 근본적인 과제이다. 파리를 걷다 보면 이런 복잡한 문제가 제기되기도 한다. 이런 질문들은 지식인이라는 존재의 고치기 힘든 고질병적 증세인지도 모른다. 그래도 나는 파리를 걸으면서 그런 질문을 던지지 않을 수 없다. 그러므로 어쩌면 나는 파리의 땅을 걸으며 여전히 서울의 하늘 밑을 걷고 있는지도 모른다.

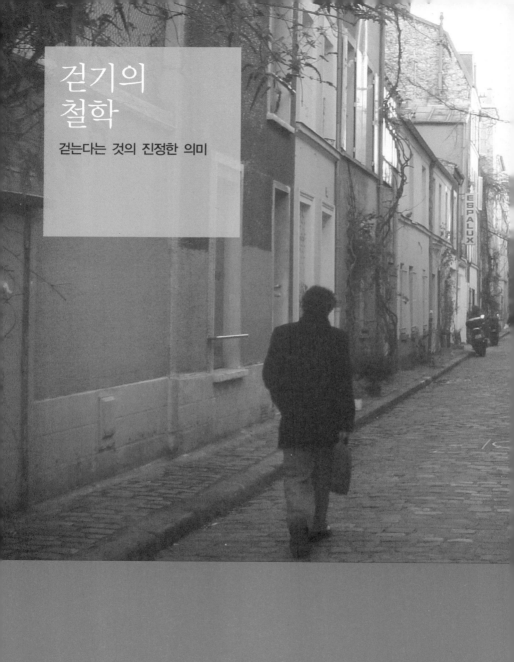

걷기의
철학

걷는다는 것의 진정한 의미

걷는 사람에게 절망은 없다. 그가 정말 걷는 사람이라면.
다른 사람과 말싸움을 벌이지 않고, 자신의 불운을 한탄하지 않고,
자신의 세속적 가치를 올리기 위해 뒤돌아서지 않고 계속해서 걷는다면.
―자크 레다

어느 한적한 골목길. 홍상수 감독은 「밤과 낮」을 이 골목길 주변에서 촬영했다. 파리 14구,
2009.

'걷는 사람'

　　　　　　　　걷기는 두 발로 서서 자신의 다리를 움직여 자신이
원하는 곳으로 이동하는 주체적 행위다. 인생행로(人生行路)라는 말이 있듯이,
산다는 것은 길을 따라 걷는 일이다. 매일 아침 우리는 잠에서 깨어나 다시
길을 떠난다. 걷기는 우리가 아직 살아 있다는 증거다. 걷기를 멈출 때 죽음
이 가까이 찾아온다. 인류는 똑바로 서서 걸을 수 있게 되면서 자신의 역사
를 만들기 시작했다. 직립 보행하는 인간은 우리 모두의 선조다. 갓난아이는
누워서 잠만 잔다. 그러다가 손과 발을 옴지락거리고, 팔과 다리를 움직이기
시작하다가 네 발로 기게 되고 결국은 두 발로 서게 된다. 혼자 설 수 있게
되면서 아기는 한 발을 앞으로 내디며 걷기 시작한다. 아기는 점차 걸음마
단계를 지나 넘어지지 않고 걸을 수 있게 된다. 그리고 결국에는 뛸 수 있게
된다. 아이는 걷게 되면서 자기 집 안을 여기저기 돌아다닌다. 그러다가 학

교에 갈 나이가 되면 집 밖으로 나와 더 넓은 세상을 보게 된다. 엄마의 품이 있는 집을 원점으로 하여 점차 돌아다닐 수 있는 범위가 넓어지는 것이 한 인간의 성장과정이고 나이가 들수록 그 범위는 점점 좁아져 다시 집 안으로 돌아오는 것이 늙음의 과정이다. 인생의 황혼에 도달할수록 걷는 일이 힘들어지고 움직이고 싶은 욕망이 줄어들며 다리의 힘이 빠진다. 그래서 두 다리의 힘에 지팡이의 힘을 더하게 된다. 인생을 마감하는 일은 걷기를 마다하고 한 장소에 머무르는 일이며, 그것은 영원히 눕는 일로 끝난다. 어린아이는 걸음을 통해 삶을 시작하고 노인은 걸음을 멈추면서 인생을 마감한다. 그래서 조각을 통해 인간의 본질을 표현한 로댕과 자코메티 두 사람이 모두 '걷는 사람 L'homme qui marche'이란 제목의 작품을 남겼음은 우연이 아니다.

걷기의
의미

　　　　　　　과거에 양반 나리들은 가마를 타고 행차했고 서양 귀족들은 말을 타고 이동했다. 탈것은 지위의 상징이었다. 그에 반해 걷기는 평민들이 한 장소에서 다른 장소로 이동하기 위해 사용할 수 있는 가장 확실한 방법이었다. 오늘날 자동차는 가장 널리 이용되는 이동의 수단이 되었다. 점점 더 경쟁이 치열해지고 모든 영역에서 목표 달성을 위한 효율성이 강조되는 속도지상주의 사회에서 걷기는 느림과 부적응을 뜻한다. (1960년대에 유행했던 한 대중가요에는 "오늘도 걷는다마는, 정처 없는 이 발길"이라는 가사가 나오고, 채플린의 영화 속 주인공은 일정한 직업이 없이 도시를 떠도는 방랑자였다. 오늘날 대중문화 속에 떠돌이가 사라지고 있음은 속도지상주의가 그만큼 강화되었음을 뜻한다.) 대부분의 사람이 바쁘게 움직이고 있는 사회에서 할 일 없이 이곳저곳을 어슬렁거리며 걸어 다니는 사람은 나태하거나 위험한 인물로 지목받는다. 그러나 얼마 전부터 걷기의 긍정적 가치가 이야기되기 시작했다. 반가운 일이다. 그렇다면 걷기의 좋은 점은 어디에 있는가? 우선 건강 증진 담론이 있다. 걷다 보면 몸의 균형을 되찾을 수 있고 성인병을 예방할 수 있다는 웰빙담론이다. 그래서 두 팔을 내저으며 힘차게 걷는 '파워 워킹'이 권장되고 있다. 환경보호 담론도 걷기의 가치를 내세우고 있다. 자동차를 타지 않고 걸음으로써 에너지가 절약되고 대기오염이 줄어든다는 것이다. 그래서 가까운 거리는 걸어 다니라는 말을 자주 듣는다. 건강증진 담론과 환경보호 담론은 서로 결합되기도 한다. 걷기에는 건강증진과 환경보호라는 일석이조의 효과가 있다는 것이다. 그러나 그런 실용적인 목적에 앞서 걷기는 기분 전환을 위한 가장 손쉬운 방법이며 세상과 인생을 아는 가장 고전적인 방법이기도 하다. 친구와 함께 강변을 걷다 보면 그래도 인생길이 걸을 만하다는 생각을 하게 된다. 많은 사람들이 가슴이 답답하거나 마음에 상처를 입었을 때 홀로 걸으면서 마음을 달래기도 한다. 걷기에는 마음을 다스려주는 심리적 치유의 효과가 있기 때문이다. 걷기는 몸의 움직임을 정신의 운동으로 전환시켜 세상을 조금 다르게 느끼게 해준다.

걷기는 치유에서 한 걸음 더 나아가 구도의 방법이기도 하다. 그래서 예로부터 구도자들은 사막과 숲 속을 걸으며 인생의 참된 의미와 우주의 숨겨진 비밀을 찾아냈다. 좁은 나를 버리고 진정한 나를 찾기 위해서 그들은 길을 떠났다. 길은 내면의 소리를 경청하는 공간이었고 그 내면의 소리를 듣기 위해 구도자들은 걷고 또 걸었다. 소로는 월든 숲을 걸었고 샤를 드 푸코는 사하라 사막을 걸었다. 걷기는 비우기다. 쓰레기같이 냄새나는 감정으로 꽉 찬 마음의 휴지통을 비우는 일이다. 걷기는 마음을 정화시킨다. 걷다 보면 분노나 질투심 같은 마음의 오염 물질이 점차 빠져나간다. 더 걷다 보면 내 마음은 나와 아무 관련 없이 그냥 거기에 있었던 길과 분수대, 하늘과 구름 속으로 들어가게 된다. '나'로 꽉 찼던 마음이 누그러지고 자신이 세상의 극히 작은 한 점이라는 사실을 알게 되고 겸손해진다. 더욱이 혹독한 바람 앞에서 허기와 고독을 이기며 걷는 겨울 나그네는 스스로를 한없이 낮출 수밖에 없다. 인생이 걷기라면 우리 모두는 겨울 나그네다. 걷기는 내면으로의 여행이고 자기와의 대면이다. 걷기는 걷는 사람에게 내면을 들여다보게 하는 우물이다. 걷다 보면 자기 밖에 전개되는 풍경과 눈앞에 나타나는 사물들이 자기 안의 자기에게 말을 건네온다. 그래서 평소에 들리지 않는 소리를 듣게 된다. 걷기는 자기를 비우고 버리면서 다른 사물들의 이야기를 듣는 일이다. 시인은 그 소리에 예민하게 귀를 기울이는 존재다. 그 소리와의 대화가 시가 된다. 풍경은 거기 그냥 있는 것이 아니다. 우리는 걸으면서 풍경을 만든다. 그래서 걷는 일은 머릿속에 풍경화를 그리는 일이다. 몸으로 마음으로 호흡으로 시신경으로 머릿속에 풍경화를 그리다 보면 우리는 그만 어느새 풍경 속으로 들어가 버린다. 풍경이 내 안으로 들어오고 내가 풍경 속으로 들어간다. 그러다 내가 풍경 속으로 사라지고 나면 오로지 풍경만이 남는다. 우리는 걸으면서 자기 자신과 화해하고 마음의 평화를 얻는다. 걸으면서 세상일에서 받은 상처와 실망을 다독거린다. 마음속을 닦아내고 정신을 정화시키기 위해 걸어야 한다. 몸을 움직여 걷다 보면 온몸에 에너지가 퍼지고 순환이 촉진되며 외부와의 교감이 일어난다. 쏟아지는 빗속을 걸으며, 산들바람과 함께 걸으며, 찬 공기를 들이마시며 걸으며, 안개 속을 걸으며 우리는 우리를 만나고 자연을 만나고 세상을 만난다.

걸으며
생각하기

걷기에 대한 생각도 사람에 따라 다를 수 있다. 걷다 보면 영감이 떠올라 새로운 생각을 할 수 있다는 사람이 있는가 하면, 걸으면 생각이 분산되어 집중할 수가 없기 때문에 떠오르던 생각도 달아나버린다고 말하는 사람도 있다. 니체는 "생각은 걷는 발의 뒤꿈치에서 나온다"며 걸으며 생각하는 사람이었던 반면, 플로베르는 "걸으면 생각이 달아나버린다"며 자기 방의 책상 앞에서 생각에 잠겼다. 두 사람의 말이 다 맞다. 책상 앞에서는 하나의 생각에 깊이 빠질 수 있고 길을 걷다 보면 묻혀 있던 새로운 생각이 떠오른다. 둘 사이의 균형이 필요하다. 그러니까 책상 앞에서 많은 시간을 보내는 사람들에게야말로 걷기가 필요하다. 그래서 예로부터 철학자들 가운데 걷는 사람들이 많았다. 소크라테스는 아테네의 길을 걸었으며 칸트는 쾨니히스베르크의 길을 걸었고 루소는 파리의 길을 걸었다. 칸트는 매일 정해진 시간에 정해진 코스를 산책했기 때문에 사람들은 그를 보고 시간을 알았다고 할 정도다. 하이델베르크에는 '철학자의 길(필로조펜벡Philosophenweg)'

이 있다. 막스 베버와 하이데거를 비롯해 수많은 지식인들이 이 길을 걸었다고 한다. 교토에 가면 이를 모방해서 만들었다는 '철학의 길(데쓰가쿠노미치哲學の道)'이 있다. 니시다 기타로를 비롯해 많은 철학자들이 이 길을 걸었고, 그래서 3세대에 걸친 교토학파가 만들어졌다. 철학자들에게 걷기는 자연을 만나고 역사와 삶의 의미를 생각하며 작고 좁은 마음의 자아를 더 큰 세상에 연결시켜 스스로를 확장시키는 하나의 예식이다. 그래서 산책로가 없는 도시에서는 철학과 사상이 만들어지기 힘들다. 철학자들뿐만 아니라 문인들과 예술가들도 산책을 즐겼다. 발자크와 보들레르의 작품은 그들의 파리 산책과 떼어놓을 수 없는 것이며, 찰스 디킨스의 소설은 그의 런던 산책과 밀접히 연결되어 있다. 반 고흐와 세잔은 화구를 등에 메고 프로방스의 들길을 걸었고 베토벤과 브람스, 브루크너와 베르디 같은 음악가들도 산책을 하며 악상을 얻고 다듬었다.

홀로 걷기

　　　　　똑같은 장소를 걷더라도 혼자 걷느냐 누구와 함께 걷느냐에 따라 걷기의 의미는 달라진다. 혼자 걸으면 위험하거나 쓸쓸해서 누구와 함께 걷는 경우가 있다. 누구와 함께 걸으려면 서로 마음이 통하는 사람과 걸어야 한다. 인간관계에서 생기는 심리적 긴장은 걷기 본래의 의미를 반감시킨다. 그래서 페트라르카는 마음이 가장 잘 통하는 동생과 함께 방투 산을 올랐고 마르크스는 사위 폴 라파르그와 함께 런던의 하이드파크를 산책했다. 마르크스는 산책을 하면서 당시 발전시키고 있던 자신의 자본론을 설명했고 그것을 들은 사위는 집에 돌아와 그날 들은 생각을 노트에 적었다. 걷기의 동반자는 서로를 잘 알아서 꼭 이야기를 나누지 않아도 부담을 주지 않는 사람이 가장 적당하다. 프랑스에서 가장 많이 읽히고 여러 번에 걸쳐 영화화된 연작 추리소설 『형사 메그레』의 작가 조르주 심농은 글을 쓰는 날은 언제나 저녁 산책을 했다. 그때마다 부인이 동행했는데 두 사람은 대개 아무 말 없이 그냥 걸었다고 한다. 심농은 자신의 작품에 대한 생각을 머릿속에서 떨쳐버릴 수 없었고 부인은 그런 남편을 너무 잘 이해했다.

그러나 복잡한 생각을 정리하거나 새로운 생각의 영감을 얻기 위해서는 혼자 걸어야 한다. 산책의 기본 요소인 완전한 자유는 홀로 걸을 때만 가능하다. 둘이 걸을 때만 해도 어느 길로 들어설 것인지, 어느 순간 무엇을 보기 위해 멈출지 아니면 계속 걸을지를 마음대로 할 수가 없고 걸음의 속도도 상대방과 보조를 맞추어야 한다. 또 상대방이 말을 걸면 혼자 하던 생각을 멈추고 응답을 해야 한다. 상대방에게 말을 하는 순간 풍경과 나의 무의식 사이사이에서 이루어지던 신비한 대화가 끊어지면서 현실로 돌아오게 된다. 그래서 스코틀랜드 출신의 작가 로버트 스티븐슨은 혼자 걷지 않고 여럿이 걷거나 둘이 걷는 일은 이름만 산책일 뿐 진정한 산책이 아니라고 말했다. 진정한 산책은 의식과 무의식의 경계선을 넘나들며, 꿈과 현실이, 이성과 직관이 하나로 합쳐지는 과정이다. 그러므로 홀로 말없이 걷는 산책이야말로 가장 완전한 의미에서의 산책이다. 그래서 앙리 보스코와 장 지오노 같은 남프랑스의 작가들은 뤼베롱 산과 알피유 산과 그 주변의 들판을 윙윙거리는 미스트랄 바람을 맞으며 홀로 걷기를 좋아했다. 그러나 홀로 걷기는 자연 속에서만 가능한 것이 아니다. 도시에서 홀로 걷기는 더욱 완전한 홀로 걷기가 될 수 있다. 1631년 데카르트가 암스테르담에서 도시 산책을 즐기고 있을 때 한 친구가 시골에서의 고독한 삶을 찬양하는 편지를 보냈다. 그 편지에 대한 답장에서 데카르트는 시골에서의 고독과는 질적으로 다른 도시에서의 고독에 대해 말했다: "내가 살고 있는 이 도시에는 나 말고는 사업상의 거래에 종사하지 않는 사람이 없다네. 모든 사람이 다 각자 자기의 이익에 주의를 기울이고 있기 때문에 나는 이곳에서 그 누구의 시선에도 띄지 않고 살아가고 있지. 나는 매일 수많은 사람들이 이루는 혼돈 속을 엄청난 자유와 평안함을 누리며 걷고 있다네. 아마도 내가 암스테르담이라는 대도시를 걸으며 누리는 자유와 평안함은 자네가 시골의 오솔길에서 누릴 자유와 평안함 못지않을 걸세." 데카르트는 모든 사람이 직업상의 이윤을 찾아 바쁘게 움직이는 대도시에서 평안한 관찰자의 시선을 유지하며 홀로 고독한 산책을 즐겼다.

도시 걷기의
역사

이제는 도시에 사는 것이 세계적으로 보편화되었고 도시를 자유롭게 걷는 일이 너무나 자연스럽게 보이지만, 인간이 도시 공간을 자유롭게 걸어 다니게 된 것은 근대에 들어서다. 중세의 도시들은 만종이 울리고 밤이 오면 성문을 닫았고 통행이 금지되었다. 1616년 파리 센 강 우안에 '쿠르 라 렌'이라는, 가로수가 여러 겹으로 늘어선 산책로가 만들어졌다고 하지만, 18세기까지도 유럽의 대도시들을 걷는 일은 자유롭지 못했다. 도시는 더럽고 위험하고 어두운 공간이었다. 계몽주의와 혁명의 시대를 지나고 19세기에 들어서야 도시는 점차 깨끗하고 안전하고 밤이 오면 환한 빛이 들어오는 공간으로 바뀌었다. 도시의 부랑자와 우범자, 광인들과 거리를 떠도는 여성들과 아이들을 격리시키고 감시하는 감옥과 정신병원과 구호시설들이 만들어진 것도 19세기 초의 일이다. 1805년 나폴레옹은 거리의 모든 건물에 번지수를 지정했으나 그것이 일반화된 것은 19세기 후반에 들어서다(그 이전에 파리의 건물들은 번지수가 아니라 건물마다 고유한 이름을 가지고 있었다. 아직도 스위스의 레쟁 같은 산속 마을에는 번지수 대신 집마다 고유한 이름이 있다).

1833년에서 1848년 사이에 파리 시장이었던 랑뷔토는 위험하고 더러운 파리를 안전하고 깨끗한 도시로 만들기 위해 파리의 거리에 처음 가스등을 설치했고, 베스파지에라고 부르는 남성용 공중변소를 만들었다(이 오래된 공중변소는 모두 철거되었으나, 역사적 기억을 환기시키기 위해 파리 시 전체에 딱 한 개만 남겨놓았다. 14구의 아라고 거리, 상테 감옥 옆에 가면 소변만 볼 수 있는 베스파지에를 만날 수 있다). 가스등이 처음 설치된 곳은 파사주였으며 야외에는 방돔 광장에 처음 설치되었다(1970년대 고등학교 국어 교과서에 나오던 김광균의 시 「와사등」이 바로 이 가스등을 말한다. 모더니스트들의 시에 등장하는 근대성의 상징으로 가스등이 쓰인 것이 흥미롭다). 나폴레옹 3세 시기에 이르러서야 파리의 가스등이 널리 확산되었다. 그리고 가스등이 전기등으로 바뀌면서 도시의 밤 풍경에서 달빛과 별빛은 더욱 흐려졌다. 파리만이 아니라 런던, 베를린, 빈을 비롯한 유럽의 대도시에서 차도와 분리된 보도, 가로 등, 가로수, 거리 이름과 번지, 배수로, 교통규칙과 교통신호체계가 만들어 진 것도 19세기 후반의 일이다. 그때까지 도시에서의 산책은 남자들에게만 가능한 일이었다. 여성들이 도시 공간을 자유롭게 걸어 다니기 시작한 것은 20세기에 들어와서다.

20세기에 들어 도시는 걸어 다닐 만한 곳이 되었고 점점 더 많은 사람들이 도시를 삶의 근거지로 삼아 살아가고 있다. 그런데 도시의 깜박거림과 소음, 교통 정체와 탁한 공기, 어지러운 광고판과 현란한 진열창의 거리를 벗어나 자연으로 돌아가고 싶어 하는 사람들이 늘어나고 있다. 어차피 도시에 살 수 밖에 없는 처지인데도 도시를 떠나 자연으로 돌아가고 싶다는 욕망이 커지고 있다. 파리의 작가들 가운데 많은 사람들이 "이제 파리는 끝났다"고 선언하 고 시골에 내려가서 조용히 살고 싶다며 파리를 떠났다가 얼마 있다가는 "그 래도 파리밖에 없다"며 다시 파리로 돌아온다는 이야기가 있다. 파리의 작가 들만이 아니라 현대인들은 도시를 떠났다가도 다시 도시로 돌아올 수밖에 없 도록 길들여졌는지도 모른다. 도시에서 나서 도시에서 자란 신세대들은 점점 더 도시를 떠나서는 살 수 없게 될 것이다. 도시의 아이들은 시골에 가서 며 칠만 지나도 지루해서 견디지를 못한다. 어른들은 직장 때문에, 아이들 교육 때문에도 도시를 떠날 수 없다. 그렇다면 도시를 견딜 수 있는 장소로 만들 어야 한다. 아니, 견딜 수 있는 장소를 넘어 행복한 삶이 가능한 공간으로 만 들어야 한다. 살기 좋은 도시, 살고 싶은 도시를 만드는 방법 가운데 하나가 바로 걷는 사람을 위한 도시를 만드는 일이다. 도시의 한 끝에서 다른 끝까지 즐겁게 걸을 수 있는 도시라면 살기 좋은 도시의 기본 조건은 갖춘 셈이다. 풍경은 원래 자연에 있었지만 이제는 도시도 하나의 풍경이 되었다. 걸으면서 풍경을 즐길 수 있는 도시에 사는 사람들은 행복하다.

버지니아 울프와
게오르크 짐멜

　　　　　　　　"디 아워스"라는 제목으로 영화화된 버지니아 울프의 소설 『댈러웨이 부인』에서 주인공 클라리사는 시골보다 런던이라는 대도시에서 걷는 것이 더 즐겁다고 말한다. 클라리사라는 주인공을 창조한 버지니아 울프도 런던 거리를 즐겨 걸었다. 시골의 자연 풍경은 평화롭지만 지루한 반면, 도시의 풍경은 어지럽지만 정신에 자극을 준다. 시골에서의 고독은 지리적 고독이고 자연 속의 고독이지만 도시에서의 고독은 군중 속의 고독이고 불빛 속의 고독이다. 도시의 대로에는 상점들이 열병식 하는 병사들처럼 늘어서 있고, 인도에는 사람들이 구름처럼 떠다니고, 차도에는 자동차들이 강물처럼 흐른다. 도시는 움직임이다. 그러나 도시에는 공원도 있고 골목길도 있고 광장도 있고 가로수도 있다. 분수대가 있고 진열창이 있다. 도시를 걷다 보면 눈앞에 수많은 풍경들이 펼쳐진다. 사무실이나 아파트 같은 막힌 공간에서 빠져나와 도시의 탁 트인 대로를 걸으면서 순간순간 다가오는, 움직이는 풍경에 관심을 자유롭게 분산시키다 보면 머릿속의 긴장이 풀어지고 온몸이 점차 유연성을 회복하게 된다. 그럴 때 걷기는 육체적 움직임이면서 동시에 정신적 휴식이 된다. 도시의 풍경과 걷는 나의 마음이 하나가 되고 상상력이 태동한다. 걷다가 관심이 가는 장소가 나타나면 한곳에 머물러 그곳의 분위기를 음미하는 일도 가능하다. 그러나 도시에는 자극이 지나치게 많다. 그럴 때면 도시에 끌어들인 자연인 공원 속을 걸을 수 있다. 공원의 나무 밑 벤치에 앉아 하늘 위로 구름이 흘러가는 것을 유심히 바라보며 명상에 잠길 수도 있고 바람에 흔들리는 나뭇가지와 나뭇잎을 감탄하면서 바라볼 수도 있다.

20세기 초 급격하게 변모하는 베를린에서 젊은 시절을 보낸 독일의 사회학자 게오르크 짐멜은 「대도시와 정신상태」라는 글에서 도시는 지속적으로 끊임없이 신경을 자극하는 일들이 변화무쌍하게 일어나는 장소이며 집단으로부터 분리된 개성을 가진 개인이 탄생하는 공간이라고 말했다(로버트 파크 등이 중심이 된 미국의 도시를 연구한 시카고학파의 지적 기원에 바로 이 짐멜이라는 유대인 출신 사회학자가 있다). 그래서 도시의 길을 지나다니는 서로 다른 분위기의 각양각색의 행인들은 도시 풍경의 일부를 이룬다. 뉴욕 산책을 즐기던 미국의 시인 월트 휘트먼은 "지나가는 이방인이여! 그대는 아는가. 내가 얼마나 동경 어린 눈으로 당신을 바라보고 있는지"라고 읊었지만, 작가들에게 길목의 카페테라스에 앉아 지나가는 사람들의 모습을 바라보며 그들의 인생을 짐작해보는 일은 창작 작업의 일환이다. 그래서 공산권 국가에서도 작가들에게는 오후에 카페에 가서 자유롭게 시간을 보낼 수 있도록 티켓을 배급했다. 버지니아 울프가 추운 겨울날 저녁의 런던 거리를 즐겨 걸었던 이유도 평소 자신을 지배하는 자아의 껍질을 벗어버리고 단 몇 분 동안이나마

지나가는 사람들의 몸과 마음속으로 들어가 세탁부도 되어보고 목로주점의 여주인도 되어보고 거리의 가수가 되어볼 수도 있었기 때문이다. 도시의 익명성과 다양성이야말로 다른 삶을 꿈꾸어보게 하는 요소다. 농촌의 단조로운 풍경과 관습과 서열이 엄격하게 작용하는 공동체적 분위기에서, 개인은 각자에 주어진 역할 속에 너무 깊이 박혀 있어 다른 사람이 되어 다른 삶을 꿈꾸어보기가 어렵다. 그래서 마담 보바리는 시골을 떠나 파리에 살기를 꿈꾸었고 시인 랭보는 시골 소도시의 억압적이고 자족적이고 구속적인 분위기가 역겨워서 열여섯의 나이에 대도시 파리로 가출을 했다.

도시 걷기와
시민의식

도시의 익명성과 다양성은 문화예술인들에게 창조의 영감을 제공하지만, 다른 한편 도시는 항의와 저항의 장소이기도 하다. 인간으로서의 기본권human rights을 누리는 시민citizen이라는 말이 도시city에서 나왔음은 우연이 아니다. 도시에 사는 사람은 누구나 도시를 자유롭게 걸을 수 있다. 시민은 일차적으로 도시를 자유롭게 걷는 사람city walker이다. 아테네의 도시국가에서 민주주의가 시작되었음은 우연이 아니다. 아테네의 시민 소크라테스는 도시 경계선 밖을 좀처럼 나가지 않았다. 그는 "나는 배우는 것을 좋아하는데 시골의 나무는 나에게 가르쳐줄 마음이 없다. 반면에 도시의 사람들은 나에게 많은 것을 가르쳐준다"라고 말했다. 왜냐하면 시골의 나무는 그의 질문에 대답이 없는 반면 도시의 사람은 그의 질문에 답변을 해주기 때문이다. 소크라테스는 아고라로 향하는 길을 걷다가 젊은이들에게 말을 걸었고 질문을 했다. 그래서 대화가 시작되었다. 그는 아테네라는 도시를 걷지 않고는 살 수 없는 인물이었다. 도시의 이곳저곳을 자유롭게 돌아다니다 보면 시민의식이 싹튼다. 도시의 길을 걷다 보면 도시의 불평등, 불합리, 부조리를 알게 되고 함께 공유하는 길과 광장, 공원과 공공시설의 중요성을 알게 된다. 도시를 걷다 보면 도시를 알게 되고 도시를 알게 되면 시민으로서의 권리의식과 책임의식이 싹튼다. 그런 사람들이 광장에 모여 토론이 일어나고 길거리는 항의의 공간이 된다. '거리의 정치'라는 말이 있지만 평소에는 이동의 장소였던 도시의 거리는 때로 불의에 항의하는 시민들이 깃발을 들고 구호를 외치며 행진하는 장소로 바뀐다. 그러므로 철조망과 바리케이드가 없고 출입제한 구역이 없는 도시야말로 시민들의 의식이 살아 있는 민주적 도시라고 할 수 있다.

언어 속의
걷기

다리를 움직여 장소를 이동하는 행위를 표현하는 한국어, 영어, 프랑스어의 다양한 어휘들을 살펴봄으로써 걷기에 대한 생각을 엿볼 수 있다. 우리말 속에 걷기를 뜻하는 낱말에는 거닐기, 산보(散步), 산책(散策), 만보(漫步), 소요(逍遙), 어슬렁거리기, 배회, 방랑, 유람 등이 있다. 그 가운데 소요는 슬슬 걸어 돌아다님을 뜻하고, 산책은 한가한 기분으로 이리저리 거니는 행위이며, 만보는 한가로운 마음으로 걷는 걸음을 뜻한다. 그런데 산보의 산(散)은 분산(分散)의 산(散)과 같은 글자다. 갈라져 흩어지는 현상을 분산이라고 한다면, 산보는 걸으면서 눈에 다가오는 외부의 다양한 풍경 속으로 관심을 분산시키고 자기 자신을 맡겨버리는 행위를 뜻한다. 그러니까 머릿속을 비워 무방비 상태로 만들어 외부에서 일어나는 현상들에 아무런 구애 없이 자신을 맡기며 걷는 행위가 산책이고 산보라고 할 수 있다. 그런데 만보나 산보는 게으름, 빈둥거리기, 빈들거리기, 건들거리기, 늑장부리기 등을 연상시키기 때문에 속도와 효율성을 강조하는 시대 분위기에 맞지 않는 느낌을 풍긴다. 국토 전체에 자동차가 통하는 거미줄 같은 도로망이 형성되면서 걷기와 관련된 이런 낱말들이 사용되는 빈도는 점점 줄어들고 있다.

우리말 못지않게 영어와 프랑스어에서도 걷기를 표현하는 다양한 낱말이 있다. 영어로 걷기를 뜻하는 단어로는 워킹walking, 스트롤링strolling, 원더링wandering, 프롬네이딩promenading, 로이터링loitering, 손터링sauntering, 드리프팅drifting, 앰블링ambling, 민더링meandering, 로밍roaming, 크루이징cruising 등이 있는데, 그중에서 내 마음에 드는 단어는 여유를 가지고 천천히 걸으면서 이곳저곳을 기웃거리며 걷는 행위를 뜻하는 '원더링wandering'이라는 단어다. 그 앞에 '아무 목적 없이aimless'라는 형용사를 붙여서 에임리스 원더링aimless wandering이라고 하면 더 멋지다. 「배회하는 개」라는 작품으로 알려진 일본의 사진작가 모리야마 다이도는 아무 목적 없이 도시를 거닐 줄 아는 사람이었다. 그는 도시 산책에 대해 다음과 같이 말했다: "시내에 나갈 때는 아무 계획도 없이 나갑니다. 그냥 거리를 걸어 내려가다가 골목길이 나오면 길을 따라 그냥 돕니다. 정말 나는 배회하는 개와 같이 산책을 합니다. 내가 어느 곳으로 가야 할지는 주변의 냄새로 결정합니다. 그렇게 걷다가 피곤하면 멈추는 거지요."「배회하는 개」라는 작품은 그렇게 동경 시내를 배회하다가 우연히 찍은 것이라고 한다.

프랑스어로 걷기를 표현하는 낱말로는 마르슈marche, 프로므나드promenade, 플라느리flânerie, 에랑스errance, 발라드balade, 랑도네randonée, 바가봉다주vagabondage, 파르쿠르parcourt, 바도다주badeaudage, 데앙뷜라시옹déambulation 등이 있다. 그 가운데 플라느리라는 단어가 가장 내 마음에 든다. 마르슈는 기계적 동작의 표현이고 프로므나드가 감정 중립적인 표현이라면 에랑스는 정신없이 헤매는 느낌을 준다. 바가봉다주는 넓은 지역을 오랫동안 정처 없이 떠도는 느낌을 주며 랑도네는 비교적 긴 산책을 말한다. 플라느리는 일상의 생활에서 짧은 시간을 귀하게 여기며 그리 넓지 않은 범위를 한가롭고 기분 좋게 걷는 행위를 말한다. 파리 5구의 클뤼니 중세박물관 옆에 있는 한 식당 입구에는 "먹고 마시고 이야기하고 즐기고 산책하세요boire, manger, bavarder, s'amuser, flâner"라고 씌어져 있는데, 바로 거기에 산책을 표현하는 플라느리라는 말을 사용하고 있다. 프랑스 사람들에게는 먹고 마시고 이야기 나누고 난 다음 만족한 상태에서 기분 좋게 여유롭게 걷는 플라느리가 최상의 즐거움인 모양이다. 도시 공간의 발견은 걸으면서 이루어지고, 발견은 정신의 즐거움을 가져다준다. 어느 날 16구의 센 강변을 산책하다가 국립라디오 방송국 건물 정면에 "당신은 오늘 무엇을 발견할까요Qu'allez-vous découvrir aujourd'hui?"라는 문구가 씌어진 플래카드가 펼쳐져 있는 것을 보았다. 뉴스만 방송하는 프랑스 엥포France Info 방송국의 광고 문구였다. 최신 뉴스를 들으면서 새로운 정보를 발견하라는 이 방송국의 메시지는 도시를 걷는 사람에게도 똑같이 해당된다. 도시인들에게는 건강을 위한 파워 워킹도 좋지만 발견의 즐거움을 위한 플라느리도 필요하다. 플라느리를 즐기는 사람인 '플라뇌르flâneur'는 특별한 목적 없이 걷는aimless wandering 사람으로서 자기 자신을 도시의 흐름 속에 떠맡기고 그때그때의 기분과 호기심에 따라 마음 가는 대로 시간의 구애를 받지 않고 서서히 발길을 옮기는 산보객이다. 그에게는 갈 곳이 정해지지 않은 만큼 선택의 폭이 넓기만 하다. 당신은 오늘 어디를 걸으실까요?

플라뇌르의
기본 자질

플라느리를 즐기는 플라뇌르가 되기 위해서는 일정한 자질이 필요하다. 목표 달성을 위한 얼음 같은 계산과 강한 성취동기는 플라뇌르의 자질과 거리가 멀다. 남이 못 본 것을 보고 남보다 많이 보아야겠다는 경쟁 심리도 산보객의 자질과 거리가 멀다. 진정한 산보객은 특별히 살 물건도 없으면서 상점의 진열장을 들여다보고 특별히 살 책도 없으면서 서점에 들어가서 이 책 저 책의 책장을 넘기는 사람이다. 그런 점에서 볼 때 누구나 다 산보객이 되기에 적합한 자질을 구비하고 있는 것은 아니다. 플라느리를 즐기기 위해서는 먼저 주류 질서에 일정한 거리를 유지하면서 비판적 거리를 취할 능력을 갖추어야 한다. 돈과 권력, 세속적 성공을 추구하는 사람이나 군중 속에 자아를 상실하여 외부의 광고와 설득에 의해 이리저리 이끌려 다니는 사람은 플라뇌르가 되기 어렵다. 시대의 주류를 좇는 사람들에게 플라느리는 쓸모없는 시간낭비일 뿐이다. 화려한 명품점의 쇼윈도를 군침 흘리며 바라보거나 광고 문구에 혹해 유명 상표의 물건을 사기 위해 온갖 수단을 다 강구하는 '즐거운 로봇cheerful robot'이 플라뇌르가 될 가능성은 거의 없다. 플라뇌르는 그런 시대의 흐름에 저항하고 지배적 가치를 비웃고 관습을 넘어서 무언가를 깊고 진하게 느낄 수 있는 '자기만의 순간private moment'을 찾는 사람이다. 그러므로 세계화된 자본주의 사회에서 산책은 그 자체로서 탈자본주의적 저항 행위가 된다. 체제가 요구하는 속도가 아니라 자신의 요구에 맞추어 자신의 리듬으로 걷는 산책은 그 자체로 비자본주의적이다. 자본주의는 사람과 상품과 정보의 빠른 이동에 기초하기 때문이다. 출근, 퇴근, 출장, 등교, 하교, 배달, 행진은 한 지점에서 다른 지점으로의 이동일 뿐이다. 그와 반면에 산책은 구체적이고 실용적인 목적이 없는 순수한 걷기다. 그저 할 일 없이 걷는 산책은 자본주의적 시장의 논리로부터 벗어나는 순수한 삶의 순간이다. 성공하려면 빨리 이동하는 법에 익숙해져야 한다. 그러나 플라느리를 즐길 수 있으려면 속도사회에서 약간 벗어나 있어야 한다. 현란한 도시의 경쟁에서 몸을 빼내서 천천히 목적 없이 걷는 행위는 이윤 추구와 경쟁적 사회관계 바깥으로의 외출이다. 플라느리는 속도숭배사회에 살면서 속도의 압력을 벗어나는 고귀한 기술이며 예술이다.

플라느리를 즐기기 위해서는 여유와 느림의 미학을 구사할 줄 알아야 한다. 1840년대 파리에 나타난 만보객은 도시 산책의 선구자들이었다. 1830년대에 들어서 파리에는 둥근 유리 천장을 한 통로 양쪽에 상점들이 줄지어 서 있는 파사주passage들이 만들어졌다(파사주를 영어로는 아케이드라고 한다). 아직도 오페라와 빅투아르 광장, 그랑 불바르, 몽파르나스 등 파리 시내 중심부 곳곳에 남아 있는 파사주는 1850년대에 백화점이 등장하기 이전 시기에 신상품들을 보기 좋게 진열한 구경거리의 상가였다(파사주가 단층이며 대로와 대로를 연결하는 통로의 구실을 했다면 백화점은 여러 층으로 된 하나의 닫힌 공간에 여러 종류의 상품들을 체계적으로 전시한다. 파리 7구에 있는 봉 마르셰Bon Marché는 세계 최초의 백화점이다. 그 이후 우안의 오페라 부근에 갈르리라파예트와 프랭탕 등의 백화점이 생겨났다. 미쓰코시 백화점에서 신세계 백화점으로 바뀐 한국 백화점의 원형을 파리의 백화점에서 찾아볼 수 있다). 당시 파리의 부유층들은 파사주의 통로를 걸으면서 새로 나온 상품들을 구경하고 구입했다. 그런데 1840년경에 파리의 파사주에 거북이를 데리고 산책하는 사람들이 나타났다. 그들은 보행 속도를 거북이의 속도에 맞추어 천천히 걸으면서 파사주를 유람했다. 그들은 그런 방식으로 급속도로 빨라지는 근대적 시간 감각의 지배적 조류에 대해 비판적 태도를 내비쳤던 플라뇌르들이었다. 만보객을 속도사회의 주류 질서에 비판적 거리를 유지하고 있는 사람들이라고 볼 수 있다면, 고대의 소요학파, 불가의 승려들, 세속을 벗어난 은자들, 일정한 직업이 없이 놀고먹는 한량들, 무위도식자들, 정해진 시간표에 따라 생활하지 않는 작가와 예술가들, 루소와 같은 고독한 산책자들도 모두 플라뇌르의 정신을 갖춘 사람들이었다. 그런 부류의 사람들은 현실에 완전히 뿌리 내리지 않고 "나는 공중을 떠다니고 있네I'm floating in the air"라고 노래한다.

작은 발견의
즐거움

플라뇌르가 되려면 작은 발견에 즐거워할 줄 알아야 한다. 오로지 작은 발견의 즐거움을 위해 좀더 먼 길로 둘러갈 수 있는 마음의 여유가 있어야 도시의 풍경 속에서 새로운 발견이 가능하다. 목적지를 향해 빠른 속도로 직선의 길을 지나가는 바쁜 사람의 눈에는 풍경이 없다. 바로 눈앞의 것만 바라보지 않고 멀리 바라보고, 뒤돌아보고, 때로 고개를 들어 건물 위쪽을 잠시 바라볼 때 새로운 것들이 보인다. 그런 방식으로 한눈을 팔며 걷는 사람에게만 베란다의 화분, 길가의 꽃밭, 건물 꼭대기의 굴뚝, 상점의 진열장, 공원의 석상이 의미를 지니고 다가온다. 어느 곳이든 멈추고 싶은 곳에 멈추어 서서 호기심을 채울 수 있는 여유, 스쳐 지나가는 분위기에 취할 수 있는 능력을 갖추어야 훌륭한 플라뇌르가 될 수 있다. 그런데 플라뇌르는 태어나는 것이 아니라 만들어지는 것이다. 플라뇌르는 예상치 못한 작은 발견을 통한 놀라움, 즐거움, 경이감, 신선함으로 스스로가 새로워지는 느낌을 즐기는 사람들이다. 도시를 걸으며 숨은그림찾기의 즐거움을 아는 사람은 행복하다. 플라뇌르는 살짝 열어놓은 대문으로 보이는 감추어진 정원의 모습을 볼 줄 알고 분수대의 물소리를 들을 줄 알며 돌벽의 신비한 무늬에 찬탄하고 모르던 길 이름이나 지하철역 이름의 유래를 알고 기뻐한다.

파리의 사연이 있는 장소에 빠짐없이 서 있는 포도주 잔 같기도 하고 배를 젓는 노처럼 보이기도 하는 '파리 역사' 팻말을 읽으며 습관적으로 지나다니는 길의 의미를 알게 되는 것도 파리를 걷는 플라뇌르의 작은 즐거움이다.

걷기의 이로움

자유로운 분위기에서 여유롭게 거닐기를 즐기려면 일단 자가용 승용차를 버리고 자기 발로 걷기를 습관화해야 한다. 자가용에 중독이 되면 조금 걸어가면 되는 거리도 꼭 자동차를 이용해야 할 것 같은 강박관념에 사로잡히게 된다. 2002년 파리에 오기 전 서울에 살 때 나도 그런 강박 증세를 보였다. 행사에 참여하거나 약속 장소를 잡을 때 주차장이 있는 장소를 필수조건으로 삼았으며 지하철 한 번만 타면 갈 수 있는 장소를 갈 때도 꼭 자가용 승용차를 이용했다. 내가 자동차의 주인이 아니라 자동차가 나의 주인이 되었다. 그러나 파리에 와서 대중교통수단을 이용하면서 자동차 없이 산다는 게 얼마나 편리한지를 알게 되었다. 어디를 가도 자유롭고 마음에 여유가 있다. 그래서 나는 걷기를 우선으로 하는 생활을 하고 있다. 이동 거리가 멀 경우에는 대중교통수단을 이용하면 된다. 지하철은 체증이 없고 몇 분이면 다음 차가 오기 때문에 원하는 곳에 도착하는 시간을 짐작할 수 있다. 그러나 땅속을 다니는 두더지가 되는 것이 싫을 때는 버스를 탄다. 버스를 타면 바깥의 풍경을 마음대로 감상하며 원하는 곳에 도착할 수 있다. 버스를 타고 가다가 재미있는 풍경이 나타나면 아무 데서나 내릴 수도 있다.

파리에서나 서울에서나 자동차 운전대 앞에 앉는 순간 마음의 여유가 없어진
다. 앞과 뒤, 옆의 차들을 신경 쓰고 교통신호에 신경을 쓰고 보행자들에 신
경을 쓰다 보면 마음의 여유를 가질 수가 없다. 꽉 막힌 도로에서 운전대 앞
에 앉아 앞차의 꽁무니만 바라보고 있을 때처럼 답답할 때가 없다. 그래서
자유로나 고속도로 등에서 길이 쫙 뚫려 있을 때 기분을 내고 과속페달을 무
리하게 밟다가 큰 사고를 내기도 한다. 그러나 걷는 사람은 불의의 사고에
신경을 쓰지 않고 마음 놓고 이곳저곳을 바라볼 수 있다. 그만큼 의식이 자
유롭다. 자동차를 운전하려면 정해진 도로를 정해진 방향으로 다녀야 하지만
걷는 사람은 가고 싶은 대로 발길 가는 대로 자유롭게 갈 수 있다. 뒤돌아갈
수도 있고 좌회전과 우회전이 수시로 가능하고 속도도 마음대로 조종할 수
있다. 걷는 자에게는 교통 체증이 없고 주정차 걱정이 없다. 어두컴컴한 지
하주차장으로 내려갈 필요가 없고 주차비 신경을 쓸 필요가 없고 주차 위반
딱지에 화를 낼 일도 없다. 자가용을 타면 자기의 사적 공간에 갇혀버리지만
걸으면 파리 사람들과 일상의 공간을 공유하며 섞이게 된다. 그래서 도시의
분위기를 몸으로 생생하게 느낄 수 있다. 구역에 따라 달라지는 동네 분위기
와 동네에 따라 달라지는 파리 사람들의 얼굴 표정과 삶의 모습을 직접 관찰
할 수 있다. 걷다 보면 관찰 대상이 많아진다. 감각이 살아난다. 보고 듣는
것이 많아진다. 아무 데서나 멈추어서 보고 들을 수 있다. 포스터, 진열대,
서점, 영화관, 카페, 미술관, 상점 등 모든 것이 관찰의 대상이다. 걸으면서
새로운 것을 발견하는 산보객을 바닷속 산호초 주변을 도는 잠수부에 비교할
수 있다. 잠수부가 물속으로 내려갈 때마다 호기심을 자극하는 새로운 장면

과 마주치듯이 산보객은 거리를 걸으며 새로운 대상을 발견한다. 산보객에게는 같은 장소를 반복해서 여러 번 걷는 일이 지루하지 않다. 오히려 한 장소가 어느 정도 익숙해져야 새로운 경탄의 대상이 눈에 들어온다. 산보객은 한 장소를 천천히 깊게 음미하는 '눈의 미식가'다. 그래서 나는 오늘도 파리를 걷는다. 매일 발걸음 가는 대로 정처 없이 걷는다. 기분 나는 대로 자유롭게 걷는다. 특별한 생각 없이 걷는다. 말없이 걷는다.

걷는 사람에게
복이 있나니

파리의 거리에는 걷는 사람의 시선을 끄는 수많은 볼거리들이 가득 차 있다. 골목 저편에 모습을 드러내는 교회의 첨탑, 진열창에 전시된 새로 나온 책, 거리의 악사, 다음 골목의 구석에 있는 나무로 만든 장난감 가게, 저쪽에 보이는 마로니에 나무 그늘이 드리운 작은 공원이 산보객을 유혹한다. 무언가 보이지 않는 매력이 영감을 주는 분위기를 만들어 피곤함도 느끼지 못하고 계속 걷지 않으면 못 배기게 만드는 그런 도시는 그 자체가 하나의 예술 작품이라고 할 수 있다. 2006년 파리를 방문했던 시인 김지하가 "센 강은 위에서 아래로 직선으로 흐르지 않고 전후좌우로 출렁거리며 불규칙하게 흘러가며 파리의 땅은 한 걸음 다가서면 두 걸음 물러나는 이상한 도시"라고 말했는데, 파리를 걷다 보면 꼬리에 꼬리를 물고 나타나는 호기심의 대상들이 산보객을 계속 걷게 하는 마술을 부린다. 2003년 가을에 파리 7구의 릴 거리에 있는 '작가의 집'에 간 적이 있다. 프랑스 정부의 문화부와 출판업자들이 공동출자한 기금으로 운영하는 '작가의 집'은 작가들이 책을 내는 일을 주선해주거나 저자들과 독자들의 만남을 만들어주기도 하면서 출판문화를 진작시키는 일을 목적으로 하고 있다. 그곳에서 행사와 모임을 담당하는 직원과 약속이 있어서 갔다가 『글로 쓴 파리: 스무 명의 작가가 자기 구를 말한다』라는 제목의 책이 대기실 유리 진열대 위에 놓여 있는 것을 보았다. 그래서 일을 마치고 나오다가 그 책을 한 권 사가지고 돌아왔다. 집에 돌아오자마자 그 책을 펼쳐들었다. 2002년 봄 어느 날부터 산책 공간의 범위를 16구를 넘어서 15구와 17구, 13구, 8구 등으로 넓혀가면서 파리의 각 구들이 가진 특성을 어렴풋하게 느껴가고 있던 터였다. 그런데 그 책은 파리 시 스무 개 구를 스무 명의 작가들에게 나누어 의뢰하여 편집해놓은 책이었다. 파리 이곳저곳을 다니고 있는 나의 느낌을 그 책에 실린 글들과 비교해보고 싶었다. 그 책에 실린 스무 개의 글을 쓴 스무 명의 작가들은 각자 자기가 살았거나 살고 있거나 특별한 인연이 있는 구를 하나 선택해서 자신의 체험과 느낌을 중심으로 자기만의 문체로 글을 써놓았다. 내가 16구에 살고 있고, 16구를 가장 잘 아니, 16구부터 책을 읽기 시작했다. 16구에 대한 글을 쓴 사람은 누노 주디스라는 이름의 포르투갈 시인이었다. 당연히 모르는 사람이었다. 그런데 그의 글을 읽다가 나의 공감을 자아내는 다음과 같은 구절을 발견했다: "어찌 되었든 한 가지 사실은 확실하다. 그것은 내가 리스본에서보다는 파리에서 훨씬 더 많이 걸었으며, 파리라는 도시에서 걷고 있는 동안은 결코 피곤을 느끼지 않는 특별한 현상이 있다는 사실이다. 파리의 건축물들과 파리만의 조화가 제공하는 눈의 즐거움이 다리의 무게를 잊게 만든다. 파리에는 언제나 우리를 앞으로 나가게 하는 무언가가 있다. 그것은 길모퉁이일 수도 있고, 공원 한구석일 수도 있으며, 센 강을 가로지르는 다리일 수도 있다. 보이지 않는 힘에 끌려 파리를 걷다가 밤이 되어 집이나 호텔에 들어오고 나서야 그날의 노고를 느낄 수 있다." 나도 포르투갈 리스본 출신의 시인처럼 서울보다 파리에서 훨씬 더 많이 걷는다. 그리고 걸으면서 피로감을 느끼지 않는다. 피로를 느끼는 시간은 그와 마찬가지로 집에 돌아와서 저녁식사를 마치고 나서이다. 그러나 피로감이 다 나쁜 것은 아니다. 두 다리를 움직이며 걸으면서 생긴 피로감과 컴퓨터 화면 앞에서 누적된 온몸이 찌뿌드드한 피로감은 질적으로 다르다. 파리의 분위기에 취해 나도 모르게 이곳저곳을 하염없이 걷다 돌아온 날 저녁의 피로감은 기분 좋은 행복한 피로감이다. 걷는 자에게 복이 있나니, 그대는 꿈도 꾸지 않고 깊은 잠을 잘 것이다.

파리
산보객의
계보학

파리를 남다르게 걸었던 사람들

대부분의 사람들이 파리를 밥 먹고 살듯이 아무 생각 없이 걷는다. [⋯]
아! 그 사랑스럽고 달콤한 파리를 아무 목적 없이 떠돌아보라!
산보는 하나의 과학이다. 그것은 눈의 식도락이다.
걷기가 그럭저럭 살기라면 플라느리는 진정으로 사는 일이다.
—발자크, 『결혼의 생리학』

뤽상부르 공원 구석의 보들레르 동상, 파리 6구, 2005.

파리,
근대의 신화

　　　　　　　　　　파리는 '프랑스의 수도'에 그치지 않는다. 파리의
망명객 발터 벤야민은 파리를 연구한 자신의 저서에 『파리, 19세기의 수도』
라는 제목을 붙였고, 영국 출신의 마르크스주의 지리학자 데이비드 하비는
19세기 파리를 연구한 자신의 저서에 『파리, 근대성의 수도』라는 제목을 달
았으며, 파리에 관한 담론을 연구한 독일인 불문학자 카를하인츠 슈티엘의
책 제목은 『기호(記號)의 수도』이다. 인류학자 로제 카유아가 말했듯이 파리
는 '근대의 신화'다. 파리만큼 별칭과 수식어를 많이 가진 도시도 없을 것이
다. 사람들은 파리를 프랑스의 수도를 넘어 '유럽의 수도' '세계 문화의 수
도'라고 불렀고 '빛의 도시' '세계의 등대'라고 부르기도 했다. 그래서 일찍부
터 파리는 세상의 젊은이들과 예술가들에게 동경의 대상이 되었다. 파리에는
파리 토박이보다 출세를 꿈꾸며 파리로 올라온 지방 출신 청년들과 박해와

가난을 피해 자유를 찾아온 외국인들이 더 많이 산다. 그들에게 파리는 제2의 고향이 된다. 파리는 이방인들을 받아들이는 코즈모폴리턴적인 도시다. 파리에서 태어나고 자란 사람들보다는 지방이나 외국에서 온 이주민들이 파리를 더 많이 걸었고 더 많이 감탄했고 더 많이 묘사하고 표현했다. 벤야민의 연구에 따르면, 파리뿐만이 아니라 "지금까지 이루어진 도시를 묘사한 글들을 그 글을 쓴 사람들의 출생지에 따라 분류해보면 그 도시 출신인 사람이 쓴 글은 소수에 불과함을 알게 된다." 이방인과 주변인, 망명객과 시인의 호기심에 찬 눈이 파리를 새롭게 보는 눈이 된다. 파리에 익숙해진 파리 사람들의 당연한 시선이 아니라 파리를 낯설게 보는 엉뚱한 시선이 파리에 대한 경탄을 발하게 한다. 오스트리아의 빈 사람이었던 프로이트는 "파리는 여러 해 동안 나의 동경의 대상이었다. 파리의 포석이 깔린 도로에 첫발을 내디딜 때 느꼈던 희열은 앞으로 나의 다른 모든 소원이 이루어질 것을 보장하는 듯했다"고 회고했고, 미국의 작가 헤밍웨이는 "파리는 움직이는 축제다. 파리에서 젊은 시절을 보낸 사람은 영원히 가슴속에 파리를 안고 살아갈 것이다"라고 썼다. 루앙 출신이었던 플로베르의 소설『마담 보바리』에서 주인공 보바리 부인은 젊은 애인 레옹과 파리에 대해 자주 이야기를 나누다가 어느 날 "아! 우리가 파리에서 산다면 얼마나 행복할까!"라고 중얼거렸다. 새로운 미래를 꿈꾸는 젊은이들, 박해를 받은 지식인들, 사랑을 꿈꾸는 젊은이들이 동경하고 찾는 장소는 언제나 파리였다. 자기가 속한 사회에서 편안함을 느끼지 못하고 불화를 일으킨 화가와 작가, 음악가와 무용가, 지식인과 혁명가들도 숨 쉴 곳을 찾아 조국을 떠나 파리로 모여들었다. 마르크스와 프로이트,

마리 퀴리와 쇼팽, 피카소와 미로, 자코메티와 브란쿠시, 하이네와 투르게네 프, 헤밍웨이와 베케트, 제임스 조이스와 오스카 와일드, 스트린드베리와 이 오네스코, 시오랑과 쿤데라, 츠베탕 토도로프와 프랑수아 쳉, 이들은 모두 파리의 자유를 찾아 모여든 이방인들이었다. 유명한 인물들만이 아니라 이름 없는 무명의 작가와 예술가들이 새로운 인생, 새로운 사상, 새로운 예술, 새 로운 연인, 새로운 세상을 만들기 위해 자기가 태어난 나라와 도시를 떠나 파리로 모여들었다. 그들은 파리를 걸었고, 파리를 걸으며 인생의 길을 모색 했고, 새로운 작품을 만들었다. 파리는 세계의 문학 예술인들에게 영감을 제 공하는 장소이며 시의 주제가 되고 소설과 영화가 전개되는 배경이 되었다. 그래서 파리는 점점 더 자유를 상징했고 문화와 예술과 낭만의 장소가 되었다.

파리, 걷는 사람을 위한 도시

모든 새로운 생각은 책상 앞이 아니라 길을 걸으면 서 떠오른다. 그래서 수많은 작가와 시인, 예술가와 사상가들이 파리를 걸었 다. 발자크와 보들레르, 빅토르 위고와 외젠 아제, 헤밍웨이와 발터 벤야민 등 수많은 사람들이 파리를 걷고 또 걸었다. 파리는 무엇보다도 걷는 자를 위한 도시다. 20세기 들어 파리가 자동차를 위한 도시로 변모하였다고는 하 지만 오랜 세월에 걸쳐 만들어진 걷는 자들을 위한 도시 공간의 흔적은 쉽게 사라지지 않는다. 대로 양편에는 걷는 자를 위한 넓은 보도가 마련되어 있고 대로 뒤편에는 잘 정돈된 작은 골목길들이 걷는 자를 기다린다. 걷다 보면 공원이 있고 광장이 있고 카페가 있고 벤치가 있다. 얼핏 보기에 파리는 자동차가 지배하는 도시 같지만 보행객을 위한 배려도 만만치 않다. 그러니까 파리를 알기 위해서는 걸어야 한다. 두 발을 번갈아 땅에 내디디며 걸을 때 도시는 내 온몸과 하나가 된다. 그냥 걷는 것이 아니라 파리와 대화를 나누며 걸을 때 파리는 걷는 자에게 축복을 내린다. 축복은 때에 따라 장소에 따라 예술적 영감으로 나타나기도 하고, 가벼운 콧노래로 표현되기도 하고, 발걸음을 경쾌하게 만들어주기도 한다.

아웃사이더로서의 산보객

아무 계획 없이 발길 가는 대로 마음 가는 대로 한가하게 거닐며 도시를 걷는 산책자는 도시 속에 뛰어들지 않고 거리를 두고 그곳을 바라보는 사람이다. 그는 아웃사이더이다. 그의 시선은 어느 사회 계층의 시선으로 고정되지 않는다. 그는 노동자의 시점과 자본가의 시점, 중간 계급의 시점을 겸비하고 시시각각으로 다른 관점을 취할 수 있는 존재다. 산책자는 '정상적인' 사회생활을 벗어난 소외된 자로서 중심부 사회와 거리를 유지하며 상품화된 공간을 조롱하고 부정하는 존재다. 산보객은 시장의 논리와 기업사회의 요구로부터 벗어나 있는 사람이다. 시장의 논리는 정해진 곳에서 목적지를 향해 빠른 이동을 요구하지만 산보객은 정처 없이 발길 가는 대로 느리게 걷는다. 호모 에코노미쿠스는 수익성을 따지지만 산보객은 얼음같이 차가운 수익 계산의 공간 밖으로 외출하는 사람이다. 시장은 합리성과 효율성을 요구하지만 산보객은 의식의 전환과 정서적 만족을 추구한다.

거리의 산책자는 그 거리의 제도와 생활에 참여하지 않는 아웃사이더이므로 역설적으로 그 거리의 모습을 사심 없이 관찰할 수 있다. 그는 자신에게 주어진 사회적 역할 속에 몰입하지 않기 때문에 도시에 널려 있는 적응과 순응을 부추기는 사회적 신호들을 쉽사리 간파한다. 산책자는 외부의 자극에 자신을 전적으로 개방하면서도 통일적 자아를 유지하는 이중성을 가지고 있다. 도시의 산책자는 제도나 일상생활에 물들지 않은 순수한 영혼과 의식을 소유한 인간에게 붙여질 수 있는 고유한 명칭이다. 그는 군중의 일원이면서 동시에 군중의 흐름을 벗어날 수 있는 능력을 소유한 각성된 존재이다. 각성한 존재이며 문제적 인물인 산책자는 그의 의식 내부나 현실 행동에서 타협하거나 융화할 수 없는 성격을 가진 존재다. 그는 집단적 존재로서 꿈을 꾸고 있는 군중 속으로 뛰어 들어가는 능력과 동시에 탐정의 차가운 시선으로 사태를 냉정하게 관찰하고 분석하는 능력을 겸비하고 있다. 훌륭한 산보객은 게으름을 피우면서 할 일 없이 걷지만 날카로운 시선으로 사물을 관찰한다. 그는 게으름과 활동을 비범한 방식으로 조합하는 의식의 연금술사다.

산보객의 자질

그런데 파리에 사는 사람이라고 다 그런 축복을 누리고 사는 것은 아니다. 파리에서 30년 이상을 산 어떤 한국 사람이 "뭐 할 일이 없어서 파리를 돌아다니느냐"고 야유하는 말을 들은 적도 있지만 산보객은 그야말로 할 일 없이 쓸모없는 것들을 발견하며 홀로 즐거움을 느끼는 사람이다. 돈과 권력으로 측정되는 세속적 성공의 길에서 약간 벗어나 있는 사람들이야말로 온전한 산책의 기회를 가질 수 있다. 파리는 모든 곳으로 이어지는 거리를 아무 목적지 없이 마치 자기 집처럼 자유롭게 돌아다니는 한량들에게 적합한 도시다. 그들이야말로 어느 카페의 테라스에 앉아 한가하게 책을 읽거나 대화를 하거나 지나가는 사람들을 바라보며 느긋한 시간을 보낼 수 있는 사람들이다. 자동차를 타고 바쁘게 움직이는 사람들은 항상 쫓긴다. 그들은 현란한 속도 사회의 포로들이다. 파리가 내리는 축복은 그들을 피해 간다. 몇 시에 어디에서 약속이 있어 바쁘게 움직이는 사람에게는 파리와 서울과 뉴욕이 별다른 차이가 없다. 그들은 어디에 살거나 비슷한 생활을 한다. 메트로, 불로, 도도(지하철, 일, 잠)라는 삼박자 삶의 리듬을 벗어나 있는 작가, 화가, 시인, 연극인, 영화인 등 얼핏 직업이 없어 보이면서 시간표가 비교적 자유로운 사람들이야말로 파리의 이점을 최대한으로 누리며 산다. 그들은 돈은 없지만 시간은 많은 사람들이다. 그래서 언제나 자유롭게 산책을 할 수 있는 사람들이다. 산책은 여행과 더불어 작가나 지식인들에게 새로운 모티프를 제공하는 영감의 원천이었다. 그러나 그런 직업을 가진 사람들이 파리 산책의 즐거움을 독점하는 것은 아니다. 파리의 매력을 발견하고 싶다는 마음과 서두르지 않는 여유 그리고 섬세한 감각만 있다면 누구나 파리 산책의 묘미를 느낄 수 있다. 모든 사람의 마음속에는 작가나 예술가가 될 소양이 얼마만큼씩 들어 있기 때문에 어느 순간 조건이 갖추어지면 그러한 특성들이 나타날 수 있다. 그러한 특성을 의식적으로 키워나가려는 사람이 교양인이다. 교양인은 인생에서 돈이 되지 않는 쓸모없는 지식과 체험을 추구할 줄 아는 사람이다. 그러기에 그들은 뚜렷한 목적 없이 길을 걸으며 즐길 수 있는 산보객이 될 수 있다. 산보를 뜻하는 프랑스어 플라느리flânerie는 서두르지 않고 순간순간 눈앞에 나타나는 풍경과 구경거리들에 정신을 팔며 걷는 행위를 말한다. 그러니까 플라느리를 즐기는 산보객, 다시 말해서 플라뇌르flâneur가 되기 위해서는 그 나름의 자질과 노하우를 갖추어야 한다. 플라뇌르는 호기심을 갖고 우연한 발견의 즐거움을 느낄 줄 알아야 하며 여유와 느림의 미학을 향유할 줄 아는 사람이라야 수행할 수 있는 고도로 세련된 직업이다. 산보객에게는 행선지가 분명하지 않다. 그는 어디로 가야 할지를 망설인다. 어디로든지 갈 수 있는 자유가 산보객의 최대의 자산이다. 산보객의 노하우는 말로 다 설명할 수 없고 오직 걸으면서 스스로 터득할 수 있는 기술이다. 산보객이 되기 위해서는 무엇보다도 뜻밖의 사소한 발견에서 즐거움을 누릴 줄 알아야 한다. 그냥 지나치던 어느 집 창문 베란다에 놓인 제라늄 화분이나 오래된 담벽의 이끼가 그리는 알 수 없는 무늬에 눈길을 보낼 줄 알아야 한다. 산보객은 지식이나 교훈보다는 체험과 느낌을 찾는 사람들이다. 산보객은 무슨 엄청난 발견이 아니라 길을 걷다가 마주치는 작고 사소한 것들에서도 즐거움을 느끼며 예상치 못한 발견이 제공하는 신선함과 경이로움을 통해 스스로가 새로워지는 느낌을 갖는 사람이다. 살짝 열어놓은 대문 사이로 보이는 숨어 있는 정원, 돌 벽의 신비한 무늬, 오래된 건물의 높은 벽에 남아 있는 희미해진 광고, 새로운 길 이름, 지하철역 이름, 어떤 이가 살았던 집임을 알리는 석판 하나하나가 즐거움을 제공한다. 그런 작은 발견의 즐거움을 위해 지름길을 피하고 길을 둘러갈 수 있는 여유, 길을 가다가 눈을 들어 뭉개구름이 바람 따라 흘러가는 모습을 바라보며 즐거워하는 순수함, 꽃밭이나 상점의 진열장 앞, 공원의 동상 앞, 나무 그늘, 광장 한구석 등 마음에 드는 곳에 멈추어 그 장소와 공감할 줄 아는 자질, 마음에 드는 카페를 발견하면 여유 있게 포도주나 커피 한잔을 마시면서 쉬어갈 줄 아는 풍류, 분위기에 취해 일상의 작은 걱정들을 잊어버릴 줄 아는 기술 등은 어디에서 가르쳐주지도 않고 자격증도 없는 것이지만, 훌륭한 산책가가 되기 위해서는 갖추어야 할 기본 자질들이다.

관광의 명소를
지나서

산책의 자질을 갖춘 사람이라면 짧게는 사흘, 길어야 일주일을 넘지 않는 짧은 휴가 기간 동안에도 파리를 흠뻑 느낄 수 있다. 파리에 처음 오는 사람이 에펠탑, 개선문, 샹젤리제 거리, 콩코르드 광장, 노트르담 사원, 몽마르트르 언덕, 루브르 박물관, 오르세 박물관, 퐁피두센터 등 누구나 다 가는 관광의 명소들을 들러보는 것은 너무나 당연해 보인다. 그러나 그런 곳들을 다니며 인파에 시달리다 보면 파리에만 있는 고유한 분위기를 느낄 시간이 없다. 너무 많은 사람들이 드나들어서 닳아빠진 장소들에서는 일상을 벗어나는 특별한 영감이 잘 찾아오지 않는다. 그런 상투적인 장소에는 이미지를 통해 이미 알고 있는 것을 실물을 통해 확인하는 즐거움이 있을 뿐이다. 관광지에서 여러 나라에서 온 관광객들 속에 섞여서 증명사진을 찍고 가는 여행이 아니라 파리의 고유한 분위기를 느끼고 싶다면 관광객이 잘 가지 않는, 덜 알려진 파리를 걸어보아야 한다. 관광지가 파리라는 얼굴의 정면이라면, 그 밖의 장소는 파리의 옆면이나 뒷면이라고 할 수 있다. 그런데 많은 경우 우리는 돌아서는 사람의 옆모습이나 뒷모습에서 신비한 매력을 느낄 때가 많다. 그럴 마음만 있다면 단 사흘 동안이라도 알려지지 않은 파리의 장소들, 파리 사람들도 모르는 파리의 장소들을 걸어 다니면서 자기만의 파리를 만들 수 있다. 관광의 명소를 벗어나서 파리의 다른 장소로 걸어 나가면 그곳에 또 다른 파리가 모습을 드러낸다.

파리의
'아우라'

파리는 역사와 기억의 공간이다. 독일의 문호 괴테도 "센 강 위의 다리를 건너거나 광장을 걷거나 파리는 위대한 과거를 상기시킨다. 파리에서는 모든 길의 구석구석이 역사의 흔적으로 채워져 있다"고 말했지만, 파리 산책의 묘미 가운데 하나는 표면에 드러나지 않고 이면에 감추어져 있는 혼재된 역사적 의미의 다중성을 발견하는 데 있다. 파리에는 한 장소에 여러 시간대가 함께 섞여 공존한다. 벤야민이 발견한 파리의 여러 장소들에 스며들어 있는 역사적 시간의 두께란 다름 아니라 파리라는 도시에 중첩된 역사적 흔적의 누적을 말한다. 파리를 걷다 보면 사라진 과거의 흔적들을 통해 지나간 시간대의 기억을 환기시킬 수 있고, 살아 움직이는 현재를 통해 삶의 활기를 느낄 수 있고, 새로 지은 파격적 건물들을 바라보며 미래를 향해 열린 가능성을 엿볼 수 있다. 파리는 풍경으로 열려 있는 공간이며 산책자에게 알 수 없는 감흥을 불러일으키는 커다란 공명(共鳴) 상자다. 파리 곳곳에는 상상을 자극하는 신비한 분위기가 있다. 파리의 공간 속에는 일상적 의식을 넘어서게 하는 분위기가 있다. 예술적이고 시적인 분위기를 자아내는 풍부한 '아우라'가 숨 쉬고 있다. 파리에는 하나의 건물, 하나의 분수대, 한 그루의 가로수가 배경 속의 다른 요소들과 함께 어우러지면서 만들어내는 특별한 분위기가 있다. 그것이 바로 파리의 아우라다. 수많은 사람들이 말로 정확하게 표현할 수 없는 파리의 심미적 분위기에 대해 이야기했지만 19세기의 혁명가 루이 블랑은 파리를 소개하는 글에서 "파리의 아름다움은 화려한 궁전, 빛나는 조형물, 수많은 산책로와 대로에 있는 것이 아니라 그런 외관과는 독립적인 무어라 정의할 수 없는 매력에 있다"고 썼다. 누구라도 파리를 걷다 보면 지금 여기로부터 떨어져 있는 확실치 않은 무엇을 연상시키고 환기시키는 마술적 힘을 느끼게 된다. 다양한 역사적 전통과 기억을 품고 있는 도시의 건축물 사이에서 먼 곳에 있는 것처럼 보이지만, 그 대상을 바라보는 순간 그것을 바라보는 사람에게 돌아와 와닿는 숨결과도 같은 신비한 분위기를 만드는 힘이 바로 아우라다. 많은 생각을 불러일으키는 예술작품이 좋은 작품이라면, 평소에 생각하지 않던 많은 것들을 연상시키는 풍부한 아우라가 있는 도시가 좋은 문화 도시다. 파리를 걷다 보면 화려한 광장이나 역사적 기념물만이 아니라 허름한 골목길에서도 아우라를 느낄 수 있다. 그런 장소들은 과거의 기억과 느낌과 이미지들을 순간적으로 두서없이 떠오르게 하며 처음 와본 장소인데도 언제 와보았던 것 같은 느낌을 갖게 한다. 원하는 이미지를 마음대로 확대 재생산하는 기술 복제시대에도 기계적 반복이나 재생산이 불가능한 것이 바로 도시의 아우라이다. 개별 건물은 흉내 내서 만들 수 있지만 서로 다른 시대의 수많은 건물들이 모여 이루는 도시의 아우라는 인위적으로 만들어낼 수가 없다. 그래서 파리의 분위기는 어느 다른 도시에서도 찾아볼 수 없는 고유한 것이 된다. 파리라는 도시의 풍경 속에 산재해 있는, 세월의 이끼가 끼고 마모되고 영락한 건축물들이 만들어내는 아우라 속을 떠돌다 보면 오랜 과거와 아득한 미래로 연결되는 긴 시간의 축 속에 자신의 삶을 위치 지을 수 있게 된다.

파리의
'마을 분위기'

파리 시내 이곳저곳을 산책하다 보면 파리의 다양한 분위기를 몸으로 느낄 수 있다. 그러면서 파리는 하나가 아니라 여럿이라는 생각을 하게 된다. 원래 파리는 듬성듬성 여러 마을들로 나뉘어 있었다. 각각의 마을들은 주거지와 더불어 시장, 학교, 교회, 공원 등으로 이루어진, 상당히 자족적인 생활의 단위체였다. 서로 분리되어 있던 마을들은 점차 서로 연결되다가 19세기 후반 나폴레옹 3세 치하에서 오스만 남작의 도시계획을 통해 모두 하나로 연결되는 일관된 도시로 통합되었다. 현재 스무 개의 구(區)로 이루어진 파리의 모습은 1860년 열두 개의 구였던 파리에 여덟 개의 새로운 구가 더해지면서 만들어진 것이다. 그 당시 벨빌, 파시, 오퇴이, 클리시, 몽마르트르, 바티뇰, 베르시, 이브리, 수아지, 라샤펠, 바뇰레 등 파리 성문 밖의 여러 마을이 파리로 통합되었다. 통합 이전 성문 밖 마을이었던 13구에서 20구에 이르는 지역을 걷다 보면 곳곳에서 오래된 '마을 분위기'를 느끼게 된다.

그러나 변두리에 위치한 구만이 아니라 파리 시의 스무 개 구는 각기 캬르티에에 따라 서로 다른 분위기를 갖고 있다. 여기서 '카르티에Cartier'와 '캬르티에quartier'를 구별해야 한다. 카르티에는 시계를 비롯한 패션 상품을 만드는 기업의 이름이고, 파리 사람들이 걸어서 다니며 모든 일을 다 처리할 수 있는 상당히 자족적인 생활권을 '캬르티에'라고 부른다. 캬르티에에는 시장, 탁아소, 학교, 병원, 약국, 카페, 식당, 공원, 은행, 우체국, 성당 등 생활에 필요한 모든 시설이 모여 있다. 몽테뉴가 자신은 파리를 통해서만 프랑스 사람임을 느낀다고 말했다면, 파리 사람들은 일차적으로 자기가 사는 '캬르티에'에 대한 애착에서부터 자기가 파리 사람이라고 생각한다. 파리 사람들의 머릿속에는 아이들이 다니는 학교가 있고, 싱싱한 채소, 육류, 치즈를 살 수 있는 시장과, 단골 빵집과 신문가게가 있는 자기 캬르티에가 먼저 있고 난 다음에 파리 시와 몇 구라는 행정 단위가 뒤따라온다. 파리 사람들은 지하철에서 내려 자기가 사는 동네로 들어서면서 마음의 편안함을 느낀다. 같은 시장을 다니고 같은 공원에서 휴식을 취하는 동네 사람들끼리 알게 모르게 오가는 친절함과 배려가 있다. 아이들을 같은 탁아소나 초등학교에 보내는 학부형들은 하교시간 학교 정문 앞에서 만나고 우연하게 빵집이나 채소 가게에서도 만난다. 파리의 캬르티에는 아직 삶의 냄새가 배어 있고 생활의 숨소리가 들린다. 파리는 그런 캬르티에들로 이루어진 복합체다. 파리는 단수(pari)

가 아니라 복수(paris)이다. 각각의 동네에는 그곳 특유의 역사적 분위기와 생활의 리듬이 느껴진다. 편안하고 나른한 부르주아지 분위기의 8구와 16구, 약간 가난하지만 활기 있는 분위기의 19구와 20구, 거만하고 우아한 귀족적 분위기의 7구, 젊은 학생들의 열기로 넘치는 5구와 6구, 문화예술인과 동성 애자 등 자유로운 정신들이 숨 쉬는 4구와 12구, 프티부르주아들이 만드는 다소 단조로운 분위기의 14구나 15구, 환락가를 중심으로 흑인들과 아랍 사 람들이 많이 사는 18구, 차이나타운이 있고 아시아인 밀집 지역인 13구, 공 공건물과 사무실이 밀집해 있는 1구와 2구, 백화점과 상가가 많은 9구 등은 모두 파리에 속하면서도 서로 구별되는 생활의 공간들이다. 각각의 구 안에 도 캬르티에에 따라 분위기가 다르다. 5구의 모베르 광장과 20구의 강베타 광장, 7구의 생-제르맹-데-프레와 19구의 뷔트 쇼몽 공원 부근은 서로 다 른 고유의 분위기를 간직하고 있다. 파리가 도시 공간의 획일화에 거부하는 힘이 있다면 그것은 각각의 캬르티에가 여전히 고유한 색깔과 분위기를 간직 하고 있기 때문이다.

파리를 걸은
한국인들

도시에서의 산책은 근대도시의 탄생과 더불어 본 격적인 플라느리가 되었다. 이상의 소설 『날개』는 1930년대 경성이라는 근 대적 도시를 배경으로 씌어진 일종의 산책기다. 거기에는 백화점, 다방, 매 춘, 화폐, 전등 등 근대도시의 풍물들이 나타난다. 모든 산책은 집을 나서서 일정한 장소를 돌아다니다가 다시 집으로 귀가하는 것으로 끝나는데, 『날개』의 주인공도 집을 나와 식민 자본이 만들어놓은 물신화된 상품으로 출렁이는 근대도시의 풍경과 거리의 군중 사이를 소외된 산책자의 시선으로 바라보다 다시 집으로 돌아간다. 1860년대 파리 사람들이 오스만의 급격한 도시계획으로 생겨난 풍경에 압도되어 수동적 관조자가 되었듯이, 20세기 초 서울 사람들은 일제가 만든 신작로를 놀란 눈으로 바라보았을 터이지만 이상은 새롭게 만들어진 근대도시의 풍경을 비판적 거리를 유지하며 관찰할 줄 알았던 아웃사이더였다. 이상 자신이 프랑스를 동경했고 프랑스어를 사랑했지만 1930년대 식민지 도시 경성 산책의 원형을 19세기 파리 산책에서 찾을 수 있을 것이다. 이상의 글에는 간혹 프랑스어 표현이 나오는데, '신상품을 파는 상점에서'라는 뜻인 '오 마가쟁 드 누보테au magasin de nouvauté'는 그중의 하나다. 1830년대 유리 지붕을 한 채 길가에 늘어선 파사주는 당시 새로운 도시 풍경을 구성하는 장소였다. 이상은 경성을 떠나 도쿄의 신주쿠 거리를 걸으면서 초현실주의자들과 함께 파리를 걷는 상상을 했는지도 모른다. 이상이 파리를 걷는 상상을 하며 도쿄의 한 병실에서 세상을 떠났다면, 화가 나혜석은 이미 1920년대 말에 파리 거리를 활보한 '모던 걸'이었다. 파리라는 도시의 자유를 마음껏 느낀 나혜석이 식민지 조선으로 돌아가 관습적이고 억압적인 삶에 적응하기는 어려웠다. 그래서 그녀는 항상 언젠가는 다시 파리로 갈 생각을 하고 살았으며 죽어도 파리에서 죽고 싶다고 말했던 것이다. 그러나 그녀는 파리에 다시 올 수 없었고 서울의 시립병원에서 행려병자로 쓸쓸하게 일생을 마쳤다.

아마도 파리에 대한 최초의 기록을 남긴 한국 사람은 1883년 한국인으로는 최초로 미국 유학생이 된 유길준일 것이다. 그는 미국 유학을 마치고 유럽을 거쳐 귀국한 다음 조선 사람들의 바깥세상에 대한 견식을 넓히기 위해 『서유견문』을 썼다. 1887년에서 1889년 사이 연금된 상태에서 쓴 이 책은 1895년 일본에서 출판되었는데 이 책의 제20편을 보면 파리에 대한 다음과 같은 묘사가 나온다: "시내에는 누대와 시장이 바둑판처럼 즐비하고, 연못과 공원이 별자리처럼 흩어져 있는데 도로의 청초함과 가옥의 화려함이 세계에서 으뜸이다. 런던처럼 웅장하거나 뉴욕처럼 부유한 도시도 파리에는 사흘거리쯤 뒤떨어진다. 이제 그 까닭을 생각해보자. 런던이나 뉴욕은 땅속이나 공중으로 철도를 가설하였고, 공장이 혼잡하여 천둥소리가 밤낮 없이 시끄럽게 울려, 사람의 귀를 시끄럽게 한다. 또 석탄 연기가 해와 달을 가려 어둡게 하고, 비와 이슬도 이 때문에 검게 변해버려, 도시 모습이 비록 웅장하다고는 하지만 지저분한 곳이 없지 않다. 그러나 파리는 그렇지 않다. 공장이 비록 많기는 하지만 한쪽 구석에 몰려 있고, 거리의 가게들도 깨끗한 광장에 잘 꾸며놓았다. 시내 곳곳에는 쉴 곳을 마련해놓았고, 아름다운 꽃과 기이한 나무들을 심어놓았으며, 거리를 다니는 사람들도 우아한 풍채를 지녔다."

유길준이 여행객으로 파리를 스쳐 지나갔다면 파리에 살면서 파리를 걸었던 최초의 한국인은 김옥균 암살범으로 알려진 홍종우일 것이다. 그는 1890년 12월에서 1893년 6월까지 2년 반 정도를 파리에 살았다. 『파리의 아시아』라는 책을 보면 1890년에 갓 쓰고 한복을 입은 그의 모습을 찍은 사진이 들어 있다. 기메 아시아 미술관에서 프랑스 사람들과 함께 일하기도 했던 그는 한복을 입고 파리에 와서 내내 한복을 입고 살다가 한복 차림으로 파리를 떠났다. 그가 파리를 떠나는 날, 프랑스 체류의 소감을 묻는 프랑스 지인들에게 "프랑스인들은 에고이스트"라는 말을 남겼다고 한다. 파리에서 그는 프랑스 지리학자들과 인류학자들의 관심의 대상이 되었고 1892년에 프랑스 사람과 함께 『춘향전』을 번역 출판했다. 그러나 그가 19세기의 수도 파리를 걸으며 무엇을 보고 느끼고 생각했는지는 알 수 없다. 기록을 남기지 않았기 때문이다. 어쩌면 파리의 어느 도서관 자료실 한구석에 그가 파리에 대해 남긴 글들이 잠자고 있는지도 모른다.

개화기 이후 식민지 시대를 지나 해방이 되고 1953년 한국전쟁이 끝나고 난 이후 점점 더 많은 수의 한국인들이 파리를 걷기 시작했다. 먼저 이성자, 김환기, 남관, 권옥련, 이응노, 한묵, 김창렬, 방혜자 등의 화가들이 박용철의 시 「떠나가는 배」를 읊조리며 '빛의 도시' 파리로 향했다: "나두야 가련다/나의 이 젊은 나이를/눈물로야 보낼 거냐/나두야 가련다." 이들은 모두 전쟁의 상처를 안고 조국을 떠나 파리의 품에 안긴 사람들이다. 다른 화가들도 그렇겠지만 물방울 화가로 알려진 김창렬 화백은 특히나 파리 산책을 즐기는 것으로 알려져 있다(어느 날 바벵 근처의 한 카페에 앉아 있는데 회색 수염의 동양 남자가 지나가는 모습이 보였다. 김창렬 화백이었다. 얼마 후 파리의 한인 소식지에 난 인터뷰 기사를 읽다가 그가 바로 그 동네에 살고 있으며 종종 산책을 즐긴다는 사실을 알았다).

한국인들의 머릿속에 예술의 도시로 각인된 파리에 화가들에 이어 한국 출신 음악가들이 뒤따라왔다. 피아니스트 백건우가 파리로 왔고, 바이올리니스트 강동석이 뒤를 이었다. 바스티유 오페라 상임지휘자를 거쳐 프랑스방송관현악단 지휘자로 활동하는 정명훈은 파리에서 가장 잘 알려진 한국인이다. 어느 날 점심시간 무렵, 집을 나와 비르-아켐 다리를 건너려던 순간이었는데, 어디서 많이 본 듯한 사람이 강변을 지나가고 있었다. 다른 사람을 신경 쓰지 않고 자기 생각에 몰두하여 걷고 있는 그 사람이 바로 지휘자 정명훈이었다. 프랑스방송관현악단이 있는 '메종 드 라디오 프랑스 국영 라디오 방송국' 건물에서 나와 바로 앞에 있는 그르넬 다리 앞의 강변에서 이에나 다리가 있는 에펠탑 앞으로 이어지는 센 강변을 산책하며 머릿속에서 들리지 않는 소리로 악보를 만들고 있는 모습이었다. 또 다른 어느 날 오후에는 파리 6구 생-쉴피스 광장 앞에 있는 '카페 드 라 메리' 테라스에 앉아 있는데 눈에 익숙한 얼굴의 동양인 부부가 지나가고 있었다. 1982년에 내가 파리에 처음 왔을 때 보았던 부부였다. 20년 이상의 세월이 흐른 후에 다시 보게 된 부부는 바로 백건우-윤정희 부부였다. 세상은 좁고 파리는 더욱 좁다.

파리를 느끼려면
시간이 필요하다

한국인들은 「섹스 앤 더 시티」 같은 할리우드 영화에 나오는 뉴욕을 비롯한 미국의 도시 분위기에 익숙하다. 그들은 화려한 미국식 호텔 로비의 커피숍에서 사람을 만나고, 호텔 레스토랑에서 식사를 하고, 호텔 헬스클럽에서 운동을 하고, 호텔 연회장에서 결혼식을 올리는 것을 가장 행복한 삶으로 생각한다. 많은 한국 사람들이 강남의 테헤란로와 무역센터 부근의 새로 지은 고층건물들의 숲이 가장 앞서가는 도시의 모습이라고 생각한다. 그런 공간에 익숙한 감각을 가진 사람들에게 파리는 그렇게 쉽게 익숙해질 수 있는 도시가 아니다. 파리의 오래된 장소들이 풍기는 은밀한 아우라를 느끼려면 여유 있는 마음과 느긋한 시간이 필요하다. 한 장소는 사람과 마찬가지로 그냥 거기 있기도 하지만 때로 그 장소와 상호작용하는 사람의 마음속에 들어와 둥지를 틀기도 한다. 그냥 거기 있는 파리는 세월이 가도 멀고 차갑게 느껴지지만 어쩌다가 마음속에 들어온 파리는 가깝고 따뜻하게 느껴진다. 1980년대 초 파리를 사랑하는 마음으로 파리에 온 나도 처음에는 파리의 오래되고 이끼가 긴 구석들이 지닌 매력을 지저분하게만 생각했다. 그런데 나만이 아니라 나보다 아름다움에 민감한 화가에게도 파리의 참모습을 보기까지에는 상당한 시간이 걸리는 모양이다. 나보다 20년 앞서 1960년대 초 파리에 도착한 방혜자 화백에게도 "자유와 예술의 도시로 그토록 동경하던 파리는 어둡고 음산한 하늘 아래 검은 모습으로" 다가왔던 것이다. 그의 말대로 "파리의 참모습을 마음의 눈으로 사랑의 눈으로 볼 수 있게 되기까지는 많은 세월이 필요"하다. "회색빛 하늘 아래 어두운 파리가 속으로 품고 있는 진수를, 그 밝은 빛을 볼 수 있을 때까지 참으로 기나긴 굴을 뚫고 나아가야" 한다. 그 긴 굴을 뚫고 나왔을 때 파리는 "온 세상의 모든 문화가 만나는 예술의 도시, 고독이 창작의 불꽃을 사르는 전위의 도시, 가는 발자국마다 새로운 세계가 열리는 이방인들의 도시, 모든 이의 가슴속에 빛이 춤추는 아름다운 조화의 도시, 지성의 명석함이 반짝이는 각성의 도시, 외로운 영혼이 자신을 안으로 비춰보는 거울의 도시"가 된다.

일상의 도시
낯설게 보기

발터 벤야민에서 데이비드 하비에 이르기까지, 파리는 근대성과 자본주의 도시의 발전을 연구하기 위한 역사적 공간이었다. 벤야민은 파리를 연구하기 위해 인문학과 사회과학을 결합시켰다. 일본의 문화평론가 마에다 아이도 벤야민의 전통을 따라 도시문화를 연구한 사람이었다. 그는 문학, 역사학, 도시지리학, 도시계획학, 인류학, 민속지, 물질문명론을 모두 한데 버무리는 '문화연구'를 통해 도시 공간과 문학 텍스트, 도시와 문화 사이의 관계를 파헤쳤다. 그의 주된 관심사는 근대성이 만들어낸 도시 공간이었다. 그는 근대적 도시 공간이 형성되면서 과거의 흔적이 점차 사라지는 과정에 관심을 기울였다. 도시문화 연구가에게는 무엇보다도 한 도시의 내면적 분위기를 만들면서 그 도시에 고유한 정체성을 부여하는 '장소'들이 중요하다. 도시를 알려면 도시를 걸어야 한다. 마에다도 물론 수시로 도시를 걷는 사람이었다. 그는 도쿄를 가장 많이 걸었고 도쿄를 제일 잘 알았지만 시카고, 베를린, 상하이, 파리 등 그가 걸을 기회를 가졌던 모든 도시를 다 걸었다. 그는 지치지 않는 산보객이었다. 보통 사람들이 무심코 지나치는 일상의 세부적 장소와 대상에서 거의 잊힌 과거의 흔적들을 찾아내는 섬세한 관찰자였던 마에다는 그 관찰의 내용을 기록으로 남겼다. 도시는 그에게 무한한 관찰의 대상이었다. 도시를 세밀하게 관찰하기 위해 그는 도시와 일정한 거리를 유지하며 도시를 걸었다. 그는 도시를 탐험하고 그것을 기록으로 남기는 도시지리학자였다. 마에다의 주된 관심은 도쿄의 거리를 거닐며 지난 시절을 회상하게 하는 미세한 흔적들의 혼합된 모습을 발견하여 기록하는 일이었다. 그런 작업을 통해 무심코 지나치는 일상의 장소들을 새로운 눈으로 보게 하고 일상의 삶을 낯설고 이국적인 것으로 만들었다.

파리를 걸은
일본인들

마에다는 자신의 저서 『텍스트와 도시』(2004)에서 일찍이 1872년에서 1873년 사이에 파리에 체류했던 일본인 나루시마 류호쿠가 남긴 파리 방문기를 분석하고 있다. 1870년대 초 파리를 걸었던 이 일본인은 누구이고 도대체 파리에서 무엇을 보고 무엇을 느꼈을까 궁금하다. 스스로를 '쓸모없는 인간'이라고 자칭했던 나루시마는 1872년 요코하마를 출발하여 홍콩과 사이공을 경유하는 긴 항해 끝에 11월 28일 마르세유 항에서 내려 그곳에서 다시 기차를 타고 드디어 목적지인 파리에 도착하였다. 파리에 도착한 날 저녁 그는 다음과 같은 시를 썼다.

지난 10년 나는 꿈속에서
파리로 날아오곤 했네

오늘 나는 파리를 자유로이
산책할 수 있는 기회를 잡았네
그림 같은 건물들이 흐르는 물속에
그림자를 던지고 있네

꽃같이 빛나는 선남선녀가
저녁의 맑은 공기 속에 모여 있네

파리에 도착한 나루시마는 나폴레옹 3세의 지시에 따라 오스만 남작이 지휘하여 근대도시로 탈바꿈한 파리를 자유롭게 활보한 첫번째 일본인이 되었다. 그에 앞서 파리를 방문한 일본인이 있기는 있었다. 1868년 메이지유신 이후 일본 정부는 서양의 문물을 현지에서 파악하기 위해 1871년에서 1873년 사이에 미국과 유럽을 순방하는 해외사절단을 파견했다. 그 일정 속에 파리가 들어 있었던 것이다. 그런데 나루시마는 공식 파견단의 일원이 아니라 개인 자격으로 파리를 방문했다. 그래서 공식 파견단의 이미 짜여진 공식 방문 일정과 다르게 개인 자격으로 파리 시내의 가보고 싶은 곳을 마음대로 돌아다녔다. 당시 파리에는 불타버린 튈르리 궁전, 개선문의 탄환 자국 등 군데군데에 파리코뮌의 흔적이 남아 있었지만, 그에게 파리는 오로지 즐거움을 위한 장소였다. 그래서 그는 파리의 고급 환락가, 무도회장, 예술가들이 모이는 카페와 식당, 오펜바흐의 오페라 공연장, 성 매매가 이루어지는 불로뉴 숲 등을 마음 내키는 대로 돌아다녔다. 나루시마에게 파리가 환락의 장소였다면, 1872년에서 1874년 사이에 리옹을 거쳐 파리에 와서 파리를 걸었던 나카에 쇼민에게 파리는 정치의식이 형성되는 장소였다. 루소의 정치사상을 연구하면서 파리를 걸었던 그는 정치 집회에 참석하여 강베타, 티에르 등 제3공화정 초기의 대표적 정치 지도자들이 대중 앞에서 쏟아내는 열변을 듣기도 했다. 귀국 후 그는 도쿄에 프랑스 학교를 만들어 인재를 양성하면서 루소의 『사회계약론』을 번역하였다. 천황제를 거부하고 민권에 기초한 민주주의를 주장한 그는 일본 민권운동의 선구자가 되었다.

그러나 일본인으로 파리를 가장 마음껏 활보한 사람은 화가 구로다 키요테루라고 해야 할 것이다. 그는 1884년 열여덟 살의 나이에 파리에 법학을 공부하러 왔다(같은 해에 훗날 메이지 시대를 대표하는 작가가 된 모리 오가이는 베를린으로 의학을 공부하러 떠났다). 구로다는 법학을 공부한 지 2년 만에 미술로 본업을 바꾸었다. 그 당시 파리는 세계미술의 수도였다. 파리에서 거의 10년을 보내고 1893년에 귀국한 그는 1895년 도쿄의 한 화랑에 자신이 그린 누드화를 전시하여 큰 물의를 일으켰다. 그는 1898년 동경미술대학의 최초의 서양화 교수가 되었고 일본 현대미술을 대표하는 화가가 되었다. 파리가 풍기는 신비한 이미지는 구로다가 화가로서 성공하는 데 크게 기여했고, 이후 화가가 되고 싶은 사람은 구로다를 모델로 해서 파리로 떠나는 것을 이상으로 생각하게 되었다(식민지시대 일본을 통해 서양미술을 접한 한국인 화가들의 파리행도 같은 전통에 속한다). 후지다 쓰구하라는 그중 가장 널리 알려진 사람이다. 1913년 파리에 온 그는 몽파르나스에 거처를 정하고 개성적인 댄디의 옷차림을 하고 파리 시내를 활보했다. 그는 피카소, 모딜리아니 등 당시 몽파르나스 주변에 살던 화가들과 교유하며 많은 그림을 그렸다. 프랑스를 제2의 조국으로 사랑했던 그는 1930년대 일본으로 돌아갔다가 패전 이후 프랑스로 돌아와 프랑스인으로 귀화하여 프랑스인으로 살다가 프랑스 땅에 묻혔다.

나가이 가후는 일본 작가로 프랑스를 사랑한 첫번째 사람이다. 그는 미국보다 프랑스로 공부하러 가고 싶었지만 아버지의 권유로 하는 수 없이 미국에서 4년 동안 거주했다. 일본을 떠나 미국에 살면서도 프랑스어 공부를 계속하여 영어보다 프랑스어를 더 잘 구사하는 것을 자랑으로 삼았다. 그러다가 1907년 드디어 그토록 동경하던 프랑스에 도착했다. 그는 즉각적으로 파리의 생기와 아름다움에 심취했으며 특히 황혼녘의 파리를 사랑했다. 갈등상태에 있던 아버지의 재정적 도움이 끊어져 겨우 1년 만에 프랑스를 떠나게 되었지만 귀국하자마자 프랑스 체류에서 받은 영감을 바탕으로 쓴 단편소설들을 묶어 『프랑스 이야기』(1909)라는 작품집을 출판했다. 이 책은 풍기문란의 이유로 출판되자마자 금서가 되었지만 이후 프랑스에 매혹된 일본의 젊은이들이 즐겨 읽는 책이 되었다. 에밀 졸라와 보들레르 등 프랑스 작가와 시인들의 작품을 즐겨 읽던 그는 게이오 대학의 교수 자리를 그만두고 은거하여 일본의 피상적이고 파행적인 근대화를 비판하며 시대에 역행하는 삶을 고집했다. 태평양전쟁이 끝나자 그는 깊이 숨겨두었던 프랑스 포도주를 꺼내 마시며 일본의 패전을 축하했다.

태평양전쟁이 끝나고 다시 경제성장이 시작되자 자유를 찾아 파리로 건너
오는 일본인들의 행렬이 다시 시작되었다. 그 가운데 파리를 가장 많이 걸은
사람은 아마도 화가 아카기 고지로일 것이다. 그는 40년 이상 파리 곳곳을
발로 걸어 다니며 마음에 드는 장소를 수채화로 표현하고 있다. 1963년 29
세의 나이에 그는 더 늦기 전에 서둘러 자유를 찾아 파리에 왔다. 이후 그는
자기도 알지 못하는 파리 사랑에 이끌려 미친 듯이 파리를 누비고 다니며 영
감 어린 장소들을 화폭에 담기 시작했다. 날마다, 시간에 따라, 계절에 따라
변하는 파리의 분위기를 화폭에 담기 위해 그는 비가 오나 눈이 오나 바람이
불거나 햇볕이 내리쬐거나 발걸음을 멈추지 않았다. 그의 눈과 붓을 통해 파
리는 점점 새로운 모습으로 태어났다. 그의 풍경화는 사실적이면서도 시적인
분위기를 자아낸다. 그 속에는 오랜 세월 동안 파리를 발로 걸어 다니며 느
끼고 관찰한 결과가 고스란히 녹아들어 있다. 40년이 넘는 세월 동안 파리에
대한 호기심과 사랑을 잃지 않고 계속해서 파리의 풍경을 화폭에 담고 있는
아카기의 정열은 놀랄 만한 것이다. 그래서 파리 시는 그에게 명예 파리시민
증을 선사했다.

파리를 사랑한
프랑스 사람들

파리를 사랑하고 그것을 표현한 사람들 가운데 외

국인이 많다면 파리를 사랑한 프랑스 사람들 가운데는 파리가 아닌 프랑스 지방 출신의 사람들이 많다. 파리는 파리 사람들의 파리이지만 그와 동시에 이방인들의 파리이기도 하다. 파리 5구의 라탱 구역은 중세시절부터 외국과 지방에서 모여든 젊은이들이 공부하고 활보하던 구역이었다. 파리의 지하철 10번 선 역 가운데 라탱 구역에 있는 클뤼니-라 소르본 역의 천장은 타일로 장식되어 있는데 그곳에는 불사조의 형상과 함께 아벨라르, 몽테뉴, 루소, 발자크, 졸라, 위고, 상드, 모파상, 보들레르, 네르발, 벤야민, 사르트르, 마리 퀴리, 시몬 드 보부아르 등 라탱 구역을 거닐던 사람들의 확대된 친필 사인이 새겨져 있다. 그들 대부분은 라탱 구역을 넘어 파리 시내를 자유롭게 걷던 산보객들이었다. 그들 가운데 프랑스 서남부 포도밭이 넓게 펼쳐진 보르도 지방 출신이었던 몽테뉴는 파리에 대한 사랑을 다음과 같이 고백했다: "파리는 어린 시절부터 나의 마음을 사로잡았다. 위대한 도시 파리, 무엇보다도 그 다채로움에서 비교할 바 없는 파리, 프랑스의 영광, 이 세상의 가장 고귀한 장식들 가운데 하나인 파리를 통해서만 나는 프랑스 사람이다. 나는 파리를 부드럽게 사랑한다. 파리의 흠과 티까지도." 에콜 거리의 소르본 대학 본부 정문 앞에 있는 폴 팽르베 광장 앞에 앉아 있는 몽테뉴의 동상 아래 새겨져 있는 이 문구는 파리에 대한 몽테뉴의 사랑이 어느 정도였는가를 짐작케 해준다.

   프랑스 동부 보즈 산맥 부근의 브장송 출신인 빅토르 위고도 몽테뉴 못지 않게 파리를 사랑했다. 주인공 장발장의 이름으로 더 많이 알려진 위고의 소설 『레미제라블』에는 파리가 다음과 같이 묘사되어 있다: "세상에 있는 모든 것은 이미 파리에 있다. 떠돌이는 파리를 표현하고, 파리는 세계를 표현한다. 왜냐하면 파리는 전체이기 때문이다. 파리는 인류의 천장이다. 이 놀라운 도시 파리 전체는 고대와 현대의 모든 풍습이 응축된 축도다. 파리를 보는 사람은 마치 여기저기에 하늘과 성좌를 가진 온 역사를 우러러보는 듯할 것이다. [⋯] 파리는 우주와 동의어다. 파리는 아테네요, 로마요, 시바리스요, 예루살렘이요, 팡텡이다." 그가 노트르담 드 파리 성당을 비롯하여 파리의 아름다움을 구성하는 기념비적 건물들의 보존과 복원을 위해 많은 일을 했음은 우연이 아니다. 파리는 파리를 사랑하며 파리를 걸은 수많은 사람들의 노력을 통해 오늘날의 모습을 하고 있다.

**파리 걷기를 관찰기록으로
남긴 사람들**

오늘날 파리를 비롯한 모든 도시에 차도와 인도가 분리되어 있는 것은 너무나 당연해 보인다. 그러나 파리의 거리에 마차들이 다니는 길과 따로 분리된 인도는 1826년에서 1830년 사이에 처음 만들어졌고 그것을 제안한 사람이 루이 세바스티앙 메르시에였음을 아는 사람은 드물다. 그는 18세기 말 프랑스혁명 직전 파리를 걸으며 곤충학자가 개미의 삶을 연구하듯이 온갖 사람들의 움직임을 주의 깊게 관찰하고 기록한 뛰어난 산보객이었다. 그는 자기가 살던 시대의 파리를 전체적으로 파악하기 위한 방법은 오직 사물에 대한 관찰이라고 생각했다. 그에게 진실은 추측을 통해서가 아니라 사실에 대한 관찰을 통해 얻어지는 것이었다: "확실하게 판단하기 위해서는 보아야 한다. 관찰한 사실들 위에 기초할 때 전혀 기대하지 않은 새로운 생각들이 태어난다." 그는 사회학 이전의 사회학자였고 인류학 이전의 인류학자였다. 메르시에는 습관적 시선을 깨고 항상 새로운 눈으로 도시 현상을 관찰했다: "단순한 사물일수록 그것을 관찰하는 사람의 눈을 피해간다. 우리 주위에는 우리가 하찮은 것이라고 여겨 습관적으로 보지 않게 된 중요한 현상들이 즐비하다. 그런 습관이 붙게 되면 아무리 예민한 정신을 가지고 관찰해도 우리 주위의 어떤 현상들은 눈에 들어오지 않고 그냥 흘러가버리게 된다. 그래서 언제나 우리 눈앞에 있는 것을 똑바로 바라보는 일이 가장 어려운 일이 된다." 그의 시선은 익숙지 않은 것, 기이한 것, 전혀 눈에 띄지 않았던 것들을 찾아내었을 뿐만 아니라 너무 익숙해서 그냥 지나쳐버리는 현상들도 새롭게 발견했다. 그는 모든 것을 보려 했고 발견한 것들을 모두 기록했다. 그는 파리의 건물과 제도만이 아니라 파리 사람들의 성격과 습관과 사는 모습들을 관찰했다. 파리의 어느 구석진 곳, 음침한 곳, 위험한 곳도 그의 발걸음을 막지 못했다. 파리 시내 곳곳에 그의 시선이 멈추지 않은 곳이 없었다. 그는 깨어 있는 의식으로 파리의 행상들이 고객을 부르는 소리를 주의 깊게 들었고, 갖가지 종류의 상점들과 수공업자들을 관찰했다. 매춘부들의 습관을 연구했고, 걸인들과 버려진 아이들, 군인과 경찰들의 행동도 주의 깊게 관찰했다. 빨래하는 여자들과 야채장수, 구두닦이 등 수많은 직업들을 그림처럼 자세하게 묘사했다.

그래서 프랑스혁명이 임박한 1783년에서 1788년 사이에 12권으로 출판된 그의 책 제목은 『파리의 정경』이다. 12권의 책 속에는 1,049개의 파리 관찰 기록이 들어 있다. 그는 그 엄청난 이야기를 펜이 아니라 발로 썼다. 파리를 관찰하기 위해 엄청나게 많이 걸었기 때문이다. 그는 그 관찰기록을 통해 화려함과 비참함, 가난과 사치, 현재와 과거의 흔적 등 대립적 요소들을 보여주면서 도시의 삶이 구성되는 방식을 전체적으로 보여주려 했다. 점점 더 복잡해지고 역동성이 높아지는 대도시 파리의 전체적 일관성을 찾는 것이 그의 목표였다. 그 과정에서 그는 파리를 생동감 있고 열광적으로 걷는 법을 배웠다. 그래서 그의 책 『파리의 정경』을 읽는 일은 기분 나는 대로 걷는 산보객의 행로를 따라가는 일이다. 어떤 글이든 쓴 사람이 재미있게 써야 읽는 사람도 재미있게 마련이다. 그는 산보하는 기분으로 이 책을 썼기 때문에 책을 쓰는 동안 한 번도 지루했던 적이 없었다고 말했다. 그는 남들이 보지 않는 것을 보는 예민한 눈으로 파리의 장면들을 보았고, 그것을 다시 독자들에게 보게 만들었다. 메르시에는 걸으면서 파리를 관찰한 '눈의 식도락가'였다. 그는 기자이며 역사학자이며 인류학자이며 사회학자였다. 그래서 메르시에가 파리의 길거리를 지나가며 눈에 보이는 것들을 기록해놓은 것을 읽다 보면 19세기 후반의 파리의 모습이 선명하게 떠오른다. 그는 프랑스혁명이 일어나기 불과 몇 년 전 파리를 걸으면서 도시계획가의 눈으로 권력 당국에 빈민 주거지의 개선, 조명시설의 설치 등과 더불어 차도와 분리된 인도 설치를 건의했다. 그러나 그의 살아생전 권력 당국은 아무것도 받아들이지 않았다. 그가 주장했던 차도와 분리된 보행로는 그의 사후 프랑스혁명 이후 왕정복고시기에 가서야 만들어졌다.

메르시에의 뒤를 이어 많은 사람들이 파리를 걷고 보고 기록했다. 19세기 말과 20세기 초에 파리를 탐험하며 자세하게 기록한 사회학자 모리스 알박스도 그중 한 사람이다. 당시 프랑스 사회학을 대표하는 에밀 뒤르켐의 제자였던 그는 「파리의 토지수용과 토지가격 1860~1900」이라는 제목의 박사학위 논문에 파리를 발로 걸어 다니며 조사한 결과를 활용했다. 이 논문은 프랑스 도시사회학 연구의 효시라고 할 수 있다. 그는 좌안의 라탱 구역과 16구의 부르주아 구역, 우안의 파리 중심부를 주로 걸어 다녔다. 당시 온건한 사회주의자였던 그는 13구의 비위생적인 빈민지역을 자세하게 묘사해 오늘날 프랑스 공산당의 기관지가 된 『뤼마니테』지에 기고하기도 했다.

알박스에 이어 파리를 걸은 사회학자로 1951년에서 1981년 사이에 콜레주 드 프랑스 교수였던 루이 슈발리에가 있다. 그는 '파리와 파리 교외의 역사와 사회구조'라는 주제로 강의하면서 피곤을 느끼지 않고 파리 곳곳을 걸어 다녔다. 『19세기 초 파리의 노동계급과 위험한 계급』『파리 사람들』등의 저서는 파리를 걸으며 관찰한 수많은 사실과 통찰력을 결합시킨 결과다. 루이 슈발리에는 파리의 8구와 19구의 외국인 비율이 똑같이 18퍼센트여도 8구의 네덜란드 대사관 직원과 19구의 카메룬 청소부 사이에는 아무런 공통점이 없다고 지적했다. 그러므로 구마다 캬르티에마다 다른 파리 주민들의 삶의 다양성을 연구하려면 통계자료에만 의존해서는 안 되고 발로 현장을 답사해야 한다고 주장했다. 미셸 팽송과 모니크 팽송-샤를로는 모리스 알박스와 루이 슈발리에의 뒤를 이어 파리를 발로 탐사하며 파리를 연구하는 사회학자 부부다. 그들의 연구방법론은 사회학적 파리 산책이다. 이 부부는 파리의 캬르티에의 아침 분위기를 직접 느끼기 위해 바퀴 달린 여행 가방을 끌며 동네를 돌아다니다가 그 동네 호텔에서 1박 2일을 하기도 한다. 그들이 발품으로 쓴 『모자이크 파리-도시 산책』(2001), 『파리의 사회학』(2004), 『사회학적 파리 산책』(2009) 등의 저서는 파리를 사랑하는 사람들 사이에 널리 읽히고 있다. 이들은 인식론적 거리를 갖기 위해 파리 남쪽의 교외주택지인 부르 라 렌에 살면서 예리한 사회학자의 눈으로 파리의 모든 것을 관찰하고 기록하고 분석했다.

20세기 후반에 프랑스혁명사를 연구한 영국인 역사학자 리처드 코브도 메르시에의 정신적 후예라고 할 수 있다. 그는 이름 없는 서민들의 삶을 연구한 민중사학자였는데, 농촌이나 자연이 아니라 도시 산책을 즐겨했다. 특히 프랑스 역사를 전공하면서 파리를 하염없이 걸어 다녔다. 상점주인, 노동자, 수공업자 등 '작은 사람'들과 이야기를 주고받으며 그들의 삶의 체취를 몸소 느끼며 도시 곳곳을 산책하는 일이 그의 일과에 꼭 포함되어 있었다. 그는 "오직 발로 탐사할 때만 한 도시에 대해서 진정으로 알 수 있게 될 것이다"라고 주장했고, 프랑스혁명사와 근대사에 대한 저서들로 자신의 주장을 증명했다. 그는 삶의 현장을 발로 걸어 다니면서 직접 눈으로 보고 귀로 듣고 몸과 마음으로 느끼면서 역사 연구를 위한 영감을 얻었다. 산책에서 얻은 영감이 있었기 때문에 그는 먼지 나는 역사자료를 뒤적이는 일을 계속할 수 있었다.

프랑스는 계몽주의 시절 『백과전서』에서부터 시작하여 사전 만들기의 오랜 전통을 지닌 나라다. 자크 일레레가 펴낸 『파리 길 이름 사전』(1963)은 파리의 길에 관한 충실한 정보를 담고 있는 파리 산보객의 필수품이다. 그는 메르시에의 전통에 따라 파리의 모든 길을 걸었다. 그의 파리 사랑은 세 권으로 된 『오래된 파리 상기시키기』 출판으로 표현되었다. 파리의 중심부에서 동심원을 그리며 외곽으로 퍼져나가는 파리의 구석구석을 다룬 이 책은, 첫째 권 『파리의 심장』(1951), 둘째 권 『파리의 주변부』(1953), 셋째 권 『파리의 마을들』(1954)로 구성되어 있다. 파리를 걸으며 관찰하고 그것을 분석하여 책으로 남긴 사람들은 모두 파리 사람의 생활을 날카로운 시선으로 관찰한 도시의 민속학자들이었다.

파리 걷기를 그림으로
바꾼 사람들

파리를 걷다 보면 무언가를 보고 느끼게 되고 그것을 이미지로 남기고 싶다는 강렬한 욕구를 느끼게 된다. 그래서 파리는 수많은 사람들에게 그림과 사진의 소재가 되었다. 폴 가바르니는 1830년대와 1840년대 왕정의 마지막 기간의 파리를 데생과 판화로 남겼고, 오노레 도미에는 1848년 혁명 이후 파리의 모습을 풍자화로 표현했다. 콩스탕탱 기는 19세기 중반 파리의 모습을 빠른 필치의 삽화로 표현했으며 샤를 메리옹은 19세기 후반 파리의 풍경을 판화로 표현했다. 그들은 대로를 걸으며 군중 속을 물속의 물고기처럼 헤엄쳐 다녔고 대기 속의 새처럼 날아다녔고 파리를 걸으며 받은 인상들을 압축된 이미지로 표현했다. 그들은 도시의 거리와 군중들이 뿜어내는 에너지를 이미지로 전환시켜 그것을 보는 사람들에게 전달했다. 근대적 도시 풍경이 예술로 표현되기 시작한 것이다. 19세기 후반에 들어서 화가들은 실내에서 뛰쳐나와 야외에서 도시의 모습을 그림에 담기 시작했다. 마네, 드가, 모네, 피사로, 고갱, 로트레크, 위트릴로, 블라맹크, 두아니에 루소 등은 센 강변의 풍경과 기차역, 대로와 골목길, 공원과 산책로의 모습을 풍경화로 남겼다. 실존주의 조각가로 알려진 알베르토 자코메티는 인생의 황혼기에 10년 이상 파리 곳곳을 걸어 다니며 대로와 자동차, 신호등, 가로등, 카페와 식당, 아틀리에와 기차역, 센 강과 다리, 에펠탑과 엥발리드, 공원과 나무를 스케치하고 그 옆에 자신의 느낌을 표현하는 글을 덧붙였다. 그렇게 해서 점점 쌓인 그의 파리에 대한 스케치는 마치 유언집처럼 그가 세상을 떠난 이후 『끝없는 파리』(1969)라는 제목으로 출판되었다.

파리 걷기에서
사진으로

1830년대에 들어서 발명된 사진기술은 파리 곳곳의 모습을 이미지로 남기는 데 기여하였다. 19세기 말과 20세기 초에 활동한 외젠 아제는 사라져가는 파리의 모습을 체계적으로 사진에 담았다. 그는 파리가 근대적 도시로 변모해감으로 점차 사라져가는 파리의 모습을 기록으로 남기기 위해 카메라와 삼각대를 어깨에 걸치고 파리의 구석구석을 자기 발로 누비고 다녔다. 그는 원래 보르도 부근의 리부른에서 태어났는데, 열아홉 살에 선원이 되어 아프리카와 남아메리카의 여러 지역을 항해했다. 그러다가 순회연극단의 단원이 되어 프랑스 일대를 돌아다니기도 했다. 그가 사진을 찍기 시작한 것은 1886년 서른한 살 때다. 그러다가 1897년에는 사진 작업을 자신의 평생 직업으로 삼고 사진에 인생을 걸게 되었다. 1899년 파리 14구에 위치한 캉파뉴 프르미에르 거리 17-2번지 5층의 단칸방에 정착하면서 그의 작업은 점점 더 전문적이고 체계적으로 되어갔다. 그가 살던 건물 외벽 한구석에는 그가 이곳에서 살았음을 알리는 투명한 플라스틱 팻말이 붙어 있다. 그 작은 스튜디오는 파리를 돌아다니며 온갖 이미지를 채집하고 보관하는 아지트가 되었다. 1927년 세상을 떠나기 전까지 그는 다른 곳으로 거처를 옮기지 않고 계속 그 자리를 지켰다. 그는 젊은 시절의 방랑 체험을 바탕으로 30년 동안 파리를 걷고 또 걸으며 사진을 찍었다. 그는 끈기와 집념의 인물이었다. 그는 자신의 기호와 취향, 그가 세상을 보는 방식과 작업하는 방식을 사진작업에 적용하여 8,500장의 사진을 남겼다. 1920년 11월 12일 프랑스 국립미술학교인 에콜 데 보자르의 학장에게 보낸 편지에서 그는 자신의 사진 작업을 뒤돌아보며 다음과 같이 썼다: "나는 20년 이상을 내 자신의 생각에서 시작하여 내 자신의 개인적 작업으로 오래된 파리의 모든 곳을 18/24밀리미터 크기의 필름에 담았다. 그것은 16세기에서 19세기에 이르는 아름다운 일반 건물들에 대한 예술적 자료들이다. 이 엄청난 양의 예술적 자료를 축적하는 작업이 오늘로 끝났다. 이제 나는 감히 오래된 파리 전체를 소유하게 되었다고 말할 수 있게 되었다."

그의 뒤를 이어 수많은 사진작가들이 파리를 필름에 담았다. 양차대전 사이에 파리는 세계 '사진의 수도'가 되었고 앙리 카르티에-브레송, 로베르 드와노, 브라사이, 빌리 로니스 등은 파리 구석구석의 분위기를 아련한 노스텔지어를 자극하는 흑백사진으로 표현했다. 그들은 모든 아제의 후예들이다. 그 가운데 아직 생존해 있는 빌리 로니스는 최근 어느 잡지와의 인터뷰에서 "파리에는 호기심을 자극하는 것들이 너무 많아요. 아직도 충분히 잘 알지 못하는 동네들이 있습니다. 나는 그곳들을 돌아다니지 않고는 못 배깁니다"라고 말했다. 파리를 이미지로 표현한 사람들은 한결같이 파리를 걷는 산보객들이었고 파리를 관찰하는 인류학자들이었다. 발로 움직이면서 세심하게 관찰하고 기록하는 정신으로 파리 구석구석의 장면들이 만들어지고 그 조각난 기록들이 쌓여 재구성되면서 파리 전체의 분위기를 느끼게 해주는 이미지가 만들어지는 것이다.

영화 속의
파리 걷기

사진작가들이 파리의 이미지를 하나의 장면에 고정시켰다면 영화감독들은 파리를 움직이는 활동사진 속에 담았다. 확인해보지는 않았지만 파리는 아마도 영화 제목 가운데 가장 많이 등장하는 도시일 것이다(그 뒤에 뉴욕과 로마가 따라올 것이다). 제목에는 나오지 않지만 파리가 배경으로 나오는 영화는 훨씬 더 많을 것이다. 제목 속에 파리가 나오는 영화를 몇 개 들어보면 리처드 브룩스 감독의 「내가 마지막 본 파리」(1951),

빈센트 미넬리 감독의 「파리의 아메리카인」(1951), 마르셀 카르네 감독의 「파리의 공기」(1954), 클로드 오탕-라라 감독의 「파리 가로지르기」(1956), 자크 리베트 감독의 「파리는 우리들의 것이다」(1959), 베르나르도 베르톨루치 감독의 「파리에서의 마지막 탱고」(1972), 에릭 로메르 감독의 「파리의 약속」(1995) 등이 있다. 「노트르담의 꼽추」 「퐁네프의 연인들」 등 파리의 특정 장소를 배경으로 내세운 영화들도 수없이 많다. 홍상수 감독의 「밤과 낮」(2008)도 파리를 배경으로 찍은 영화의 반열에 오른다. 이 모든 영화들이 파리의 도시 풍경을 배경으로 인물들이 엮어가는 삶의 이야기를 전개하면서 결정적인 장소에서 결정적인 장면을 찍었다. 이 영화들 가운데 파리 시내의 이런저런 장소를 걷는 주인공의 모습이 들어가지 않은 영화는 찾아보기 어렵다. 파리의 분위기와 이야기 전개 사이의 조화야말로 영화를 살리는 중요한 요소다. 1959년 칸영화제에서 상영되었고 흔히 프랑스 '누벨바그' 영화의 대표작 가운데 하나로 꼽히는 프랑수아 트뤼포 감독의 「400가지 못된 짓」은 빠른 속도로 전개되는 파리 도시 풍경으로 시작한다. 파리 17구의 클리시 광장을 중심으로 몽마르트르 언덕의 사크레 쾨르와 에펠탑 주변의 도시 풍경이 주마등처럼 지나간다. 그렇게 분위기를 만들어놓은 다음 허름한 아파트 실내 장면이 나온다. 프랑수아 트뤼포 감독은 다른 영화들에서도 언덕이 있고 약간 멜랑콜리한 분위기의 17구와 18구 동네를 배경으로 많이 사용했다.

그러나 파리라는 도시가 배경이 아니라 아예 주인공으로 등장하는 영화들이 이미 1920년대 무성영화시대부터 만들어졌다. 뤼미에르 형제가 발명한 활동사진의 효과를 가장 잘 보여줄 수 있는 활동의 장면들이 바로 역동적으로 움직이는 파리의 도시 풍경이었기 때문이다. 1924년 르네 클레르 감독이 찍은 「막간」이라는 35분짜리 기록영화에는 마르셀 뒤샹과 만 레이가 파리의 지붕 밑이 내려다보이는 장소에 한가롭게 앉아 장기를 두는 모습이 나온다. 1927년 보리스 코프먼은 '파리의 위장'인 레 알 시장과 주변 카페의 모습을 필름에 담았고, 같은 해 네덜란드인 마뉘스 프랑켄은 뤽상부르 공원의 풍경과 아이들이 노는 모습을 찍었다. 1928년 앙드레 소바즈는 '파리 습작'에서 센 강변, 콩코르드 광장의 자동차 물결, 생-마르탱 운하, 라 빌레트 저수조 등을 풍경에 담았고, 1930년 외젠 델라브는 파리의 밤 풍경을 찍었다. 1937년 일본인 시게마루 시모야마는 파리의 광고 이미지와 만국박람회 장면을 기록으로 남겼다. 이 기록영화의 감독들은 카메라를 들고 파리를 누비고 다니면서 이후 극영화들에 나타날 파리 풍경의 원형을 흑백 활동사진으로 남겼다. 앞서 말한 사진작가들과 더불어 이 기록영화 감독들도 파리 산책의 전통을 계승하는 파리 산보객들이었다. 1960년 클로드 샤브롤, 장-뤼크 고다르, 에릭 로메르 등 누벨바그에 속하는 여섯 명의 감독이 각자 자기 스타일로 찍은 파리 스케치를 엮어 만든 「누군가가 본 파리」는 비판적 기록영화의 전통을 계승하고 있다.

사진에서
영화까지

얀 아르튀르-베르트랑은 하늘에서 내려다본 지구

곳곳의 자연 풍경을 사진 예술로 표현하여 세계적으로 유명해졌고 사진작가로서는 처음으로 2008년 아카데미 프랑세즈의 회원으로 선출되는 영예를 누리게 되었다. 그는 헬리콥터를 타고 파리의 하늘을 날아다니며 센 강 위의 섬과 다리, 에펠탑과 몽마르트르 언덕, 팔레 르와얄과 트로카데로 광장, 루브르의 유리 파라미드와 샹젤리제 거리의 야경, 개선문과 콩코르드 광장, 라 빌레트 공원과 튈르리 공원 등의 모습을 삼각형, 사각형, 원형, 반원형, 직선과 곡선을 배합하여 사진을 찍은 다음 '하늘에서 내려다본 파리'라는 앨범으로 출판한 바 있다. 그 사진첩을 들여다보고 있으면 파리는 마치 하늘에서 내려다보기 위해 만들어진 도시처럼 느껴진다. 그는 2009년 하늘에서 내려다본 파리를 아름다운 예술영화로 만들면서 사진과 영화의 경계선을 자유롭게 넘나들고 있다. 카메라를 아주 느리게 이동시키면서 촬영한 이 기록영화는 새벽이 동터올 무렵 개선문과 시테 섬 주변의 센 강변을 시작으로 파리 시내 곳곳을 마치 마네와 모네 등 인상파 화가들이 그린 화폭의 연속처럼 보여준다. 어둠이 내리는 샹젤리제 거리와 다시 시테 섬 주변의 센 강변의 모습으로 돌아와 막을 내리는 이 영화에는 이브 몽탕, 쥘리에트 그레코, 에디트 피아프, 자크 브렐, 샤를 아즈나부르 등이 부른, 파리를 주제로 하는 고전적 샹송들이 배경음악으로 깔리면서 시적 분위기를 더해준다. 30여 분에 걸쳐 펼쳐지는 카메라 산책을 눈으로 따라가다 보면 세계 어떤 도시도 흉내 낼 수 없는 파리만의 아우라를 흠뻑 느낄 수 있다. 그래서 앉은 자리에서 몇 번이고 반복해서 보아도 지루하지가 않다. 보면 볼수록 파리가 새롭게 보인다. 파리를 영화 속에 담은 영화감독들은 루소에서 보들레르, 파르그에서 브르통으로 이어지는 창조적 파리 산책의 전통을 새로운 방식으로 이어가고 있다. 상업적 흥행물로서의 영화가 아니라 '작품으로서의 영화'를 만드는 감독들에게 카메라는 펜이 되기도 하고 붓이 되기도 한다.

고독한 몽상가의
파리 산책

　　　　　　도시를 정처 없이 걷다 보면 새로운 것을 보게 되고 새로운 생각에 빠지고 온갖 상상에 빠져들게 된다. 파리에서 망명생활을 하며 물속의 물고기처럼 파리를 자유롭게 헤엄치고 다니던 독일의 시인 하인리히 하이네가 말했듯, "사랑이든 증오든, 사상이든 감정이든, 지식이든 권력이든, 행복이든 불행이든, 과거든 미래든 온갖 위대한 것들이 모여 있는 파리"를 걷는 사람들은 새로운 예술과 사상과 종교를 만들어낸다. 파리 걷기의 체험은 고백록으로 소설로 시로 전환된다.

볼테르와 함께 프랑스혁명의 사상적 기반을 제공한 루소에게 파리는 '고독한 몽상가'의 산책로였다. 루소는 산책을 계속하여 만년에도 오후가 되면 산책길에 나서 파리의 경계선을 넘어갔다 오는 긴 산책을 즐겼다. 당시 파리 경계선 밖은 숲이었고 시골이었다. 어느 일요일 오후에는 포르트 마요에서 점심식사를 하고 불로뉴 숲을 산책한 다음 라 뮈에트로 가서 그곳의 풀밭에 앉아 해가 지기를 기다리다가 파시를 거쳐 집으로 돌아가기도 했다. 식물채집을 즐겼던 그는 파리 안에서도 시골에서나 볼 수 있는 야생화를 찾아낼 줄 알았다. 보잘것없는 단순한 현상들이 그에게 살아 있다는 즐거움을 느끼게 했다. 귀에 들리는 소리, 눈에 보이는 풍경만으로도 존재감을 느꼈다: "시장의 선전공연, 군대의 열병식, 축제의 퍼레이드 같은 요란한 구경거리뿐만 아니라 두루미의 몸짓, 기중기의 동작, 이런저런 기구들의 움직임, 지나가는 배, 바람에 따라 돌아가는 풍차, 일하는 목동, 쇠공놀이 하는 사람들, 흐르는 강물, 날아가는 새들이 나의 시선을 끈다. 이와 같은 움직임이 없다면 다양성만 있어도 된다. 진열대 위의 싸구려 장식품들, 제목만 보고 지나가는 강변에 펼쳐진 헌책들, 멍청한 눈으로 그냥 한번 보고 지나가는 벽에 그려진 그림들, 이 모든 것들이 피곤해진 나의 상상력이 휴식을 필요로 할 때 나를 멈추고 나를 즐겁게 했다." 그가 세상을 떠나기 전에 마지막으로 썼고 사후에 출판된 『고독한 산책자의 몽상』(1782)은 그런 산책의 결과물이었다. 그의 삶이 하나의 거대한 책이라면 그 책은 매일 하는 산책으로 각각의 장이 구별되는 긴 몽상의 기록이라고 할 수 있다. 그는 몽상 속에 성찰과 인식과 추억과 감정을 배합했다.

스위스의 제네바 출신이었던 루소는 젊은 시절 파리에 와서 사상가와 작가로 명성을 확보했으나 파리의 사교계에 실망을 느낀 이후 여러 곳을 전전했다. 그러나 그는 말년을 다시 파리에서 보냈다. 그러나 만년의 루소는 젊은 시절의 장 자크와는 다르게 파리라는 대도시에 살면서도 홀로 고독한 삶을 살았다. 세상의 명예와 권력, 개인적 야망과 애증의 인간관계를 떠나 단순한 일상의 삶과 산책으로 인생의 황혼을 보냈다. 산책은 그에게 해방감을 느끼게 했다. 이제 그에게 "이 세상에서의 일은 다 끝났다. [⋯] 이제는 누가 더 이상 나에게 좋은 일도 하지 않을 것이고 나쁜 일도 하지 않을 것이다. 나는 이 세상에서 더 이상 기대할 것도 없고 두려워할 것도 없다. 나는 이제 심연의 바닥에 있는 것처럼 평안하다. 죽음을 피할 수 없는 가련한 불운아지만 나는 마치 신처럼 태연하다." 만년의 루소는 이런 초연한 상태에서 파리를 산책했다. 욕망과 경쟁의 도시 파리에 살면서도 사회생활에서 물러나 세상과 거리를 유지하는 초연한 고독의 상태가 파리를 다른 눈으로 보게 했다: "이제 내 바깥의 모든 것이 새롭게 보인다. 나는 이 세상에 더 이상 이웃도 친구도 형제도 없다. 나는 마치 내가 살았던 유성에서 떨어져 나와 다른 별에 와서 살고 있는 듯한 느낌으로 이 세상에 있다." 파리와 그 주변을 걸으며 루소는 사회적 삶의 허울을 넘어 자신의 내면으로 깊이 들어갔고 자연과 깊게 교감했다. 고독한 산책자가 남긴 글 속에서 파리는 간헐적으로만 언급되지만 파리에 대한 그의 생각은 책 전체를 관통하고 있다.

파리를 걸은
작가들

19세기는 도시에서 자유로운 걷기가 가능해진 시기이면서 동시에 소설이 지배적인 문학 장르가 된 시기이기도 하다. 그리고 소설이 지배적 장르가 되는 과정에는 부르주아 계급의 형성과 도시의 발달이 있었고 그 도시를 걷는 작가들이 있었다. 19세기의 위대한 소설가들은 대부분 도시를 걷는 사람들이었다. 19세기 프랑스 소설문학을 대표하는 발자크는 펜으로 글을 썼지만 더 정확하게 말하자면 펜에 앞서 발로 글을 쓴 사람이라고 할 수 있다. 발과 펜은 그가 쓴 소설 속에서 한 몸을 이룬다. 그의 소설에는 파리 곳곳을 걸으며 관찰한 내용이 녹아들어 있기 때문이다. 그의 『인간극』에는 파리의 모든 구역이 나오고 그곳에 사는 뭇 사람들의 이야기가 전개된다. 파리의 모든 구역에는 그곳에 사는 사람들이 "어떤 존재인지, 무슨 일을 하는지, 어디 출신인지, 무엇을 추구하는지를 드러내는 생존방식이 있다"는 그의 문장 속에는 파리 곳곳을 사회학자나 지리학자나 인류학자의 날카로운 눈을 가지고 오랫동안 관찰한 체험이 숨어 있다(한 세기 뒤에 계급에 따른 취향과 생활양식의 구별 짓기 현상을 연구한 사회학자 피에르 부르디외가 루이르 그랑 고등학교에 다니기 위해 스페인 국경 부근의 고향 베아른을 떠나 파리에 처음 올라왔을 때 바벵 사거리에 있는 로댕이 만든 발자크 동상을 보고 전율한 이유가 여기에 있다). 발자크는 파리를 걸으며 느낀 다양한 분위기를 다음과 같이 요약했다: "파리에는 오명을 뒤집어쓴 거리들이 있다. 또 고귀한 거리도 있다. 또 그저 단순한 거리도 있고, 이른바 사춘기적 거리, 아직 성격이 분명치 않은 거리도 있다. 살인적인 거리도 있고, 늙은 섭정보다 더 나이 먹은 거리도 있다. 존경받는 거리, 언제나 깨끗한 거리, 노동자 계급과 근면한 상인들의 거리도 있다. 한마디로 말해 파리의 거리들은 인간적 성격과 지울 수 없는 인상을 남기는 용모를 가지고 있다." 발자크에 와서 파리는 소설 속의 이야기 전개와 뗄 수 없는 살아 있는 장소가 되었고 도시 그 자체로 구체적인 묘사의 대상이 되었다.

빅토르 위고의 대표작인 『노트르담 드 파리』와 『레미제라블』은 파리를 배경으로 이야기가 전개된다. 이 두 작품을 통해 19세기의 수도 '파리의 신화'

가 만들어졌다고 해도 과언이 아니다. 중세가 가톨릭교회가 지배했던 시대라면, 센 강 위의 시테 섬 동쪽 끝에 서 있는 노트르담 사원은 중세의 파리를 상징하는 거대한 건축물이다. 위고의 소설을 통해 노트르담 사원은 영원히 사라지지 않는 파리의 상징이 되었다. 그런데 위고도 지치지 않고 파리를 걷는 사람이었다. 그는 파리의 경계선을 넘어 교외로까지 걸어 다녔고 파리 속에 감추어진 낭만적인 장소를 찾아다녔고 하수구가 흐르는 파리의 지하세계도 알고 있었다. 『레미제라블』 속에는 그런 산책의 흔적이 도처에 스며들어 있다. 위고에게 로마가 '신의 도시'였다면 파리는 '인간의 도시'로서 세계의 모든 도시가 모방해야 할 이상적인 도시였다. 그의 작품 속에서 해방의 도시, 지식의 도시, 민중운동의 중심지 파리는, '프랑스의 수도'가 아니라 '유럽의 수도'가 되었다.

빅토르 위고의 상상력 속에서 노트르담 사원이 파리의 중심지라면, 에밀 졸라의 작품에서는 '파리의 위장'이라고도 불리는 파리의 중앙시장 레 알이 파리의 상징적 중심을 이루고 있다. 졸라에게는, 거대한 종교적 사원이 아니라 서민들의 일상의 생활이 이루어지는 파리 중심부에 위치한 삶의 활력이 넘치는 농수산물 시장이야말로 파리를 가장 잘 보여주는 대표적 장소였다(퐁피두 대통령 시절 그 시장을 허물어버리고 새로 지은 건물이 퐁피두센터다. 농산물 시장은 파리 교회의 룅지스로 이전했다). 졸라는 시장을 중심으로 서민들의 삶이 이루어지는 파리 변두리의 그늘진 지역을 날카로운 눈으로 관찰하며 걷고 또 걸었다. 『목로주점』처럼 파리를 배경으로 하는 졸라의 소설들은 나폴레옹 3세가 지배하던 제2제정기의 파리를 오랫동안 걸으며 관찰하고 상상한 결과물이다.

　파리라는 도시 공간을 묘사하면서 이야기를 전개하는 소설적 전통은 19세기 소설가 외젠 쉬와 위스망스를 거쳐 20세기 들어서 쥘 로맹을 지나 추리소설가 조르주 심농까지 이어진다. 오늘날 프랑스 독자들의 총애를 받는 파트리크 모디아노의 많은 소설들이 파리를 배경으로 하여 이야기가 전개되며, 『파리에서의 데뷔』 등 여러 편의 자전적 소설을 쓴 필리프 라브로의 소설에도 파리의 분위기가 자세하게 묘사된다. 이들의 소설 속에는 언제나 파리의 길 이름이 나오고 파리의 어느 장소의 분위기가 짙게 묘사된다.

밤의 파리를
걸은 사람들

　　　　　'낮의 파리'를 걸은 사람은 많지만 '밤의 파리'를 걸은 사람은 그리 많지 않다. 그러나 파리의 진면모는 밤의 파리에 있다고 말하는 사람들이 있다. 그중 한 사람으로 프랑스혁명 전야에 파리의 밤거리를 수없이 걸어 다닌 작가 레티프 드 라 브르톤느가 있다. 이미 1775년 『도시의 위험들』이라는 소설을 통해 프랑스 민중계급의 관습과 사는 모습을 그린 바 있던 그는 1788년에 파리 야간 산책의 체험을 바탕으로 쓴 『밤의 파리 또는 밤의 관객』을 출판했다. 이 책은 젊은 남성이 나이 든 귀족 부인에게 이야기하는 형식으로 되어 있다. 『천일야화』로 알려진 『아라비안나이트』처럼 원래 1,001개의 이야기를 쓸 예정이었으나 363개의 이야기에 그쳤다. 그의 뒤를 이어 시인 제라르 드 네르발도 밤의 파리를 환영에 홀린 듯 누비고 다녔다. 그는 몽마르트르 언덕을 내려와 생-루이 섬을 지나 마레를 거쳐 자정이 넘으면 생-드니 문과 생-마르탱 문이 있고 거지들과 창녀들과 깡패들이 우글거리는 밤거리를 홀로 아무 목적 없이 쏘다닌 밤의 보헤미안이었다. 잡히지 않는 환영을 따라 파리의 고독한 밤거리를 떠돌던 그는 아예 밤거리와 하나가 되었고 그 거리에서 스스로 목을 매달아 세상을 떠났다.

파리를 걸은
시인들

파리 걷기 체험을 바탕으로 시를 쓴 대표적 시인 한 사람을 꼽으라면 당연히 샤를 보들레르를 들어야 할 것이다. 발터 벤야민이 "보들레르에 와서 파리는 처음으로 서정시의 대상이 되었다"라고 썼듯이, 보들레르는 오스만에 의해 근대도시로 변모한 19세기 후반의 파리를 가장 훌륭하게 걸었던 산보객이었다(보들레르 사후에 출판된 『파리의 우울』이라는 시집의 제목은 그의 사후 이 책을 편집한 방빌과 아슬리노가 붙인 것이다. 죽기 전에 보들레르는 이 시집의 제목으로 '파리를 배회하는 사람' 또는 '고독한 산책자' 등을 생각하고 있었다). 그는 파리의 길거리를 걸으며 상상력에 불이 붙는 어떤 순간들을 경험했고, 무언가 신비한 마법에 걸린 듯한 착각에 빠지기도 했다. 그에게 파리를 걷는 일은 할 일 없이 시간 보내기가 아니라 적극적이고 생산적인 창작활동이었다. 그는 파리를 걸으며 시상을 얻었고, 집 안의 책상 앞에서가 아니라 집 밖의 거리를 걸으며 시구를 다듬었다. 그런데 그가 누구보다도 파리 곳곳을 걸어 다니게 된 이유는 그의 잦은 이사에 있다. 1842년에서 1858년 사이에 그는 열네 번이나 이사를 했다. 그래서 그만큼 파리의 여러 동네를 잘 아는 사람도 드물 것이다. 1구의 생트-안느 거리, 4구의 생-루이 섬, 6구의 센 거리, 7구의 바빌론 거리와 볼테르 강변로, 8구의 프로방스 거리, 9구의 라마르틴 거리와 피갈 거리, 10구의 본 누벨 거리, 11구의 장-피에르 탱보 거리를 비롯해 파리 중심부의 센 강 좌안과 우안의 여러 동네들에 그가 살았던 흔적이 남아 있다(그의 잦은 이사는 재정상의 이유 때문이었고 그의 이삿짐은 손수레 하나면 충분했다. 그리고 그가 마지막으로 이사한 곳은 14구에 있는 몽파르나스 묘지였다). 그러기에 보들레르는 파리 중심부의 길들을 손바닥의 손금처럼 알고 있었다. 그런데 그가 가장 즐겨한 산책의 장소는 파리의 중심부가 아니라 변두리 지역이었다. 그 가운데서도 파리 10구의 생-마르탱 운하 부근은 그가 가장 좋아한 산책 장소였다. 파리의 주변부를 떠돌며 그는 가난과 죽음의 이미지를 떠올렸다. 『악의 꽃』과 『파리의 우울』에서 보들레르는 파리의 멜랑콜릭한 분위기를 어느 누구도 흉내 낼 수 없는 방식으로 표현했다.

보들레르에 이어 「초현실주의선언」을 쓴 시인 앙드레 브르통도 파리를 즐겨 걸었다. 그는 상투적이고 평범한 상황을 벗어나 무언가 특별한 분위기를 찾기 위해 파리를 걸었다. 그가 쓴 『나지아』(1928)와 『미친 사랑』(1937)에는 그렇게 파리를 걸은 체험이 녹아들어 있다. 앙드레 브르통은 『나지아』에서 파리야말로 "일어날 만한 가치가 있는 일들이 일어나는 도시이고 그 자체로 불타오르는 뜨거운 시선이 있는 도시이며 아직도 모험정신이 살아 있는 유일한 도시"라고 썼다. 한때 그와 함께 초현실주의자였다가 프랑스 공산당을 대변하는 시인이 된 루이 아라공도 『파리의 농부』(1926)에서 오페라 근처의 파사주, 카페, 식당, 미용실 등을 자세히 묘사했고 어둠이 내린 뷔트 쇼몽 공원을 배회하며 우연히 만난 환상적이고 신비한 분위기를 시적 산문으로 기록했다. 시인 레옹-폴 파르그도 『파리의 도보객』(1939)이란 책에서 샤론과 몽마르트르, 마레와 생-제르맹-데-프레, 라 샤펠과 센 강변을 걷는 이야기를 기록했다. 파르그는 헝가리에서 파리로 이민 온 사진작가 브라사이와 함께 1930년대 파리의 밤거리를 배회하기도 했는데, 가로등이 은은한 어느 공원의 벤치에 파르그가 정장을 하고 중절모를 쓴 채 앉아 있는 인상적인 사진은 그 당시 브라사이가 찍은 것이다. 파르그에게 파리의 아름다움은 객관적으로 그냥 거기 있는 것이 아니라 파리를 걷는 사람의 영혼과 파리 사이의 교감을 통해 얻어지는 것이었다. 그래서 그는 끝없이 예민해진 감각으로 파리를 걸으며 기억의 소리, 침묵의 소리, 죽은 자의 소리, 풀잎의 소리를 듣고 그 소리들을 글로 옮겼다.

1968년 5월운동에 영향을 미친 상황주의 사상가 기 드보르도 파리를 걸으며 삶과 소통과 저항의 공간을 모색한 인물이다. 그는 '심리지리학'이라는 이름으로 지역에 따라 달라지는 분위기를 묘사하기도 했다. 평생 한 번도 돈 버는 직업을 가져본 적이 없는 '적극적 무위도식자'였던 드보르는 자신의 저서 『구경거리의 사회』(1967)에서 점점 더 개인을 분리시키고 역사적·사회적 의미를 지닌 장소를 진부하고 평범하게 만들어버리는 자본주의 도시를 비판하였다. 시인 자크 레다는 파리를 구성하는 스무 개의 구를 스무 개의 도시로 여행하듯이 걸어 다니며 시를 써 『파리의 잔해들』(1977)이라는 시집으로 남겼고, 작가 쥘리앵 그린은 『파리』(1983)라는 책의 서문에서 파리는 "마음 편하게 파리의 길을 걷는 자에게 미소를 보내지만 파리의 혼은 저 멀리 저 높이에서만 자신을 드러낸다. 하늘의 침묵 속에서만 당당하고 신념에 찬 열정적 외침이 구름을 향해 솟구쳐 올라가는 소리를 들을 수 있다"라고 썼다. 파리를 배경으로 하는 시나 소설을 쓴 작가들은 모두 파리의 보이지 않는 영혼에 이끌려 들리지 않는 소리를 들은 사람들이었다.

파리를 걸은
여성들

　　　　　영국의 문화비평가 레이먼드 윌리엄스는 "근대도시의 새로운 특성은 거리를 홀로 걷는 남성의 이미지와 연결되어 있다"고 말했다. 이 말은 근대도시야말로 즐거운 산책이 가능해졌음을 뜻하며, 그와 동시에 산책은 남성들에게만 가능한 문화 활동이었음을 말해준다. 19세기에 들어서도 유럽 도시의 거리들은 여성들에게 위험하고 더럽고 어두운 공간이었다. 거리를 걷는 여성은 창녀들뿐이었다. 그러기에 파리를 걸은 산보객의 계보는 남성들로 점철되었지만 어느 순간부터 도시 걷기의 역사에 여성 산보객이 출현하였다. 프랑스혁명 이후 19세기 내내 파리가 근대도시로 탈바꿈하는 과정에서 자유롭고 건강하고 기운이 넘치고 호기심이 많은 영리한 여성들이 남장을 하고 파리를 산책하기 시작했다. 조르주 상드도 그중의 하나였다. 일찍이 여성의 삶을 억압하는 불평등한 결혼생활을 거부하고 시인 뮈세, 음악가 쇼팽 등과 함께 자유롭게 자신의 삶을 살았던 그녀는 "공간espace은 희망espérance이다"라고 선언했다. 1867년 파리만국박람회를 위해 쓴 「파리에서의 몽상」이라는 글에서 상드는 "자유롭게 걸어 다니며 몽상rêverie을 하기에 파리보다 더 쾌적한 도시는 세상에 없다. 파리에서 부드럽고 즐거운 몽상을 위해서는 어떤 화려한 탈것보다도 환상에 자신을 맡기고 자신의 두 다리를 움직여 걷는 게 최고다. 〔…〕 주머니에 손을 넣고 안전한 대로의 보행로를 따라 누구에게 길을 물어볼 필요도 없이 마음 놓고 꿈을 꾸며 걷는 일은 하나의 축복이다. 〔…〕 파리를 멍하게 걷다가 만나게 되는 백 가지의 위험을 무릅쓸 수 있다면 십만 가지의 내밀하고 실제적인 즐거움을 얻을 수 있다고 감히 말하고 싶다. 파리를 멍하니 걸을 수 있는 고귀한 장애를 가지고 있는 사람이라면 내가 엉뚱한 이야기를 한다고 생각지 않을 것이다. 파리의 공기, 파리의 외관, 파리의 소리에는 다른 어느 곳에서도 만날 수 없는 특별한 작용이 있다. 파리의 분위기는 밝고 어디를 가도 어울리지 않는 곳이 없다. 온화한 기후, 적당히 습기 있는 공기, 때로 분홍빛이거나 진주빛인 활기차고 섬세한 하늘, 다양한 상점들의 눈부신 진열창, 너무 넓지도 너무 좁지도 않은 적당한 폭으로 흐르는 센 강의 쾌적함, 거기에 비친 투명한 그림자, 파리 사람들의 힘차면서도 여유 있는 거동, 뱃사람들의 소리와 육지 사람들의 소리, 이 모든 것이 적당하게 어우러져 이루는 조화는 파리에만 있다. 보르도와 루앙에서는 강과 바다의 움직임과 소리가 지배한다. 그곳에서 삶은 물 위에 있다. 그러나 파리에서 삶은 도처에 있다. 파리에서는 모든 것이 훨씬 더 활기차 보인다. 그래서 현재를 즐길 줄 아는 사람에게 파리의 움직임과 소리에 자신을 맡기는 일은 너무나도 부드럽다"라고 썼다. 그래서 상드는 파리의 대로와 센 강변을 걸었고, 그 당시 새로 만들어지는 공원을 걸으며 끝없는 들판과 계곡과 풀밭 위에 넓게 펼쳐진 하늘을 꿈꾸었다. 파리 걷기는 그녀에게 보이지 않는 것을 꿈꾸게 하는 새로운 눈을 열어주었다.

조르주 상드가 19세기에 파리를 걸었다면 시몬 드 보부아르는 20세기에 파리를 걸은 대표적인 여성이다. 전통적 가톨릭 가족의 엄격한 규율 아래서 청소년 시절 내내 어머니와 갈등을 일으키던 시몬 드 보부아르는 1920년대 중반에 대학생이 되어 부모의 감시와 통제에서 벗어나 파리 시내 곳곳을 마음껏 돌아다니며 황홀한 해방감을 느꼈다. 청년기에 삶의 이유와 목적을 진지하게 추구하던 시몬은 낮에는 시간만 있으면 혼자 또는 친구와 함께 뤽상부르 공원과 튈르리 공원과 불로뉴 숲을 산책을 했고, 저녁이면 혼자 집을 나와 지하철을 타고 파리의 끝까지 가서 그곳에서부터 수 킬로미터를 걸어서 집으로 돌아오곤 하였다. 도시의 불빛과 사람들이 사는 모습을 바라보면서 생각에 잠겨 19구의 뷔트 쇼몽 공원 근처를 배회했고, 몽마르트르 언덕의 수많은 돌계단을 오르내렸다. 현대 여성운동의 경전이 된 『제2의 성』(1949)은 리슐리외 거리의 국립도서관에서 쓴 것이지만, 그 밑에는, 파리를 때로는 해방감을 느끼며 때로는 고민에 빠져 걸었던 체험이 숨어 있다.

프랑스가 좋아 프랑스 사람이 되어 프랑스에 살다 파리의 페르 라쉐즈 묘지에 묻힌 미국 출신 여성작가 거트루드 스타인도 파리 곳곳을 깊게 느끼며 걸었던 여성이었다. 뤽상부르 공원 가까이에 있는 플뢰뤼스 거리에 있던 그녀의 집은 피카소와 마티스, 헤밍웨이 등 예술가와 작가들이 모여 삶과 예술을 이야기하는 사랑방이었다. 그녀는 『파리 프랑스』(1940)에서 "1910년에서 1930년 사이에 파리는 큰 변화를 겪지 않았다. [⋯] 프랑스 사람들은 모든 것에 천천히 적응한다. 그래서 결국 언젠가는 완전히 바뀌지만 그들은 언제나 자기다움을 잃지 않는다"라고 썼다. 조르주 상드가, 파리는 예상치 못한 것이 나타나는 "광적이면서도 지혜로운folle et sage" 도시라고 썼듯이 스타인은 파리가 사람을 "흥분시키면서도 평화로운exciting and peaceful" 도시라고 썼다.

완벽한 산보객은 눈앞에 나타났다 사라지는 무엇이든 열광적으로 관찰하는 사람이다. 그는 길거리에서 집에서처럼 편안함을 느끼는 사람이다. 그는 군중 속에 묻혀 있는 익명의 개인이면서 동시에 모든 사람을 관찰하는, 세상의 살아 있는 중심이다. 파리를 걸으며 관찰하는 산보객은 변장을 하고 궁성을 빠져나와 도시의 모든 것에 황홀해하는 왕자와 같다. 파리를 사랑한 작가와 시인, 예술가들은 모두 그런 산보객들이었다. 그들은 군중의 흐름 속에 자신을 잃고 파리를 걸으며 아이디어를 얻고 영감을 받고 다시 작업실로 돌아와 시와 소설을 쓰고 그림을 그리고 작곡을 하였다. 그들은 방향도 없고 목적도 없이 그저 파리를 기분 나는 대로 걸으며 도시의 풍경에 매료되었고, 우연히 다가오는 수많은 볼거리들의 흐름에 저항하지 않고 순순히 자신을 바쳤다. 그들은 물고기가 바다를 헤매고 새가 하늘을 날듯이 파리를 걷는 사람들이었다. 파리를 걸으며 이 글을 쓰고 있는 나도 그렇게 파리를 걸었던 사람들의 긴 계보의 끝자락 어디쯤에 자리하고 있을 것이다.

지도 속의
파리 읽기

파리는 어떤 도시인가

파리는 정말 큰 대양이다. 그곳에 수심측정기를 던져보라! 당신은 결코 그 깊이를 알 수 없을 것이
다. 그곳을 답사하고 묘사해보라! 당신이 아무리 많이 파리를 걸어 다니고 그곳을 아무리 자세하게
서술해도, 당신 말고도 파리라는 대양을 탐사하는 사람들의 수가 아무리 많고 그들의 관심이 아무리
진지하다 해도, 그곳에는 언제나 아무도 가보지 않은 곳, 알려지지 않은 동굴, 꽃과 진주와 괴물들
그리고 대양을 탐사하는 문인들도 기억하지 못하는 놀라운 것들이 당신과의 만남을 기다리고 있다.
—발자크, 『고리오 영감』

벨빌 언덕에서 내려다보는 파리. 파리 20구. 2009.

두개골 또는
달팽이

　　　　　　　　　지도는 땅에 대한 구체적 체험의 개념화다. 땅은 현실이고 지도는 이론이다. 현실은 수많은 구체적 사실들의 바다이고 이론은 수많은 사실들을 압축하고 일반화시킨 추상적 명제다. 그래서 땅 위를 발로 걷다 보면 이론이 생기고 지도 위를 머릿속으로 걸어보면서 구체적 장소를 떠올릴 수 있다. 지도가 현실의 압축 파일이라면 지도를 바라보는 일은 그 압축 파일을 푸는 일이고 추상화된 현실을 상상을 통해 구체화시키는 작업이다.

　지도 속에서 파리는 단순화된 모양으로 잠자고 있지만 살아 움직이는 수많은 장소들을 환기시킨다. 이 글을 쓰고 있는 내 책상 앞 흰 벽에는 12,000분의 1 척도의 파리 지도가 붙어 있다. 지도 속에서 파리는 좌우의 지름이 상하의 지름보다 긴 타원형의 모습을 하고 있다. 직사각형의 지도 안에 편안히 자리 잡고 있는 타원형의 파리는 이렇게 보면 달걀 모양으로 보이고, 저렇게 보면 두개골처럼 보이기도 한다. 동쪽에서 서쪽으로 흐르는 강물의 흐름에 따라 센 강 우안이 큰골이라면 좌안은 작은골인 셈이다. 시내를 달리는 수많은 도로들은 뇌의 실핏줄처럼 보인다. 내가 앉아 있는 책상 앞에서 3미터 정도 떨어진 벽에 붙어 있는 파리 지도를 바라보면 센 강이 제일 먼저 눈에 들어온다. 센 강에는 파리의 발상지인 시테 섬과 17세기 중반 이후 귀족들의 저택이 들어선 생-루이 섬이 오누이처럼 다정하게 떠 있다. 센 강은 이브리에서 베르시를 지나고 시테 섬을 지나 루브르 궁전과 튈르리 정원 옆을 지나 콩코르드 광장 앞에서 왼쪽으로 서서히 몸을 틀어 흐르다가 알마 마르소 다리에서 다시 한 번 왼쪽으로 몸을 튼 다음 에펠탑 앞을 지나 불로뉴-비앙쿠르 쪽으로 똑바로 내려간다. 파리는 스무 개의 아롱디스망[區]으로 구성되어 있는데, 시계 방향으로 두 바퀴를 도는 달팽이 모습을 하고 있다. 센 강 우안 중심에 1구, 2구, 3구와 4구를 만들고, 센 강 좌안으로 건너 5구, 6구, 7구에 도달하면 첫번째 회전이 끝난다. 센 강을 건너 8구에서 시작된 두번째 회전은 9구, 10구, 11구, 12구를 만들고 다시 강을 건넌다. 그래서 13구, 14구, 15구를 만들고 다시 강을 건너 16구, 17구, 18구, 19구, 20구를 만들며 두번째 회전을 마친다.

다양한
파리 지도들

        달걀 모양의 파리를 종이 위에 그린 지도에도 여러

가지 종류가 있다. 16세기 옛 파리의 모습을 그린 고지도, 파리에 처음 온 사람들이 접하게 되는 파리 지하철 노선을 표시한 지도, 파리의 우체국 위치를 알려주는 지도, 백화점이나 은행, 영화관 등에서 자기들의 위치를 알려주기 위해 만든 광고용 지도 등 다양한 파리 지도가 있다. 내 책상 앞 벽에 붙여놓은 대형 파리 지도는 파리 시 전체를 한눈에 볼 수 있고 어느 특정 장소가 어디쯤 위치하는가를 쉽게 파악할 수 있는 가장 일반적인 지도다. A4 크기의 종이 한 장에 파리 전체를 그린 실용적 지도는 작고 가벼워서 주머니나 가방에 넣고 다니기에 편하다. 그래서 파리에 처음 온 사람들은 지하철 노선도가 그려진 파리지하철공사RATP에서 만든 지도를 가지고 다닌다. 그런데 작게 접은 지도를 한참 가지고 다니다 보면 접힌 부분이 닳아져서 뚝뚝 떨어져 새 지도로 바꾸어야 한다. 그러나 지도는 눈에 익은 오래된 지도가 좋다. 새 지도를 보면 그 이전에 다녔던 곳의 기억이 사라지고 처음부터 다시 시작하는 느낌이 든다. 그래서 나는 『구(區)별로 보는 실용적 파리』라는, 손바닥에 들어오는 작은 지도책을 사용한다. 이 지도책은 책 이름처럼 파리의 스무개 구를, 비교적 작은 편인 1구에서 10구까지는 구 전체를 한 장에 보여주고 있고, 상대적으로 큰 편인 11구에서 20구까지는 한 구를 두 개로 나누어 보여주고 있다. 그래서 이 지도책만 있으면 길 이름과 번지수만 가지고 파리 어느 곳이나 다 찾아갈 수 있다. 파리의 신문가판대에서도 쉽게 살 수 있는 이 지도책에는 파리의 모든 거리 이름 색인과 더불어 지하철, 수도권 고속전철RER, 버스 노선표도 함께 들어 있다. 그래서 나 같은 외국 사람만이 아니라 파리지앵들도 이 지도책을 많이 가지고 다닌다. 파리 사람이라고 5,000개가 넘는 파리의 거리를 다 아는 것은 아니기 때문이다. 그리고 이 지도책은 매년 새 판이 나온다. 파리는 거의 안정된 도시이지만 그래도 매년 도시의 주변부가 조금씩 정비되면서 새로운 길들이 생기기 때문이다(최근 몇 년 사이에 13구 국립도서관 주변이 정비되면서 마르그리트 뒤라스 거리, 프랑수아즈 돌토 거리 등이 생겼지만 나는 2002년판 지도책을 그냥 사용하고 있다).

사적 체험이
담긴 지도

지도는 객관적인 장소를 감정 중립적으로 묘사하지만 지도 주인은 그 지도 위에 자신의 사적 체험을 표시하기도 한다. 친구네 집이나 찾아가야 할 기관의 위치에 볼펜 자국을 남길 수도 있고 즐겨 하는 산책로에 형광펜을 칠할 수도 있다. 나는 산책을 마치고 돌아온 날 저녁이면 내가 다닌 파리의 거리에 초록색 형광펜을 칠한다. 그래서 내 방의 벽에 붙어 있는 지도는 나에게 다른 지도가 갖지 못하는 특별한 의미를 갖는다. 내가 서울에 살 때도 파리 지도가 한 장 있었다. 아파트 문을 열고 들어가면 오른쪽 신발장 위에 유리 틀 속에 집어넣은 파리 지도가 한 장 걸려 있었는데, 이 지도는 1980년대 파리 유학생 시절 『제오GEO』라는 잡지가 파리 특집호의 선물로 제공한 것이었다. 1789년 혁명 당시의 파리 모습을 재현한 이 지도의 가장 자리에는 노트르담, 팡테옹 등 파리의 기념비적 건물들이 그려져 있었다. 2002년 내가 서울을 떠나면서 창고로 들어간 이 지도는 지금쯤 습기를 머금고 나의 눈길을 기다리고 있을 것이다. 객관적 지도는 이런저런 방식으로 감성적 지도로 바뀐다. 레오 카락스 감독이 만든 프랑스 영화 「소년, 소녀를 만나다」에 나오는 남자 주인공의 침실 벽에는 그림이 한 장 붙어 있고 그 그림 뒤에는 파리 전체 지도가 감추어져 있다. 그리고 그 지도 위의 특정 장소에는 "1978년 5월 31일 퐁네프에서 베아트리스와 첫 키스를 나누다" 등 주인공의 사적 비밀이 적혀 있다. 특정 공간 위에 시간, 인물, 사건을 기록하고 있는 그 사건사적 지도는 주인공의 개인적 삶의 비밀을 간직하고 있는 하나의 성역이다. 그래서 그 지도는 그림 뒤에 감추어져 있다.

현실과
지도

미지의 도시를 여행할 때 지도를 대하는 태도에 따라 사람을 두 가지 유형으로 구분할 수 있다. 어떤 사람은 일단 그 도시에 몸으로 부딪치고 나서 지도를 보는 사람이 있는가 하면, 어떤 사람은 사전에 그 도시의 지도를 바라보며 자신의 머릿속에 지도를 옮겨놓고 현실 속에서 지도의 모습을 확인한다. 현지 사람들에게 길을 물으며 이곳저곳을 우왕좌왕하면서 도시의 구조에 익숙해지는 방법도 좋지만, 머릿속에 도시 전체의 윤곽을 가지고 길을 떠나면 훨씬 빨리 그리고 체계적으로 그 도시와 친해질 수 있다. 언젠가 텔레비전 책 소개 프로그램에 뉴욕에서 프랑스어로 가르치는 중·고등학교를 운영하는 미국인 교장 선생님이 나와서 이야기하는 것을 본 적이 있다. 그는 어려서부터 파리를 동경했는데, 마음속으로 파리를 그리워하며 매일 파리 지도를 들여다보았다. 그래서 실제로 파리에 처음 왔을 때 이미 와본 곳 같은 느낌을 받았다고 한다. 큰 도로들의 이름을 다 알고 있어서 어디든지 쉽게 찾아갈 수 있었으며 머릿속에서 그려보던 장소들을 자기 발로 걸어 다니면서 하나하나 확인해보는 일이 너무 신기하고 재미있었다고 한다. 그런데 요즈음 나는 그 미국인 교장 선생님과 반대 방향의 작업을 하고 있다. 우선 마음 내키는 방향으로 파리를 걸어 다니고 나서 저녁에 집에 돌아와 그날 걸어 다닌 길의 위치를 파리 전체 지도 위에 초록색 형광펜을 그으며 확인하고 그 길들이 파리의 다른 길들과 어떻게 연결되는가를 알아본다. 그렇게 하다 보니까 파리의 장소들이 서로 어떻게 이어지는가를 알게 되고 한 장소에서 다른 장소로 이동하는 여러 연결 통로를 알게 되었다.

위에서 내려다본
파리

파리 걷기를 시작하기 전에 높은 장소에 올라가 파리 전체를 내려다볼 필요가 있다. 전체의 모습을 보면서 파리의 규모를 짐작하고 가고 싶은 장소들이 어디쯤에 위치하고 그 장소들이 서로 어떻게 이어지는가를 알고 나면 파리를 걷는 데 훨씬 더 자신감이 생긴다. 그러나 파리의 이곳저곳을 다니고 나서 중간 중간에 높은 곳에 올라가서 파리를 내려다보며 자기가 남긴 족적을 다시 찾아보는 것도 흥미롭다. 말하자면 높은 곳에서 파리를 처음 내려다보는 일이 예습이라면 중간 중간에 다시 높은 장소에 올라가 파리를 다시 내려다보는 일은 복습에 해당한다. 파리를 내려다볼 수 있는 가장 알려진 장소는 에펠탑이다. 그러나 표를 사기 위해 줄을 서서 오래 기다리는 일을 피하고 싶다면 퐁피두센터의 옥상에 올라가도 파리의 많은 부분을 내려다볼 수 있다. 에펠탑과 마주하고 있는 고층건물 몽파르나스 타워의 전망대에서도 파리의 전경을 즐길 수 있다. 에펠탑 다음으로 많은 사람들에게 알려진 파리의 전망대는 몽마르트르 언덕의 사크뢰 쾨르 앞에 있는 전망대다. 일직선상에 있는 개선문의 옥상과 라 데팡스의 그랑다르슈 두 군데를 올라가면 파리를 가로지르는 권력의 중심축을 내려다볼 수 있다. 노트르담 사원과 팡테옹에도 계단으로 걸어 올라가는 전망대가 있다. 퐁네프 옆에 있는 사마리텐느 백화점의 꼭대기 층에서 바라보는 파리 전망도 즐길 만한데, 지금은 안전상의 이유로 보수공사 중이라서 들어갈 수가 없다. 사람들이 많이 몰리는 곳이기는 하지만 오페라 뒤의 갈르리 라파예트와 프랭탕 백화점의 맨 위층 식당에서도 파리를 내려다볼 수 있다. 파리 5구의 센 강변에 위치한 아랍문화원 옥상의 식당에 올라가도 파리가 넓게 펼쳐진다. 특히 벨빌과 메닐몽탕 등 19구와 20구 쪽의 파리를 즐겁게 바라볼 수 있다. 다른 곳보다 덜 알려졌지만 특별한 분위기의 파리 전경을 선사하는 장소로 파리의 동북부에 위치하고 있는 벨빌 공원 위쪽의 전망대와 뷔트 쇼몽 공원의 전망대를 들 수 있다. 좀더 특별하게 파리를 내려다보려면 앙드레 시트로앵 공원에 가서 애드벌룬을 타고 하늘로 올라가는 방법도 있다.

숫자로 보는
파리

생-루이 섬 동쪽 끝에 걸쳐 있는 쉴리 다리를 건

너 센 강 우안으로 넘어가면 오른쪽에 파비용 다르스날이 있다. 이곳은 원래 무기 창고로 쓰였는데 지금은 파리 시 도시계획 전시관으로 쓰이고 있다. 비가 내리는 어느 날 오후에 그곳에 갔더니 파리 시 공간의 역사적 발전 과정을 주제로 하는 전시회가 열리고 있었다. 전시회의 제목은 '파리, 안내인과 함께하는 답사'였다. 전시장에는 파리 시내의 지형을 재현한 모형, 비디오를 동원한 거대한 공사 프로젝트 소개, 파리 시내의 역사적 발전 과정을 설명하고 있는 자료 등이 즐비하게 펼쳐져 있었다. 그 가운데 기본 수치를 통해 파리를 보여주고 있는 자료판이 나의 관심을 끌었다. 파리를 동서로 가르는 거리는 12킬로미터이고 남북으로 가르는 거리는 9.5킬로미터이다. 파리 시내를 흐르는 센 강의 길이는 13킬로미터이고 그 위에는 36개의 다리가 놓여 있다 (그중 가장 오래된 다리는 퐁네프이다. 그런데 '퐁네프'는 '새로 지은 다리'라는 뜻이다). 파리 외곽을 감싸는 순환도로의 길이는 36킬로미터이고 파리 시내 전체 도로의 길이는 1,700킬로미터이다. 파리의 전체 면적은 숲을 포함하여 105제곱킬로미터다(참고로 말하자면 서울의 면적은 606제곱킬로미터다). 파리 시는 20개의 구로 되어 있다. 센 강이 흐르는 방향을 따라 파리를 좌안과 우안으로 나누어보면 우안에는 14개의 구가 위치하며 파리 면적의 3분의 2를 차지하고 좌안은 6개의 구에 파리 전체 면적의 3분의 1을 차지한다. 파리에는 80개의 캬르티에가 있고 5,300개의 단지가 있다. 파리 인구는 212만 5천 명이고 인구밀도는 1제곱킬로미터당 2만 명으로 유럽에서 가장 높다(파리의 인구는 14세기 초에 20만 명으로 유럽에서 가장 많은 사람이 사는 도시가 되었고 16세기 초에는 30만 명이 되었다. 프랑스혁명이 일어난 1789년에 파리 인구는

60~70만이었다). 조사된 파리 인구의 국적은 200개에 가깝다. 그러니까 파리에는 세계 거의 모든 나라의 사람이 한 명 이상 살고 있는 셈이다. 파리 시내의 숲을 제외한 녹지 면적은 496헥타르이고 공원의 숫자는 크고 작은 것을 합쳐 총 450개가 넘는다. 파리 시내의 제일 높은 지점은 20구에 위치한 텔레그라프 거리 40번지인데 해발 129미터이다. 몽마르트르 언덕은 128미터, 벨빌 언덕은 115미터이다. 제일 낮은 장소는 15구의 르블랑 거리와 생-샤를 거리가 만나는 지점으로 30.50미터이다. 파리에는 4,000여 개의 공공건물과 300여 개의 공공유아원이 있고 360개의 체육시설과 1,200여 개의 학교가 있다. 실내수영장은 34개 있고 180개의 실내체육관이 있다. 그리고 64개의 시립도서관이 있다. 14개의 지하철 노선이 있고 버스노선은 60개 가까이 된다.

파리의 '캬르티에'

　　　　　　　　파리 사람들이라고 파리 시내 전체를 활보하며 사는 것은 아니다. 주로 자기가 사는 동네와 직장 부근을 오가는 단순한 생활을 한다. 파리 시는 20개의 행정구역으로 나뉘어 있지만 파리 사람들의 생활 단위는 80여 개의 캬르티에로 구별된다. 하나의 구 안에 서너 개의 캬르티에가 있지만 캬르티에 라탱이나 마레같이 하나의 캬르티에가 몇 개의 구에 걸쳐 있는 경우도 있다. 캬르티에는 빵집과 치즈 가게, 과일 가게와 식료품 가게, 정육점과 식당, 문방구와 신문 가게, 학교와 도서관, 시장과 카페, 우체국과 은행, 병원과 공원, 성당과 파출소, 도서관과 운동장 등으로 구성되는 생활공동체다. 몽테뉴는 파리를 통해서 자신이 프랑스 사람임을 느낀다고 말했지만 파리 사람들은 오랜 세월에 걸쳐 자연스럽게 형성된 일상의 생활권인 꺄르티에를 통해서 스스로를 파리 사람이라고 느낀다. 그곳에는 공동의 체험이 있고 공동의 기억이 있으며 함께 겪은 사건과 축제가 있다. 꺄르티에는 동네 어린아이들이 부모의 허락 없이 함부로 넘어설 수 없는 상상의 경계선이기도 하다. 파리를 구성하는 80여 개의 꺄르티에는 서로 다른 고유한 분위기와 특색을 간직하고 있다. 그래서 대부분의 파리 사람들이 자기가 사는 꺄르티에에 자부심을 가지고 있다. 15구 자벨 거리에 사는 카트린 클레망이 자기 꺄르티에가 제일 좋다고 말하면 20구 강베타에 사는 올리비에 프레스는 자기 꺄르티에가 제일 좋다고 응수한다. 5구 몽주 거리에 사는 미셸 비비오르카는 자기 꺄르티에가 세상에서 가장 살기 편한 곳이라고 생각하며 25년 넘게 살고 있는데, 9구 라마르틴 거리에 사는 노엘-장은 그 꺄르티에가 좋아 35년째 같은 집에 살고 있다. 그런 꺄르티에들이 합쳐서 하나의 구가 되고 20개의 구가 모여 파리 시를 이룬다.

길 그리고
강과 운하

파리의 플롱 출판사에서 나오는 책 가운데 『사랑스러운 무슨무슨 사전』이라는 시리즈가 있다. 알파벳 순서로 항목을 정하고 그에 대한 객관적 정보와 자기의 느낌을 써넣은 방식의 책이다. 언젠가 나는 그 괄호 속에 파리를 집어넣어 나 나름대로 『사랑스러운 파리 사전』을 하나

쓰고 싶다. 그렇다면 어떤 항목들을 집어넣을 것인가? 나는 그 사전에 나의 주요 산책 코스들이며, 파리의 숨겨진 매력을 느낄 수 있는 장소들에 대한 항목을 많이 집어넣고 싶다. 센 강과 그 위의 다리들, 파리의 공원들과 매력적인 길들, 자유로운 광장들, 성당들, 박물관과 미술관, 공공조각, 병원과 묘지, 파리의 초·중·고등학교와 대학교, 우체국, 지하철, 기차역, 버스정거장, 성곽의 흔적, 광고판, 운하 등이 그 사전에 들어갈 것이다. 각각의 항목을 쓰기 위해서는 파리의 길들을 수없이 많이 걸어야 할 것이다.

  길을 떠나기 전에 다시 내 책상 앞의 파리 전체 지도로 시선을 옮겨보면 어느 도시나 그렇듯이 파리에는 5,000개가 넘는, 거미줄 같기도 하고 실핏줄 같기도 한 수많은 길들이 동서남북으로 달리고 있다. 파리에서 가장 긴 길은 소르본 광장 길 건너편에서 시작하여 15구의 끝으로 이어지는 4.3킬로미터의 보지라르 거리다. 파리에서 가장 오래된 길은 파리 5구의 생-자크 거리다. 이 길은 고대로부터 파리의 발상지인 시테 섬과 좌안을 남북의 방향으로 연결해주는 간선도로였다. 오늘날 파리의 남북 중심축은 생-미셸 거리이고 동서 중심축은 리볼리 거리다. 그래서 그 두 대로에는 언제나 차량이 가장 많이 몰린다. 파리 중심부에는 밀집된 좁은 길들이 지도를 촘촘하게 수놓고 있다. 내 방의 벽에 붙여놓은 지도의 바탕색은 노란색이고 지도의 중심부를 지나가는 센 강은 하늘색으로 칠해져 있다. 그런데 지도의 동북쪽에 센 강과 마찬가지로 푸른색을 칠한 부분이 보이는데, 이곳은 파리와 파리 북동쪽 지방을 이어주는 운하다. 기차나 자동차를 통한 육로 수송이 발달하지 않았을 때 노르망디를 비롯한 파리 북쪽과 동쪽 지방의 농수산물을 파리로 운송하기 위해 인위적으로 조성한 물길이다. 파리 12구의 바스티유에서 레퓌블릭 광장 부근까지 지하로 몸을 감춘 물길은 생-마르탱 운하를 거쳐 19구에 도달해 시원하게 펼쳐진 라 빌레트 저수조에서 몸을 푼 다음 우르크 운하를 한참 달리다가 라 빌레트 공원 앞에서 두 갈래로 갈라진다. 우르크 운하는 계속해서 동쪽으로 진행되는 반면 왼쪽으로 갈라진 생-드니 운하는 북쪽으로 머리를 돌린다.

공원과 묘지
그리고 감옥

　　　　　　　　내 방 벽의 지도 위에는 초록색으로 칠해진 부분들이 있다. 쉽게 예상할 수 있듯이 그곳은 녹지를 뜻한다. 흔히 파리는 두 개의 허파를 가지고 있다고 말하는데, 그것은 파리 서쪽에 붙어 있는 불로뉴 숲과 동쪽에 인접해 있는 뱅센 숲을 뜻한다. 파리 시내로만 치자면 우안 중심부에는 튈르리 공원과 팔레 르와얄 공원이 있고 좌안 중심부에는 뤽상부르 공원과 자르뎅 데 플랑트(식물원) 공원이 있다. 지도 위에는 아주 큰 직사각형의 녹지 세 군데가 보인다. 그 가운데 엥발리드의 에스플라나드와 에펠탑이 서 있는 샹 드 마르스 공원, 튈르리 공원은 잘 알려진 반면에 12구의 베르시 공원은 덜 알려져 있다. 개선문에서 콩코르드 광장으로 이어지는 샹젤리제 거리 중간의 롱푸엥 아래쪽 거리 양편에도 공원이 조성되어 있다. 인간에게는 때로 탁 트인 공간을 바라보고 싶은 욕구가 있는데, 파리의 이 거대한 녹색 공간들은 푸른 하늘을 마음껏 바라볼 수 있는 장소다. 센 강 좌안의 외곽에는 14구의 몽수리 공원, 15구의 브라생스 공원, 앙드레 시트로앵 공원 등이 넓은 자리를 차지하고 있다. 센 강 우안에는 8구의 몽소 공원, 19구의 뷔트 쇼몽 공원과 라 빌레트 공원, 20구의 벨빌 공원 등이 자리하고 있다.

지도 위의 녹색 공간이 공원과 정원들이라면, 그것들과 조금 다르게 녹색 바탕에 작은 흰색 십자가들이 그려져 있는 부분들이 여럿 있다. 그곳은 파리 시내의 공동묘지들이다. 정원이 일시적으로 휴식을 취하는 곳이라면 묘지는 영원히 휴식을 취하는 장소다. 원래 묘지는 사람들이 모여 사는 도시 외곽에 있는 것이 보통이다. 파리 시내 안 곳곳에 공동묘지들이 당당하게 자리 잡고 있음은 파리가 센 강의 시테 섬을 기점으로 동심원을 이루며 확장해온 역사를 말해준다. 그러니까 현재 공동묘지들이 있는 장소는 파리 밖의 마을들이었는데 1860년 파리가 확장되면서 파리로 편입된 지역들이다. 마을 묘지들이 파리 시의 묘지가 된 것이다. 당페르-로슈로에는 두개골과 흰 뼈가 그대로 저장되어 있는 으스스한 거대한 지하묘지도 있다. 아무튼 도시 안의 묘지들이 철거되거나 이전되지 않고 그대로 남아 공원의 기능을 하고 있는 모습이 신기하다. 파리 시내에서 가장 큰 묘지인 페르 라쉐즈 묘지는 20구에 있고 그다음으로 큰 몽파르나스 묘지는 14구에 있으며 16구에는 파시 묘지, 18구에는 몽마르트르 묘지가 있다. 파리를 근교와 갈라놓는 외곽 순환도로와 접해 있는 공동묘지도 여러 개 있다. 북쪽 경계선에는 바티뇰 묘지가 있고 남쪽 경계선에는 장티 묘지와 몽루즈 묘지 등이 있다.

사람이 사는 곳에 범죄가 있고 죄수를 가두는 감옥이 있기 마련이다. 그러나 감옥은 보통 눈에 잘 띄지 않는 구석진 곳에 위치한다. 도시가 커지면서 도심에 위치한 감옥은 지방이나 교외로 이전시키는 것이 보통이다(6구의 라스파이 거리에 있던 군대감옥 자리에는 사회과학 고등연구원이 들어섰고 11구의 로케트 거리에 있던 여성 전용 감옥은 공원으로 전환되었다). 그런데 내 방에 붙어 있는 지도를 보면 파리 14구의 아라고 거리와 상테 거리가 만나는 곳에 커다란 감옥이 하나 나온다. 상테 감옥이다. 실제로 그곳에 가보면 높고 두꺼운 방벽을 친 거대한 항공모함 같은 감옥이 버젓이 자리를 잡고 있다. 감옥은 묘지와 더불어 일상의 의식을 흔들어놓는 장소다. 특히 비오는 가을날 낙엽이 떨어진 아라고 거리를 걷다 보면 높은 벽 건너편의 철장 안에 웅크리고 앉아 있을 사람들의 모습이 떠오르면서 묘한 느낌이 든다. 감옥과 묘지는 자유롭게 파리의 거리를 걷고 있는 나의 삶을 다시 생각해보게 만든다.

파리의
성당들

파리 곳곳에 있는 중요한 장소로 성당을 빼놓을 수 없을 것이다. 내 책상 앞 파리 지도 위에 표시된 성당 건물들에는 검은색으로 큰 십자가가 그려져 있다. 파리가 프랑스의 수도이고 프랑스가 10세기 이상 가톨릭 국가였다는 사실을 기억한다면 파리에 성당이 많다는 사실은 놀랄 일이 아니다. 시테 섬의 노트르담 성당과 몽마르트르 언덕의 사크레 쾨르 성당은 파리의 상징이다. 프랑스혁명과 파리코뮌을 거치면서 파리의 성당들의 일부가 파괴되는 불운의 역사를 겪었지만 파리에는 아직도 가톨릭의 성소들이 즐비하다. 19세기 말 제3공화정 시기에 가톨릭을 상징하는 성당 건물에 맞서 공화국 정신을 상징하는 근사한 구청들이 지어졌다. 그러나 1구에서 20구까지 구마다 구청은 하나지만 성당은 여러 개가 있으며 역사적 전통과 건축사적 의미 그리고 파리의 분위기를 만드는 데 기여하는 정도에서 구청은 성당에 비교가 되지 않는다. 파리 중심에는 1구 생-토노레 거리의 생-로슈 성당, 2구의 노트르담 드 빅투아르 성당, 4구의 시청 건물 뒤의 생-제르베 성당과 생-앙투안 거리의 생-폴 성당, 5구의 팡테옹 뒤의 생-에티엔 뒤 몽 성당, 생-자크 뒤 오 파 성당, 발 드 그라스 성당, 6구의 생-제르맹-데-프레 성당과 생-쉴피스 성당, 7구의 생트-클로틸드 성당, 8구의 생-오귀스탱 성당, 9구의 생트-트리니테 성당, 10구의 생-뱅상 드 폴 성당 등이 있다. 물론 11구에서 20구까지의 변두리 지역에도 수많은 성당들이 자리 잡고 있다. 성당은 각 캬르티에의 분위기를 만드는 중요한 장소들이다. 왜냐하면 성당은 탄생과 결혼과 사망이라는 인생의 중요한 순간들을 의미 있게 만드는 장소였으며, 일요일마다 가는 성당 주변에는 언제나 시장과 카페와 식당들이 몰려 있기 때문이다. 그래서 프랑스혁명 이후 가톨릭교회의 영향력은 줄어들었지만 도시 공간 속에 스며든 가톨릭교회의 힘은 사라지지 않고 있다.

병원과
학교

노란색 바탕의 지도 위에 바탕색보다 더 진한 노란

색을 칠한 부분들이 여러 곳 있다. 이곳들은 공공성을 띤 중요한 건물들이다. 인간답게 사는 일의 기본이 교육을 받는 일과 아플 때 치료 받는 일이라고 할 때, 병원과 학교가 도시 공간에서 어디에 위치하고 얼마만큼 분포되어 있는가를 아는 것은 그 도시의 삶의 질을 재는 중요한 척도 가운데 하나가 될 수 있다. 파리에는 병원과 학교가 차지하는 공간 비율이 높다. 지도에서 보면 진한 노란색 바탕에 갈색 십자가가 들어 있는 공간이 나오는데, 이곳들이 바로 아플 때 치료 받고 쉬는 병원들이다. 시테 섬의 오텔 디외에서 시작하여 좌안에는 생탄 병원, 살페트리에르 병원, 코생 병원, 생-베르나르 병원, 네케르 아동병원, 발 드 그라스 병원 등 총 32개의 병원이 있다. 우안은 좌안에 비해 병원이 적은 편인데 생-루이 병원과 라리부아지에르 병원, 로베르 드브레 병원 등이 있다. 진한 노란색 바탕의 공간에는 소르본 대학과 콜레주 드 프랑스 등을 비롯한 대학과 앙리 4세 중·고등학교, 루이 르 그랑 고등학교, 몽테뉴 고등학교, 콩도르세 고등학교, 장송 드 사이 중·고등학교 등을 비롯한 중·고등학교들과 동네마다 있는 초등학교 건물을 포함하는 수많은 교육기관들도 자리하고 있다. 지도에는 나와 있지 않지만 초등학교 근처나 공원 근처에는 유아들을 위한 공공탁아소들이 있다.

권력과 문화의
장소들

병원·학교와 더불어 진한 노란색 바탕의 많은 부분을 차지하고 있는 공간이 대통령 관저인 엘리제 궁, 국무총리 관저인 오텔 마티뇽, 케도르세로 불리는 외무부, 내무부, 국방부, 교육부, 노동부, 해양부 등의 정부 부처들이다. 파리는 프랑스를 다스리는 권력이 집중된 장소다. 권력의 장소들은 시내 중심부인 7구와 8구에 모여 있다. 12구 센 강변에 새로 건물을 지어 이사한 재정경제산업부는 예외에 속한다. 하원과 상원, 파리 시청과 스무 개의 구청들도 같은 노란색으로 표시되어 있다. 권력기관과 똑같이 진한 노란색을 칠한 부분에는 문화공간들이 넓게 자리 잡고 있기도 하다. 엥발리드, 팡테옹, 에콜 밀리테르, 그랑 팔레, 프티 팔레, 트로카데로 궁전, 아르쉬브 나시오날 등의 기념비적 건물들이 보이고 퐁피두센터, 루브르 박물관, 오르세 박물관, 코메디 프랑세즈, 오페라, 국립도서관, 파리 엑스포 전시장 등의 문화공간들도 있다. 파리에는 1,800여 개의 문화재, 170여 개의 박물관, 145여 개의 연극공연장, 380여 개의 영화관이 있다.

기차역과
성문 밖

           내 방 벽에 붙어 있는 파리 지도를 주의 깊게 바라보면 검은색으로 가장자리를 돌린 부분이 나온다. 파리의 기차역들이다. 파리에는 모두 일곱 개의 기차역이 있다. 우안에는 북역과 동역, 리옹 역, 생−라자르 역, 베르시 역이 있고 좌안에는 몽파르나스 역과 오스테를리츠 역이 있다. 지도 위에는 기차역에서 나오는 여러 갈래의 철로가 검은색으로 그어져 있다. 역에서 나온 철도는 파리의 교외를 지나 전국으로 펼쳐진다. 특히 파리 10구는 동역과 북역 두 개의 역에서 흘러나오는 철로들로 혼잡스럽다.

직사각형 파리 지도의 가장 자리에는 파리를 둘러싸는 파리 교외의 마을들의 이름이 적혀 있다. 부유층 밀집 지역인 불로뉴 숲 옆의 뇌유에서 시작하여 시계 방향으로 돌면서 르발루아-페레, 클리시, 생-캉, 생-드니, 오베르빌리에, 팡탱, 르 프레-생-제르베, 레 릴라, 바뇰레, 몽트뢰이, 뱅센 숲에 붙은 생-망데, 샤랑통 등이 센 강 우안에 위치하는 교외라면, 강을 건너 좌안에는 장티, 몽루주, 말라코프, 방브, 이시-레물리노 등이 있고 다시 센 강을 넘으면 불로뉴-비앙쿠르다. 파리와 인접해서 파리와 같은 생활권을 이루는 교외의 마을들은 과거에 성벽이었던 경계선을 허물고 새로 지은 외곽도로에 의해 파리 시와 물리적으로 확실하게 구별된다. 파리의 '인트라 무로스' 성안에 사는 사람을 '파리지앵'이라고 부른다면 성문 밖의 교외에 사는 사람들은 '방리외자르'라고 부른다. 2005년 가을, 파리 교외에서 일어난 대규모 폭동 사건은 두 지역 사이의 현저한 차이를 웅변적으로 보여주었다.

파리를 감싸는
성곽의 역사

모든 위대한 작품은 하루아침에 이루어질 수 없다. 위대한 도시야말로 지속적 노력과 다양한 경험의 누적을 통해 만들어진다. 도시는 가장 대규모로 가장 오랜 기간 동안 만들어지는 종합예술이며 고정되지 않고 계속 변화를 경험하는 살아 있는 작품이다. 오래된 역사적 건물과 기념비들이 많아서 파리 자체가 하나의 박물관이라는 말도 있지만 파리는 진열장 속에 박제된 답답한 폐쇄형 박물관이 아니라 계속 작은 변화를 거듭하는 살아 움직이는 개방형 박물관이다. 파리에는 세기를 달리하는 다양한 시대의 건물들이 공존한다. 서로 다른 시간대의 서로 다른 모습의 건물들이 모여 하나의 도시를 이루고 있다. 각각의 건물들이 자유를 누리면서 동시에 질서를 만드는 공간이 파리다. 파리의 역사는 센 강에 떠 있는 시테 섬에서 시작되었다. 그곳에서 시작하여 파리는 센 강 좌안의 라탱 구역과 생-제르맹-데-프레, 센 강 우안의 루브르와 튈르리 공원 쪽으로 넓혀졌다. 센 강 우안이 옛 그레브 광장을 중심으로 한 시청과 루브르에서 튈르리로 이어지는 권력의 장소였다면 센 강 좌안은 소르본 대학을 중심으로 한 학생들과 젊은이들의 활동 근거지와 생-제르맹-데-프레 수도원과 생트-즈느비에브 수도원 등 가톨릭교회의 거점이 되었다. 파리에서 가장 오래된 도시의 흔적은 로마시대의 유적이다. 파리 5구 생-미셸 거리의 공중목욕탕과 몽주 거리의 뤼테스 원형경기장은 그 대표적인 흔적이다. 팡테옹 앞의 수플로 거리는 지금은 사라진 로마시대 포럼이 있던 장소다.

파리 도시 공간의 형성과 발전과정을 알려면 파리를 둘러싸는 성곽 건립의 역사를 알아야 한다. 중세시대 봉건 영주들 간의 전쟁이 심했던 유럽의 도시들은 대부분 방어용 성곽으로 둘러싸여 있다. 파리도 성곽으로 둘러싸인 도시였기 때문에 파리 밖에서 파리로 들어오기 위해서는 성문(포르트)을 통과해야 했다. 그래서 오늘날의 파리 경계선에는 동쪽의 포르트 드 바뇰레, 서쪽의 포르트 도핀, 남쪽의 포르트 도를레앙, 북쪽의 포르트 드 클리시 등 여러 곳의 지명에 포르트(성문)라는 지칭이 남아 있다. 서양의 중세도시가 방어를 위해 쌓은 성벽으로 외부와 차단되어 있음은 유럽의 중세도시를 다녀보면 금방 알 수 있다. 물론 중세 이전에도 성벽이 있었다. 파리에도 시테 섬에 고대 성벽의 흔적이 남아 있다. 시테 섬 안의 첫번째 성벽은 3세기에 건립되었고 두번째 성벽은 9세기에 건립되었다. 그러나 시테 섬을 넘어 센 강 좌안과 우안의 여러 지역을 포함하는 대규모의 첫번째 성곽은 1190년에서 1213년 사이에 건립되었다. 루이 필리프 왕 시대에 방어를 목적으로 쌓은 이 성곽에는 군데군데 39개의 망루가 있었다. 성벽은 센 강 우안에는 에티엔 마르셀 거리를 경계로 하고 있고 좌안에는 뤽상부르 공원을 경계로 하고 있었다. 5구의 팡테옹 뒤의 클로비스 거리나 4구의 샤를마뉴 거리를 걷다 보면 이 성곽의 일부와 망루가 남아 있다. 이후 14세기에 들어서 샤를 5세가 파리 생-드니 문을 기점으로 하여 동쪽으로는 바스티유 광장을 거쳐 아르스날에 이르는 성벽을 쌓았고 16세기에 들어서 루이 13세는 생-드니 문에서 콩코르드 광장에 이르는 지점에 성벽을 쌓았다. 샤를 5세와 루이 13세가 지은 성벽은 모두 센 강 우안에 축조한 것인데 이후 파리는 좌안보다 우안 쪽이 더 넓은 부분을 차지하게 된다. 지금도 성벽은 없어졌지만 2구와 10구의 경계선에 서 있는 생-드니 문과 생-마르탱 문 근처를 가보면 주변의 가게들과 지나다니는 사람들의 모습에서 성문 밖 분위기가 풍긴다. 오랫동안 만들어진 도시의 분위기는 쉽게 사라지지 않는 모양이다. 그래서 보이는 성곽은 사라졌지만 보이지 않는 생활상의 성곽과 성곽의 심리적 효과는 여전히 작동하고 있다.

위에서 말한, 세 번에 걸친 성벽 건립이 모두 군사적 방어를 목적으로 한 것이었다면, 18세기 말 프랑스혁명 직전에 지어진 파리를 둘러싸는 성벽은 세금 징수를 위한 것이었다. 이 성벽은 개선문이 있는 에트왈 광장에서 북쪽으로는 클리시와 벨빌을 지나 나시옹 광장으로 이어지고 남쪽으로는 당페르-로슈로 광장과 이탈리아 광장을 거쳐 다시 나시옹 광장으로 이어진다. 이 거대한 성벽 건립으로 인트라 무로스 파리의 규모는 이전보다 훨씬 커졌다. 지방에서 파리로 들어오는 모든 물건에 세금을 징수하던 성벽에 붙어 있던 세관 건물들이 나시옹 광장과 당페르-로슈로 광장, 스탈린그라드 광장, 몽소 공원 입구 등에 남아 있다. 이후 1841년에서 1844년 사이에 또 한 번의 대규모 성곽 공사가 있었는데 이 방어용 성곽이야말로 오늘날 파리를 교외와 가르는 경계선이 되었다. 성곽 건설의 주창자인 당시의 수상 이름을 따서 '티에르의 성곽'이라고 불리는 이 방어용 성곽은 18세기 말 세금 징수를 위해 건설된 성곽 주위로부터 최소 1킬로미터에서 최대 3킬로미터까지 확장되어 있다. 티에르 성곽의 건립으로 파시, 오퇴이, 몽소, 몽마르트르, 라샤펠, 라 빌레트, 벨빌, 메닐몽탕, 바티뇰, 베르시, 보지라르, 그르넬 등의 파리 외곽의 마을들은 티에르 성곽과 세금징수 성곽 사이에 낀 상태로 있다가 1860년 파리시로 병합되었다. 대포의 발명으로 더 이상 군사적 가치가 없게 된 티에르 성곽은 1차대전이 끝난 이후 1919년에 철거되었고, 그 자리에는 파리를 둘러싸는 공원이 조성될 예정이었으나 계획대로 되지 못하였다. 16구 쪽의 성곽은 모두 공원으로 전환되었지만 나머지 구의 대부분의 지역에는 공원과 더불어 저렴한 가격의 공동주거 아파트가 조성되었고 14구에는 1920년대 말에 국제대학생기숙사인 '시테 유니베르시테르'가 조성되었다.

순환열차의 궤적과
외곽 순환도로

성곽은 아니지만 파리 가장자리 전체를 한 바퀴 빙 도는 순환열차도 어떻게 보면 성곽과 같은 형태를 취하고 있었다. 오늘날 13 구에서 20구에 이르는 파리의 주변부들을 다니다 보면 복개되지 않고 개방된 지하에 버려진 철도길이 눈에 들어온다. 1850년대 말에 만들어진 파리 순환 열차의 궤도인데, 파괴하지 않고 그냥 방치해두어서 세월의 녹이 슬어 있다. 17구에 있는 페레르 거리에만 예외적으로 이 지하 철도를 복개하여 공원을 만 들어놓았다. 지금은 순환열차가 없어진 대신 프티트 생튀르Petite Ceinture(작 은 허리띠)라고 부르는 파리의 가장자리를 세 개의 구역으로 나누어 페세(페 세PC는 프티트 생튀르의 약자다)라는 이름의 버스가 다닌다. 17구의 포르트 드 샹페레에서 12구의 포르트 드 샤랑통 사이가 페세 1번 노선이고, 13구의 포르트 디탈리에서 19구의 포르트 드 라 빌레트 사이가 페세 2번 노선이며, 19구의 포르트 데 리라에서 17구의 포르트 마요 사이가 페세 3번 노선이다. 페세 노선 세 개를 타보면 파리의 규모를 알 수 있으며 그와 동시에 파리와 파리 교외를 나누는 경계선 부근의 분위기를 느낄 수도 있다.

순환열차의 궤적과 더불어 파리 외곽순환도로도 성곽의 구실을 한다. 1950년대 이후 자동차가 기하급수적으로 증가함에 따라 대도시의 교통체계 를 효율화하는 방안으로 제시된 것이 외곽순환도로다. 1973년에 완공되어 페세 노선과 나란히 파리 시를 감싸는 파리 외곽순환도로는 파리와 파리 바깥을 가르는 마지막 성곽이라고 할 수 있다. 최근에 사르코지 대통령은 파리 교외를 파리에 편입시켜 파리를 거대도시화하는 방안을 모색하기 위해 특무 차관을 임명했는데, 정부 안팎의 공적 토론을 거쳐 그 방안이 현실화된다면 지금까지 존재한 성곽의 규모와는 다른 또 하나의 보이지 않는 성곽이 만들 어질지도 모른다.

파리, 19세기의 수도

　　　　　　최근에 누군가가 파리를 '21세기의 박물관'이라고 말했지만 파리는 기본적으로 '19세기의 수도'다. 보들레르와 발자크, 플로베 르와 졸라의 작품에 그려진 파리가 19세기의 파리다. 오늘날까지 지속되고 있는 파리의 기본 구조는 1850년대와 1860년대에 걸쳐 실시된 도시계획으로 이루어졌다. 19세기 중·후반 근대적 파리가 탄생하는 과정의 중심에 오스만 남작이 있다(그의 동상은 오스만대로 끝자락에 서 있다). 나폴레옹 1세의 조카 였던 나폴레옹 3세는 1830년대와 1840년대 런던 망명 시절에 파리 지도를 앞에 놓고 파리를 새롭게 만드는 구상을 했다고 하는데, 1852년 쿠데타로 황 제가 된 이후 그 구상을 현실로 바꾸어놓을 사람으로 오스만 남작을 지명하 였다. 나폴레옹 3세와 오스만 남작의 만남은 파리의 변화에 결정적인 만남이 었다. 나폴레옹 3세의 통치기인 1852년에서 1870년에 이르기까지 오스만의 지휘하에 이루어진 파리의 변모는 파리가 생긴 이후 가장 큰 규모의 변화였 다. 그것은 중세도시로부터 근대도시로의 탈바꿈이었다. 오스만은 파리를 보행자를 위한 도시에서 마차를 위한 도시로 변모시켰다. 비좁은 골목길과 비위생적인 주거들이 사라지고 불바르 생-제르맹, 뤼 드 리볼리, 불바르 몽파르나스, 불바르 생-미셸 등 동서와 남북을 가로지르는 직선의 대로들이 만들어졌다. 파리 곳곳에 있던 옛 자취들이 무리한 방식으로 철거되면서 파리는 점차 오늘날의 파리의 모습으로 변화되었다. 아직도 파리 곳곳에는 대로를 만들면서 강제로 잘린 건물 벽들의 흔적이 남아 있다(보기를 들자면 지하철 4번선 생-제르맹-데-프레 역을 나오면 생-제르맹 성당 채플의 벽이 잘린 모습을 볼 수 있다). 그 결과 비위생적이고 우범자들이 우글거리던 장소들이 제거되었다. 오스만은 길과 길들이 만나는 곳에 광장을 만들었다. 에트왈, 콩코르드, 레퓌블릭, 바스티유, 나시옹, 당페르-로슈로, 이탈리아 등의 이름을 가진 대규모 광장들로부터 여러 갈래의 길이 방사선처럼 퍼져나갔다. 오스만의 도시 미학은 쭉쭉 뻗어나가는 전망이 있는 대로였다. 파리의 동서를 가르는 리볼리 거리와 남북을 가르는 생-미셸 거리는 그의 작품이다. 그 밖에도 마장타 거리, 볼테르 거리, 말제브르 거리, 라 파예트 거리 등 파리의 직선도로는 거의 모두 그가 밀어붙여 만든 길들이다. 오스만은 대로 양편의 건물 양식에도 규칙을 만들어 강제했다. 그래서 돌을 다듬어 지은 7층 건물에 3층과 5층은 긴 베란다로 장식되어 있고 마지막 층은 아연으로 만든 경사진 회색 지붕에 수직의 창문이 밖으로 돌출해 있는 건물을 오스만 양식이라고 부른다(그러나 파리의 오스만식 건물들은 통일성에도 불구하고 다양성을 갖는다. 파리의 건물들은 오스만이 강제한 기본적 규칙을 지키면서 지붕의 경사도, 베란다의 창살, 덧문과 대문의 모양, 건물 외벽의 장식 등이 모두 다르기 때문이다). 오스만의 도시계획은 대로 만들기에 끝나지 않았다. 그는 조경사 알팡을 시켜 파리 곳곳에 새로운 공원들을 조성했다. 중국 정원에서 보는 기암과 영국식 정원에서 보는 완만한 풀밭 언덕, 연못과 호수 등이 있는 몽소 공원, 뷔트 쇼몽 공원, 몽수리 공원 등이 모두 그 시기에 조성된 대표적 공원들이다. 파리 전체에 통일성을 부여하는 일관된 모습의 가스등, 작은 분수대, 신문 가판대, 벤치, 공연 안내 기둥들도 그 시기에 설치되었다(그것들은 모두 똑같이 짙은 초록색으로 칠해져 있다. 파리에서 초록색은 공공 서비스의 상징이다). 하수도 시설이 정비되고 상수도 시설이 확장되었다. 그렇게 해서 오래된 파리가 사라지고 근대성의 수도로서의 파리가 만들어졌다. 이후의 파리는 오스만이 만들어놓은 기본 틀 위에서 변화를 경험한다. 발터 벤야민에서 시작해서 미셸 푸코에 이르는 비판적 지식인들은 오스만의 도시계획이 프랑스혁명 이후 폭동과 소요의 중심이 된 파리를 권력의 입장에서 통제하기 위한 목적으로 이루어진 것으로 평가한다. 거미줄같이 복잡한 골목길로 흩어지는 군중들을 통제하는 방법은 미로를 없애고 대로를 건설하는 일이었다는 것이다. 겉으로 내세운 대로 건설의 목표는 비좁고 비위생적이고 불편한 파리를 개방적이고 위생적이고 편리한 도시로 만드는 것이었지만, 실질적으로는 파리 시민들에 대한 일상적 감시의 효율을 높이고 신속하고 용이하게 폭동을 진압하기 위해서였다는 것이다. 오스만 이전의 '오래된 파리'를 그리워하는 사람들은 오스만의 도시계획은 기억으로 가득 차 있으며 다양한 모습의 매력적 파리를 파괴했고 그 결과 파리는 영혼이 없는 도시가 되었다고 한탄한다. 그러나 이런 부정적 평가들에도 불구하고 오스만의 도시계획이 파리를 중세도시에서 근대

도시로 변모시켰음은 부인할 수 없는 사실이다.

파리 지하철의 역사

　　1897년에 시작된 파리 시내 지하철 건설 공사는 파리의 모습을 다시 한 번 바뀌게 했다. 마차와 기차, 전차가 공존하던 19세기 후반 파리의 공공 교통체계는 지하철의 등장으로 큰 변화를 겪게 된다. 당시 파리 시내는 파스칼이 처음 고안했다는 말이 끄는 합승버스, 파리 외곽을 도는 순환열차, 시내를 다니는 전차들이 뒤범벅이 되어 이동이 원활하지 않았다. 그래서 체증이 없는 지하로 다니는 철도 공사가 시작된 것이다. 먼저 파리의 동서를 가로지르는 지하철 1번 선과 파리의 동서를 활 모양으로 이어주는 우안의 2번 선과 좌안의 6번 선이 만들어졌다(2번 선과 6번 선은 지하로 다니는 구역이 반이고 공중으로 다니는 구역이 반이다. 이미 있는 대로 위의 공중으로 다니는 지하철 구간 건설은 건설비용과 공사 기간을 줄이기 위한 방안이었다). 그러고 나서 센 강을 지하로 통과해 파리의 남북을 이어주는 4번 선이 만들어졌다. 파리의 지하철은 이렇게 네 개의 노선이 기본을 이루고 이후 여기에 열 개의 노선이 더해져 총 열네 개 노선에 300여 개의 역을 갖춘 거미줄 같은 연결망이 되었다. 지하철역과 역 사이의 거리는 500미터 정도다. 지하철은 파리의 도로체계를 모르는 사람들에게 한 장소에서 다른 장소로 가장 빠르게 이동할 수 있는 방법이 되었다.

20세기 후반
파리의 변모

　　　　　　요즈음은 디지털 카메라의 등장으로 사진 앨범이 사라지고 있지만, 오래된 개인 앨범을 넘기다 보면 어린 시절의 모습을 보여주는 빛바랜 흑백 사진에서 시작하여 최근의 모습을 보여주는 천연색 사진으로 끝난다. 앨범을 들여다보노라면 어린 시절은 아주 천천히 지나가지만 현재로 올수록 시간이 빨리 지나감을 느끼게 된다. 그런데 파리를 걷다가도 사진 앨범을 넘기는 듯한 느낌을 받을 때가 있다. 고대 로마 시대에 지은 공중목욕탕과 뤼테스 경기장의 잔해에서 시작하여 노트르담 사원과 팡테옹을 지나 퐁피두센터와 케브랑리 박물관에 이르는 긴 건축의 역사가 펼쳐지는데 고대에서 시작하여 중세까지의 시간은 천천히 흐르다가 17세기 이후 점점 속도가 붙기 시작한다. 그러다가 20세기에 들어서면 변화의 속도가 갑자기 빨라진다. 20세기가 시작되는 1900년 바로 그해에 세계만국박람회를 위해 엥발리드 앞의 에스플라나드와 알렉상드르 3세 다리, 그랑 팔레와 프티 팔레가 건설되었다. 대규모의 기념비적 건물만이 아니라 주택가에도 변화가 일어났다. 양차 대전 사이에는 그때까지도 듬성듬성 빈자리가 남아 있었던 주택가의 거리들에 건물들이 빼곡하게 들어찼다. 1930년대에는 파리 외곽의 성곽이 해체된 자리에 주택난을 해결하기 위해 갈색 벽돌로 지은 공공주거 건물들이 들어섰다.

　　2차대전 이후 파리는 그 이전 어느 시절보다도 급속하고 엄청난 변화를 겪었다. 자동차 수의 증가가 변화의 가장 큰 원인이었다. 1960년대 후반에서 1970년대에 이르기까지 퐁피두 대통령 시절 파리는 급속하게 자동차를 위한 도시로 변모했다. 센 강 좌우안을 달리는 강변도로가 개통되고 인도는 줄어들고 차도가 늘어났다. 파리 시내 곳곳이 자동차의 원활한 소통을 위해 재정비되었다. 대로변은 자동차들의 주차장이 되었고 시내 곳곳에 차들이 몰리는 장소에는 지하주차장도 설치되었다. 모든 차가 시내 중앙을 통과하는 것을 막고 교통 순환을 원활하게 위해 1960년에 시작한 파리 외곽순환도로 건설이 1973년에 완성되었다.

1968년 5월운동 이후 새로운 도시 건설을 위한 유토피아적 꿈들이 용솟음치면서 도시문제는 비판적 사회과학의 중심 주제가 되었다. 자본주의적으로 재편된 도시 공간의 질서를 비판하고 루이 14세에서 나폴레옹 3세를 거쳐 드골과 퐁피두 대통령 시기에 이르기까지 프랑스의 권위주의적 권력체제가 만들어놓은 도시의 질서에 자유의 분위기를 불어넣을 필요가 있었다. 그래서 전통의 계승보다는 전통과의 단절 그리고 새로운 미래 창조가 강조되었다. 파리의 거대한 광장들과 그곳에 들어선 좌우대칭의 건물들, 일직선으로 뚫린 대로와 대로 양쪽에 줄지어 선 획일적 건물들은 질서를 강조하는 절대주의 체제의 건축적 표현이라고 비판받기 시작했다. '파리의 위장'이라고 부른 보부르의 농수산품 시장을 철거하고 그 빈자리에 새로 지은 퐁피두센터는 전통을 거부하는 현대 건축의 파격적 이정표가 되었다. 파리의 이곳저곳에 기존의 구속을 벗어나는 새로운 건물들이 들어서기 시작했다. 흑색 철조의 몽파르나스 타워와 쥐시외 대학 건물이 그 보기이다. 파리는 이제 건축사 박물관이 아니라 새로운 건축의 실험실이 되어갔다. 누적된 전통의 구속을 벗어나 철거와 확장이 일어나고 현대적 건물들이 속속 들어섰다. 동질성과 통일성의 유지를 중시하던 보수적 시각을 벗어나 새로운 건축 미학으로 도시를 보는 신세대의 건축가들이 나타났다. 크리스티앙 드 포르장파크, 장 누벨, 도미니크 페로, 베르나르 추미, 폴 앙드뢰 등 새로운 세대의 건축가들은 파리 도시 공간에 새로운 모습을 부여하였다. 아랍문화의 집, 포르트 마요의 컨벤션센터, 미테랑 국립도서관, 카르티에 재단 건물, 시테 드 라 뮈지크, 라 빌레트 공원, 베르시 공원과 앙드레 시트로앙 공원 주변의 주택단지, 르몽드 사옥, 케브랑리 박물관 등은 모두 파리의 무거움과 단조로움을 깨고 참신한 파격을 선사한다. 그렇다고 해서 새로 지은 건물들이 파리의 기존의 건물들이 이루는 질서와 완전히 단절된 것은 아니다. 세월의 이끼가 누적된 시간대, 침전된 흔적들과 기억의 지속을 존중하며 미래를 여는 자유로운 건물들이 들어섰다. 새로운 세대의 건축가들은 하나의 건물은 다른 건물과 분리되어 홀로 존재할 수 없으므로 주변과 맥락을 고려하는 방식으로 새로운 건축을 추구했다. 기존의 스타일에 적응할 뿐만 아니라 기존의 공간에 새로운 의미를 부여하는 대담한 공간 실험들이 일어났다. 새로 지은 건물들은 기존의 건물들에 화답하면서 파리를 오랜 전통을 지닌 역사도시이면서 동시에 미래로 열린 활기찬 분위기의 도시로 만들고 있다.

파리의 인구는 약 200만 명이고 파리를 둘러싸는 수도권이라고 할 수 있는 일 드 프랑스의 인구는 1,000만 명 정도다. 그러니까 파리 성문 안에 사는 사람은 수도권 인구의 20퍼센트에 해당한다. 파리의 인구 구성을 보면 노동자 계급이 축소되고 노인층이 감소하는 반면에 중산층과 젊은 층 인구가 증가되는 추세를 보인다. 가구 구성별로 보면 젊은 1인 가구가 크게 증가했다. 젊은 독신자들의 수는 증가하는 반면 동거나 결혼 이후 자녀가 생긴 젊은 세대의 중산층 가족은 파리의 주거비 감당이 어려워 교외의 아파트 단지로 이사하는 것이 일반적 경로다. 세계 어느 도시든지 지역에 따라 사는 사람들의 사회계층과 인종 분포가 다른데 파리의 경우도 예외가 아니다. 누가 어디 사는지를 알면 그 사람이 어떤 계층에 속하는지 대충 짐작해볼 수 있다. 동서축과 남북축을 구별해서 보면 북쪽보다는 남쪽, 동쪽보다는 서쪽에 중산층과 부유층이 더 많이 산다. 파리 북동부는 전통적으로 노동자 계급과 아랍인과 흑인, 유대인을 포함하여 이민객들이 많이 사는 지역이다. 그와 반면에 파리 중심부는 지식인, 고급 공무원, 자유직 종사자들이 많이 모여 사는 곳이다. 그리고 서남부는 신흥부자들이 많이 사는 지역이다. 그리고 그 사이에 있는 나머지 구역은 대체로 중산층들이 밀집해 사는 지역이다. 파리의 동서와 남북이라는 기본적 계층-인종 구별 축은 파리 근교로도 연장되어 파리 북쪽의 교외지역인 생-드니, 오베르빌리에 등이 흑인과 아랍인 등 이민객이 모여 사는 빈곤층 밀집 지역이라면 남서쪽의 뇌유는 부유층 주거지역이다. 서쪽의 라 데팡스는 새로 지은 현대식 건물들이 즐비한 사무 지역이고 동쪽의 이브리-쉬르 센은 과거 공장 밀집 지역이었으며 오늘날에도 파리의 쓰레기를 처리하는 대형 소각장이 들어서 있다.

전통적으로 서남쪽의 16구와 '좋은 17구'라 불리는 17구의 서쪽 반이 신흥 부르주아들의 주거지였고 동북쪽의 18구와 19구와 20구가 노동자 주거지역이었다. 통계상으로 보면 13구의 소득 수준이 가장 낮은데, 13구에 고층의 서민 아파트들이 밀집되어 있기 때문이다(13구에 많이 사는 아시아 출신 이민객들이 세금 징수를 대비해 소득신고를 줄여서 하기 때문에 그런 통계가 나온다는 해석도 있다). 7구와 8구는 전통적 귀족과 부르주아지들의 구역이고 4구, 5구, 6구는 지식인 문화예술계 인사들이 많이 산다. 9구, 14구, 15구는 프티 부르주아들이 많이 살고 중심부의 10구, 11구, 12구에 의외로 이민객과 노동자들이 많이 산다(파리의 한국 사람들이 가장 많이 사는 곳은 15구다. 그래서 그곳에 한국 식당과 식품점들이 밀집해 있다. 홍상수 감독이 파리의 한국인들의 삶을 그린 영화 「밤과 낮」의 배경이 바로 15구와 그 옆에 붙어 있는 14구다). 그래서 같은 파리 시내지만 여러 지역을 이동해 다니면 그 지역에 사는 사람들의 사회경제적 배경과 인종 구성에 따라 동네의 분위기가 달라지는 것을 확연히 느낄 수 있다.

파리에서 지하철을 타보아도 지하철 노선과 지하철역에 따라 타고 내리는 사람들의 사회계층이 달라짐을 알 수 있다. 파리 동쪽의 나시옹 광장과 서쪽의 에트왈 광장을 오가는 지하철 노선 가운데 북쪽으로 두 개의 광장을 잇는

2번 선은 18구, 19구, 20구를 지나가고 남쪽으로 두 광장을 오가는 6번 선은 14구, 15구, 16구를 지나간다. 두 개의 노선은 시발역과 종착역이 똑같지만 지하철 안의 분위기는 크게 다르다. 지하철을 이용하는 승객들의 계층과 인종 구성이 다르기 때문이다. 2번 선에는 유색 하층민들의 비율이 훨씬 높고 6번 선에는 백인 중산층의 비율이 높다. 파리의 몇몇 지하철은 모든 나라와 인종이 만나는 박람회장이다. 13구의 이탈리아 광장에서 19구 밖의 보비니를 오가는 5번 선이나 파리 북동쪽 교외 생-캉에서 북쪽의 생-드니를 오가는 13번 선을 타보면 일단 흑인과 아랍 승객의 비율이 다른 노선에 비해 월등하게 높아진다. 출퇴근 시간에는 서로 다른 음식문화를 가진 사람들이 내뿜는 숨결과 체취가 합쳐져 정의할 수 없는 독특한 냄새가 지하철 차량을 가득 메운다. 파리의 5, 6, 7, 8, 14, 15, 16구가 대부분 백인들로 구성되는 인종적 단일성을 보인다면, 10, 11, 12, 13, 18, 19, 20구는 그와 대조적으로 북아프리카 출신 아랍 사람들과 서아프리카 출신의 흑인들, 중국과 인도 출신의 아시아인들이 프랑스인과 섞여 사는 인종적 다양성을 보인다.

파리 교외의
사회문제

파리와 파리 교외는 물리적으로 외곽순환도로를 통해 명백하게 분리된다. 그 순환도로 안과 밖은 서로 다른 별개의 세상이다. 몇 발짝 사이에 도시의 분위기가 눈에 띄게 달라진다. 성문 안에서 성문 밖으로 나가는 일은 단지 심리적 효과만 불러일으키지 않는다. 성문 안과 밖의 차이는 부동산 가격과 생활수준의 차이로 구체화된다. 파리에 직장이 있지만 파리의 높은 임대료를 감당하지 못하는 사람들은 파리 교외로 나갈 수밖에 없다. 그래서 파리 교외는 노동자들과 빈민들의 주거지가 되었다. 전통적으로 파리를 둘러싸는 교외를 '붉은 허리띠ceinture rouge'라고 부르는 까닭은 이 지역의 대부분을 노동자를 대변하는 프랑스 공산당이 장악했기 때문이다. 1950년대 이후 북아프리카를 비롯해서 세계 여러 지역에서 프랑스로 이민 온 노동자들을 위한 대규모 아파트 단지들이 형성되면서 파리 교외의 인구는 급증했다. 다섯 개의 노선으로 형성된 수도권고속전철RER은 교외의 인구를 파리 시내로 빠르게 이동시켜 하루 생활권을 이루게 했다. 이민 1세대는 잘 살아보겠다는 의지와 직업이 있었지만 이민 2세대로 가면서 실업률이 높아지고 미래가 불투명하게 되었다. 그런 과정에서 파리의 교외는 점차 쇠락의 길을 걷게 되었고, 청소년 범죄, 알코올과 마약 복용, 학교 내 폭력 등 여러 사회문제가 발생되었다. 기본 기능만 갖춘 이민자들의 주거 공간은 이제 이민객들의 게토가 되어 청소년 범죄와 도시폭력의 온상이 되고 있는 것이다. 교외의 대규모 주거 단지는 상호 연결이 결여된 뚝뚝 떨어진 섬으로 존재한다. 파리 교외는 모두 파리와 잘 연결되어 있지만 교외와 교외 사이의 연결은 약하다. 그래서 교외의 주민들은 따로 떨어져 살고 있다는 격리감과 소외감을 느끼게 된다. 대규모 단지 안에는 생활을 위한 최소한의 시설만 갖추어져 있어서 사회활동과 문화적 자극이 결여되어 있다. 그래서 교외의 이민 2세대 청소년들은 주말이면 파리로 향하고 화려한 파리에서 상대적 박탈감을 느낀다. 1980년대 내가 살았던 파리 남동쪽 교외의 그리니Grigny도 1990년대 들어서 점차 게토화되었다. 흑인, 백인, 황인종이 모여 살던 인종적 다양성이 사라지고 흑인 중심의 주거지가 되었고, 직업을 가진 건전한 중산층의 주거지에서 실업률이 높은 하층 빈곤지역으로 바뀌었다. 그래서 2005년 가을, 파리를 비롯한 프랑스 대도시 교외의 폭동이 일어났을 때 그리니에서 청소년들이 학교를 비롯한 공공건물을 방화하는 사건이 벌어지기도 했다. 오늘날 파리 교외의 구조적 문제를 어떻게 처리하느냐는 파리의 미래에 영향을 미치는 중요한 변수가 되었다.

21세기 파리 시의
도시정책

2001년 자크 시라크의 후계자인 장 티베리를 제치고 파리 시장에 당선된 베르트랑 들라노에는 2008년 선거에서 재임되었다. 사회당 후보인 들라노에는 녹색당과 공산당을 끌어들여 '복수의 좌파'를 형성해 다수를 획득했다. 들라노에 시장은 2004년 『정열로 사는 삶』이라는 저서를 통해 자신의 소신을 밝히기도 했는데, 시민들의 참여를 통한 도시 행정을 자신의 주된 철학으로 삼고 있다. "시민과 함께하는 도시계획, 당신의 의견을 주십시오." 파리 시가 도시 발전을 위한 장기계획을 수립하기 위해 시민들에게 보낸 설문 조사지의 제목이다. 앞으로 20년 동안 파리의 신규 건축, 개축, 보수, 토지 점유, 문화재 보존 등에 관련된 도시계획법을 만들기 위한 설문조사다. 정보 공개 없는 시민 참여는 이미 정해진 정책 노선을 정당화시키는 요식 행위가 될 수 있다. 그러나 들라노에 시장은 파리 시의 도시계획에 대한 모든 정보를 공개하면서 시민들의 의견을 물었다. 파리 시가 안고 있는 문제들을 솔직하게 내보이고 그 문제에 대한 시의 대처 방안을 제시한 다음에 그에 대한 시민들의 의견을 묻는 것이 순서이기 때문이다. 그래서 파리 시는 모든 파리 시민에게 설문 조사지와 함께 파리의 미래 구상에 대한 파리 시의 의견을 담은 인쇄물을 발송했다. 그 자료는 기존의 문화유산을 보존하면서도 파리를 21세기 도시로 변모시킬 수 있는 방안과 파리의 경쟁력과 활력을 유지하면서도 시민들 사이의 상호 연대를 강화할 수 있는 방법에 대한 파리 시의 의견을 제시하고 있다. 보다 구체적으로 말하자면, 파리를 더욱 아름답게 만들고, 주민들의 삶의 질을 더욱 향상시키고, 다양한 사회계층의 공존을 유지하고, 불평등과 싸우고 일자리를 창출하기 위한 파리 시의 방안을 제시하고 있다. 하루 80만 명이 지나다니는 파리의 심장인 샤틀레 주변 정비 공사에 대한 설계를 공모하고 네 개의 후보작을 선정한 다음, 시민들의 의견을 듣기 위한 전시회를 연 것도 이런 노력의 일환이다. 들라노에 시장은 시민들의 의견을 듣기 위해 1년에 한 번씩 파리 시내 스무 개의 구를 하나나 순방하여 구민들과 직접 만나 이야기하는 프로그램도 실시하고 있다.

시민 참여를 강조하는 파리 시의 정책을 좀더 구체적으로 살펴볼 필요가 있다. 먼저 파리 시의 교통정책을 보자면, 공공교통수단을 우선시하고 개인 승용차 사용을 억제하고 있다. 그와 더불어 자전거 전용도로를 확충하고 저가의 임대 자전거 벨리브Velib(자전거를 뜻하는 벨로와 자유로움을 뜻하는 리브르의 합성어)를 시내 곳곳에 설치하여 대안적 이동 수단으로 자리 잡게 했다. 시내의 짧은 거리를 이동하는 데 편리한, 저렴한 가격의 소형 전기 자동차 오토리브autolib도 곧 선보일 예정이다. 주택정책에서는 파리 시 20개 구에 공공임대주택의 비율을 20퍼센트 수준으로 올릴 것을 권장하고 있다. 그래야 파리가 부르주아의 도시가 되는 것을 막고 사회적 다양성과 인종적 다양성을 갖는 도시로 남을 것이라는 것이다.

파리는 역사와 문화의 도시다. 그래서 문화재 보존정책이 중요하다. 파리 시에는 국가가 문화재로 지정한 1,900여 개의 건축물이 있다. 이것은 파리 시 전체 총 7만 3,000여 개의 건물 가운데 극히 일부분에 불과하다. 파리 시는 앞으로 지역 주민회의와 시민단체를 통하여 건물의 형태와 구성 방식 그리고 건물의 역사를 고려하여 4,000여 개의 건물을 추가 선정하여 보호 조치를 취할 예정이다. 파리를 살아 있는 도시로 만들기 위해 파리 시는 여러 축제들을 기획했다. 봄에는 정원축제, 여름에는 센 강변을 해변으로 만드는 '파리해변' 축제, 가을이면 밤에 빛으로 행사를 벌이는 백야축제 등이 새로 만들어졌다. 겨울이 오면 파리 시청 앞 광장은 스케이트장과 눈썰매장으로 변모한다.

녹지정책도 파리를 아름다운 도시로 만들기 위한 중요한 분야다. 파리에 크고 작은 공원이 450여 개 있다고는 하지만 유럽 도시 가운데 녹지 비율이 낮은 도시에 속한다. 런던이 시민 1인당 녹지가 45제곱미터인 반면 파리는 13제곱미터에 불과하다. 그래서 파리 시는 빈 공터가 나오면 그 부지를 매입

해서 공원으로 전환시키는 정책을 쓰고 있다. 그 결과 2001년에서 2007년 사이에 30헥타르의 새로운 공원이 조성되었다. 파리 시는 신규 건축시 녹지 마련을 장려하고 이미 있는 건물에도 녹지를 늘려나갈 것을 권장하고 있다. 새로운 공원 조성도 중요하지만 기존의 공원과 녹지를 지키는 일도 중요하다. 파리 시에는 공원과 가로수를 비롯해 공공녹지가 많지만 개인 소유 주택의 정원 녹지도 만만치 않게 많다. 그래서 파리 시는 향후 도시계획법을 개정해서 200헥타르에 해당하는 사유 녹지를 보호구역으로 설정할 계획이다. 다른 한편 파리 시는 지상의 녹지와 더불어 건물 외벽의 녹지화를 추구하고 있다. 건물의 벽에 담쟁이덩굴 등을 얹거나 케브랑리 박물관의 외벽과 같은 '식물벽vertical garden'을 만들어 도시의 녹색 공간을 더 늘려나가겠다는 것이다. 이런 정책들을 통해 파리는 지속되면서도 변화를 겪는 21세기의 도시로 거듭나고 있다.

파리의
도시미학

파리의 아름다움은 어디에서 오는가

아름다움을 제대로 소유하는 방법은 하나뿐이다.
그것은 아름다움을 이해하고,
스스로 아름다움의 원인이 되는 요인들을
찾아내어 의식하는 것이다.
—알랭 드 보통

루브르와 오르세 박물관 사이를 흐르는 센 강. 파리 1구. 2009.

파리에 대한
환상

　　　　　　　　　파리처럼 많은 환상을 만들어내는 도시도 없을 것
이다. 파리는 세상에서 가장 낭만적인 도시이고 자유로운 도시이며, 사치와
혁명의 도시이며, 남 눈치 안 보고 자기가 원하는 삶을 살 수 있는 도시로 알
려져 있다. 유명 패션과 귀금속 액세서리, 향수와 포도주, 다양한 공연문화
와 음식문화도 파리에 대한 환상을 부추긴다. '파리' 하면 낭만과 자유라는
두 개의 단어가 떠오른다. 파리에 대한 환상은 파리에 사는 파리지앵들도 특
별할 것이라는 생각을 갖게 한다. 세계 모든 나라의 남성들은 파리지엔느 그
러니까 파리의 여성들에 대한 찬사를 보내는 일에 싫증을 느끼지 않는다. 그
들은 파리의 여성들은 미적 감각이 뛰어나고, 감정 표현이 풍부하고, 감각적
이면서도 영리하고, 품위를 지키다가도 어느 순간 파격적으로 자유롭게 행동
하기 때문에 연인으로 만점이라는 평가를 내린다. 파리의 여성들에 대한 환

상보다는 덜하지만 파리 남성들도 파리라는 도시가 풍기는 몽상적 분위기에
힘입어 세계 여성들에게 환상을 불러일으킨다. 파리의 남성들은 여성들의 아
름다움을 있는 그대로 찬미하고 개성을 존중하며 애정 어린 눈초리로 상대방
을 바라보며 부드러운 대화의 상대자가 되어주며 열정적인 연인이 되어줄 것
만 같다.

대서양을 건너는
희귀한 철새들

파스퇴르 연구소는 프랑스를 대표하는 세계적인
자연과학연구소다. 그런데 이 연구소의 보수는 미국의 임금 수준에 비해 약
40퍼센트가 떨어진다. 그래서 프랑스의 많은 우수한 두뇌들이 미국으로 빠져
나가는 두뇌 유출 현상이 벌어지고 있다. 파스퇴르 연구소 원장인 필리프 쿠
릴스키에 따르면, 새로운 연구원 충원 과정에서 선발된 네 명 중 한 명이 월
급 문제 때문에 고민하다가 결국 보수가 더 높은 미국의 다른 연구소를 선택
한다는 것이다. 그러나 더 높은 보수에 끌려 미국으로 가는 프랑스의 두뇌들
이 있는가 하면 이와 반대로 파리의 매력에 끌려서 월급이 적어도 굳이 파스
퇴르 연구소에서 일하겠다는 미국 사람들이 있다. 쿠릴스키는 그들을 가리켜
"대서양을 역방향으로 날아온 희귀한 철새들"이라고 부른다. 대세는 유럽에
서 미국으로 가는 추세이지만, 때로 파리가 좋아서 낮은 임금 수준에도 불구
하고 파리로 날아오는 미국의 두뇌들이 있다는 것이다. 그렇다면 미국의 뛰
어난 연구원들을 끌어당기는 파리의 매력은 무엇인가? 영화배우는 영화 속

의 배경과 역할을 통해 매력적이고 신비한 존재로 만들어진다. 파리도 마찬 가지다. 실제의 파리도 아름답지만 파리에 대한 환상이 파리를 더욱 매력적 으로 만든다. 파리는 파리 자체이기도 하지만 파리에 대한 수많은 이미지들 의 집적이기도 하다.

파리,
자유의 도시

미국과 뉴욕의 이미지가 물질적 풍요로움이라면 프랑스와 파리의 이미지는 자유와 해방이다. 프랑스 사람들이나 프랑스를 좋 아하는 외국 사람들이 만들어낸 말이겠지만 영어에서는 '돈' 냄새가 나고 프 랑스어에서는 정신의 '자유'가 느껴진다는 말도 있다. 미국이 세계를 지배하 는 힘과 질서의 상징이라면 프랑스는 기존의 질서에 도전하는 반항과 창조의 이미지를 불러일으킨다. 뉴욕이 남성적이라면 파리는 여성적이다. 그래서 프 랑스혁명 이후 새로운 삶을 꿈꾸는 많은 사람들이 자기가 사는 나라의 금기 와 터부, 억압과 의무, 계산과 흥정의 삶을 집어던지고 자신의 꿈을 실현하 기 위해 파리로 몰려들었다. 유럽과 미국, 러시아와 아프리카, 라틴아메리카 와 아시아의 지식인, 시인, 화가, 조각가, 음악가, 혁명가들에게 파리는 세 계에서 가장 자유로운 장소였고, 새로운 삶과 사랑을 꿈꾸는 젊은이들에게 파리는 세상에서 가장 낭만적인 도시가 되었다. 그래서 파리는 세계에서 가 장 여행하고 싶은 도시의 명단에서 계속 수위를 지키고 있다. 에펠탑이라는 하나의 상징이 수많은 환상을 불러일으키고 '파리의 하늘 밑' '파리의 지붕

밑' '파리의 다리 밑' '파리의 처마 밑' '파리의 치마 밑' '파리는 안개에 젖어' 등, '파리'가 들어가는 말만 들어도 마음은 벌써 파리의 어느 곳을 자유롭게 떠돌아다닌다. 그래서 파리는 자유를 찾아서, 문화와 예술을 찾아서, 새로운 사상을 찾아서, 연인을 찾아서 떠나야 할 장소가 되었다.

파리,
낭만의 도시

파리가 불러일으키는 환상의 효과는 몸으로도 나타난다. 파리를 찾는 여행객들의 경우 평소보다 성 호르몬 분출이 늘어나고 엔도르핀이 활성화된다는 의학적 보고가 있을 정도다. 현실의 파리가 파리에 대한 환상을 만들어낼 뿐만 아니라 환상 속의 파리가 현실 속의 파리에 영향을 미친다. "파리는 금발의 미녀"라는 노래 가사도 있지만, 파리는 부드럽고 아름다운 여성적 분위기를 자아낸다. 파리는 젊은이들의 머릿속에 가장 로맨틱한 사랑이 이루어지는 분위기 있는 장소로 각인되어 있다. 1950년대의 흑백영화 「카사블랑카」에서 험프리 보가트는 잉그리드 버그먼에게 "우리는 잠시 동안 파리를 잃었지만 여기 카사블랑카에서 파리를 다시 찾았다. 우리는 파리를 영원히 가질 것이다"라고 말하는 장면이 나오고 그로부터 50년이 지난 2005년 존 박스터가 쓴 소설의 제목은 『우리는 언제나 파리를 가질 것이다, 빛의 도시에서의 성과 사랑』이다. 현실 속의 파리와 구별되는 환상 속의 파리가 있다. 주불 한국대사관에서 영사 업무를 담당했던 한 외교관은 텔레비전 드라마나 영화를 통해 만들어진 파리에 대한 환상을 가지고 파리에 와서 이런저런 문제를 일으키는 한국인들 때문에 고생한 경험담을 토로했다. 그러나 환상이 문제만 일으키는 것은 아니다. 환상은 창작의 동력이 되기도 한다. 파리가 불러일으키는 환상과 영감은 파리를 배경으로 한 시, 소설, 영화, 체험담, 여행기 등을 샘물처럼 쏟아져 나오게 하는 힘이 된다. 미국의 한 문학평론가는 1824년에서 1978년 사이에 미국에서 출간된 소설 가운데 파리를 배경으로 한 소설 200편을 선별해 분석한 바 있다. 그 가운데 헤밍웨이를 빼놓을 수 없을 것이다. 1920년대 가난했던 젊은 시절을 파리에서 보냈던 헤밍웨이는 "파리는 움직이는 축제다. 누구나 젊은 시절을 파리에서 보내면 파리는 평생 그 사람을 따라다닌다"는 구절을 통해 파리 생활이 자신의 삶에 미친 영향을 요약했다.

파리,
환상 속의 도시

파리에서 젊은 시절을 보낸 사람에게는 언제나 파리가 따라다닌다는 헤밍웨이의 말은 나에게도 그대로 적용된다. 1980년대에 파리 유학 생활을 한 내가 2000년대에 들어서 다시 파리에 와서 살고 있는 이유 가운데 하나는 서울에 살면서도 파리를 그리워했기 때문이다. 지금 파리에 살고 있는 나는 아주 가끔씩 서울을 그리워하고 있지만, 서울에 살 때 나는 자주 파리를 그리워했다. 서울을 사랑하는 한 프랑스 친구가 "퐁네프에 서면 잠수교가 그립다"라고 말했지만 나는 자동차로 잠수교를 건너면서 머릿속에 퐁네프를 떠올렸다. 그런데 내 머릿속의 파리는 1950년대 흑백 사진 속의 파리 이미지들이다. 1950년대에 파리에서 젊은 시절을 보내지는 않았지만 청소년기에 1950년대 파리의 분위기를 사진, 영화, 노래 등을 통해 많이 접했기 때문이다. 감수성이 예민했던 시절에 쥘리에트 그레코와 이브 몽탕의 샹송들, 아누크 에메, 장-루이 트랭티냥, 로미 슈나이더, 알랭 들롱, 장 가뱅, 브리지트 바르도, 카트린 드뇌브 등이 주인공으로 나오는 영화를 통해 만들어진 이미지들이 계속 머릿속에 남아 있기 때문이다. 1960년대에서 1970년대로 이어지는 나의 청소년기에 1950년대의 파리는 암울하고 답답했던 한국과 서울의 현실을 벗어나 다른 곳으로 떠나고 싶던 환상 속의 여행지였다. 현실에서는 파리는커녕 제주도도 갈 수 없었던 시절이었지만 상상 속에서는 자유롭게 파리를 떠다녔던 것이다. 작고한 대중문화 평론가 이성욱의 다음과 같은 말은 청소년기 나의 처지를 정확하게 대변해준다: "지금의 '파리'와 그때의 '빠리'는 한참 다르다. 지금이야 웬만하면 갈 수 있는, 그런 만큼 우리의 일상적 감각의 사정권 내에 들어와 있는 범상한 파리이지만 그때는 오로지 대중문화를 경유해야만 닿을 수 있는 환상과 가상의 공간이었다. 파리가 왜 환상의 공간인가? 간명하다. '보통 사람'이라면 절대 가볼 수 없는, 따라서 현실의 실감 안으로 들어오지 않는 곳이었기 때문이다. 그때 그 시절, 파리는 단지 파리 그 자체를 의미하지만은 않았다. 파리는 다다를 수 없는, 그러나 꼭 가보고 싶은 그 어딘가의 대표적인 환유였다. 서구문화에 대한 열망, 이국정서에 대한 강렬한 호기심, 하지만 그것을 만질 수 없는 현실. 그 괴리와 틈을 봉합해주는 것이 유행가 속의 파리였다."

다양성과
조화

세계에는 특별히 아름다운 도시들이 있다. 어떤 도시가 세계에서 가장 아름다운 도시인가라는 질문에 대해 어떤 사람은 오래된 유적이 많은 로마를 내세우고 다른 사람은 활기 넘치는 브로드웨이가 있는 뉴욕을 선호한다. 프라하나 부다페스트 같은 동유럽의 도시가 아름답다고 말하는 사람이 있는가 하면, 교토, 방콕, 하노이 같은 아시아의 도시를 좋아하는 사람도 있다. 파리는 여행지로서는 불편한 장소이고 파리 사람들이 까다롭고 불친절하다는 일반적인 불평에도 불구하고, 미국과 중국, 러시아와 동유럽, 아시아와 라틴아메리카 사람들을 포함해서 세계 여러 나라 사람들에게 파리는 세상에서 제일 가보고 싶은 도시로 꼽히고 있다. 파리에 대한 어떤 가이드북을 펼쳐보든 '아름다운' '호화로운' '화려한' '오래된' '유서 깊은' '유구한' '눈길을 끄는' 등 파리를 찬미하는 형용사들이 끊임없이 등장한다. 그렇다면 파리의 매력과 아름다움은 어디에서 오는가? 파리의 아름다움이 어디에서 오는가라는 질문에 답하기 위해서는 파리의 실체와 파리에 대한 환상을 구별해서 보아야 한다. 환상을 자아내는 파리의 실체에 접근하려는 노력이 없이는 파리의 매력과 아름다움을 설명할 수 없을 것이다. 파리에 대한 환상은 아무 근거 없이 만들어진 것이 아니라 파리라는 도시의 객관적 실체 위에 구성된 것이기 때문이다. 그냥 한번 보고 스쳐 지나가지 않고 파리의 아름다움을 깊이 있게 음미하기 위해서도 파리의 아름다움이 어디에서 오는가를 분명하게 인식할 필요가 있다. 아름다움은 하나의 이유로 설명할 수 없다. 그러니까 파리가 아름답게 느껴지는 이유가 무엇이냐는 질문에 대해서도 수없이 많은 대답이 있을 수 있다. 파리에 살거나 파리를 여행해본 사람이라면 누구나 다 각자 자신의 주관적 체험에 따라 파리의 아름다움에 대해 자신의 의견을 피력할 수 있기 때문이다. 그렇다면 다른 사람이 아니라 내가 파리를 아름답게 느끼는 이유는 어디에 있는가? 물론 파리만 아름다운 도시의 반열에 드는 것은 아니고 내가 세계 여러 도시를 다녀보았다고 하지만 여러 도시를 체계적으로 비교하여 파리의 고유한 아름다움을 설명할 준비가 되어 있는 것은 아니다. 다만 나 개인적으로 파리에 살면서 파리에 질리지 않고 계속해서 파리를 아름답다고 생각하는 이유를 생각해보려는 것이다.

내 생각으로는 다양성과 조화라는 두 개의 특성으로 파리의 아름다움을 설명할 수 있을 것 같다. 파리에는 우선 가볼 만한 가치가 있는 크고 작은 기념비적 건물과 역사적 장소들이 수없이 많다. 센 강 좌안과 우안, 동서남북, 중앙과 주변, 1구에서 20구, 어디를 가든 이런저런 이야기를 담은 볼거리와 장소들이 사람들을 기다리고 있다. 그러니까 파리가 아름다운 첫번째 이유는 일단 온전하게 보존되고 제대로 유지된 장소들의 다양성에 있다. 형태와 색깔이 다르고, 다양한 역사적 의미를 담고 있는 서로 다른 분위기의 건물과 장소들의 공존이 파리를 아름답게 하는 첫번째 요소다. 그러나 요소들의 다양성만으로 파리의 아름다움을 충분하게 말할 수는 없다. 쥘리앙 그린이 "파리의 풍경 속에는 사람의 얼굴 표정을 무어라고 완벽하게 정의할 수 없는 것처럼 정의할 수 없는 무언가가 들어 있다"고 말했듯 정의할 수 없는 그 무엇이야말로 파리를 파리답게 만드는 것이다. 그렇다면 '정의할 수 없는 그 무엇'이 무엇인가를 밝혀야 파리가 아름다운 이유를 알 수 있다. 내 생각에 파리가 아름다운 이유는 파리를 구성하는 여러 부분들이 이루는 전체적 조화에 있다. "구슬이 서 말이라도 꿰어야 보배"라는 말처럼 구성 요소들이 배치되고 배합되는 특별한 방식이 아름다움을 만든다. 특정 부분의 아름다움은 그것들이 이루는 다른 부분과의 관계 그리고 전체와의 관계 속에서 더욱 아름다움을 발한다. 조화란 전체를 이루고 있는 부분들이 서로서로 어울리고 서로를 빛나게 해주는 방식으로 관계 맺고 있는 모습이다. 파리의 다양한 구성 요소들은 서로가 서로의 아름다움을 상승시키며 조화를 이루면서 아름다움을 만들어간다. 각각의 구성 요소들이 아무리 다양하고 그 자체만으로 아름답다 하더라도 그것들 사이에 조화가 이루어지지 않으면 전체의 아름다움은 기대하기 어렵다. 어느 하나의 요소가 너무 강한 빛을 발해 나머지 요소들의 가치를 묻어버리면 전체의 아름다움은 만들어지지 않는다. 그 자체만으로도 아름다운 부분들이 자기 목소리를 낮추고 상대방의 이야기를 들으며 상대방의 존재 가치를 살려줄 때 각각의 부분들이 내포하고 있는 아름다움은 더욱 빛이 나고 기대하지 못한 상승효과를 불러와 전체적 조화의 아름다움에 도달한다. 파리는 강과 언덕, 길과 광장, 집과 가로수, 광고탑과 분수대, 궁전과 백화점, 오페라와 호텔, 버스와 자전거, 성당과 학교, 운하와 기차역 등 수없이 많은 부분들이 독특한 방식으로 결합되는 거대한 교향악이다. 구성 요소들은 규모와 형태, 기능과 위치뿐만 아니라 그것들이 파리라는 공간에 태어난 탄생연도도 서로 다르다. 파리에는 지난 시대의 건물들이 현재의 시간 속에 살아 있고 새로 지은 건물들은 과거의 시간들과 이야기를 나눈다. 과거는 살아 있는 현재 속에, 현재는 이미 오래전부터 거기에 있던 과거 속에 자리 잡아 서로 빛나게 한다. 파리는 이미 존재하는 것에 새로운 것이 덧붙여져 항상 다시 태어나는 살아 있는 유기체적 공간이다. 집 한 채, 나무 한 그루도 꼭 있어야 할 자리에 가장 적합한 규모로 자리 잡고 있다. 파리를 구성하는 각각의 부분들은 고체성이지만 파리 전체는 강물처럼 흐르는 액체성이다. 지금 여기의 공간 속에 다양한 시간대의 다양한 부분들이 조화를 이루며 만들어내는 아름다움에 파리의 매력이 있다.

자연스러운
이음새

　　　　　　사방팔방으로 펼쳐지는 도로망으로 점철된 파리에는 크고 화려하고 위대한 기념비적 건물들이 수없이 많다. 그래서 파리 시내를 걷다 보면 오랫동안 숭배의 대상이 된 기념비적 건물들, 경이롭고 비전형적인 건물, 역사적 기억을 상기시키는 건물들, 건축사에 남을 새로운 스타일로 지은 혁신적인 건물들이 제각기 걷는 사람의 눈길을 끈다. 훌륭한 도시가 되려면 물론 그런 건물들을 많이 가지고 있어야 한다. 그러나 그것만으로 아름다운 도시가 되지는 않는다. 도로와 공원, 강과 운하, 상가와 주거지, 언덕과 평원 등 도시를 이루는 여러 구성 요소들이 서로 조화를 이루며 공존할 때 아름다운 도시가 만들어진다. 파리의 아름다움은 에펠탑, 개선문, 콩코르드 광장, 노트르담 사원, 팔레 르와얄, 프랑스 한림원, 로댕 미술관, 팡테옹,

퐁피두센터, 미테랑 국립도서관, 아랍문화원, 카르티에 재단, 케브랑리 박물관 등 개별적으로 뛰어난 건물과 장소를 넘어서 여러 구성 요소들이 서로 이어지면서 만들어내는 전체적인 분위기에서 나온다. 파리를 구성하는 스무 개의 구는 물론 동네와 동네, 길과 길이 이어지는 방식도 재미있다. 서로 분리되어 있으면서도 서로 연결되어 있는 길과 길들, 동네와 동네들의 이음새를 느끼며 걷는 것이 파리 산책의 묘미 가운데 하나다. 도시를 걷는 일은 길과 길, 건물과 건물 사이의 이음새를 통과하는 일이다. 걷고 싶은 도시는 보이지 않는 이음새가 발걸음에 리듬을 부여하는 도시다. 파리의 기념비적 건물이나 공원들은 그 주변의 공간들과 부드럽고 자연스런 방식으로 이어져 있다. 노트르담 사원과 팡테옹은 그 자체만으로도 눈에 뜨이는 화려한 건축물이지만 그런 기념비적 건물들이 주위와 이루고 있는 조화를 감상할 때 파리의 아름다움을 더 잘 느낄 수 있다. 센 강 위의 시테 섬에 우뚝 선 노트르담 사원은 건너편의 생-루이 섬과 자연스럽게 연결되고 팡테옹 광장을 지나면 발걸음이 몽타뉴 생트-즈느비에브 언덕길이나 콩트르에스카르프 광장과 저절로 이어진다. 퐁피두센터를 나와 마레의 골목길을 걷거나 뤽상부르 공원을 나와 세르방도니 길을 지나 생-쉴피스 광장으로 이어지는 길을 걷다 보면 도시의 길들이 이어지는 방식이 얼마나 중요한지 알게 된다.

센 강의 다리는 좌안과 우안을 너무나 자연스럽게 이어준다. 그 가운데 몇 개의 다리는 특히 뛰어난 이음새를 보여준다. 퐁 데 자르는 루브르 박물관과 프랑스 한림원 건물을 남북으로 이어주며 동서 방향으로 펼쳐진 파리 중심부의 화려한 전경을 선사한다. 미테랑 국립도서관을 나와 시몬 드 보부아르 다리를 건너 센 강의 강바람을 받으며 베르시 공원의 시네마테크 쪽으로 걸어가는 산책도 경쾌하다. 오르세 박물관을 나와 솔페리노 다리를 건너 튈르리 공원을 산책하고 방돔 광장으로 갈 수 있고 루브르 박물관을 나와 튈르리 공원을 지나 콩코르드 광장으로 나올 수도 있다. 파리를 걷다 보면 도시를 채우고 있는 건물들도 중요하지만 그 건물들이 도로, 광장, 공원 등의 공간들과 이어지는 방식도 못지않게 중요함을 몸으로 느끼게 된다. 파리에서 한 장소와 다른 장소가 이어지는 길들의 흐름이 재미있는 까닭은 지형에 따라, 시간의 흐름에 따라 자연스럽게 형성된 곡선의 길들이 많기 때문이다. 파리에는 직선으로만 이루어진 바둑판 모양의 길들에서는 느낄 수 없는 곡선의 길들이 주는 리듬감이 있고, 가끔씩 나타나는 좁은 골목길이나 막다른 골목들이 주는 변화가 상쾌하다.

적당한
규모와 비율

한 도시가 전체적으로 조화의 상태를 이루려면 크지도 않고 작지도 않은 적당한 규모라야 한다. 파리의 면적은 105제곱킬로미터로 런던의 19분의 1, 로마의 15분의 1, 베를린의 9분의 1, 서울의 6분의 1 정도의 크기에 불과하다. 파리 지도를 펴놓고 보는 것만으로는 감이 잘 잡히지 않지만 파리를 직접 걸어보면 파리에서는 모든 것이 서로 가까이에 붙어 있음을 몸으로 알 수 있다. 한나절에 파리의 한 끝에서 다른 끝까지 어렵지 않게 걸어갈 수 있다. 파리는 친밀한 관계를 유지하기에 적당한 규모의 크기를 가진 아담한 도시다. 날씨가 나쁘지 않다면 파리를 관통하는 센 강변을 처음에서 끝까지 아무 불편함이나 지루함 없이 걸어 내려갈 수 있다. 교통체증이 없는 시간에 택시를 타면 20분 정도면 파리의 한쪽 끝에서 다른 쪽 끝으로 이동할 수 있다. 도시가 너무 크면 그 도시에 살더라도 도시 전체를 향유하기 어렵게 된다. 여러 개의 도심이 생기고 서로 분리된 생활공간이 만들어진다. 그러나 파리는 하나의 생활공간이 될 수 있는 규모다. 하루 사이에 파리 시내 여러 곳을 마음대로 이동하며 생활할 수 있다. 도시의 규모가 일정 정도를 넘어서면 여러 요소들이 조화를 이루기가 점점 더 어려워진다. 반면에 도시의 규모가 너무 작으면 다양성이 떨어지고 단조롭게 된다. 한 도시에 크고 작은 여러 규모의 요소가 공존하려면 어느 정도의 크기가 필요하다. 파리는 다양한 구성요소들이 이상적인 조화의 상태를 이루기에 적당한 규모를 가지고 있다. 동서 11.5킬로미터, 남북 9.5킬로미터, 둘레 36킬로미터의 타원형 모습을 하고 있는 파리 시내 안에는 온갖 종류의 요소들이 저마다 자기 자리를 잡고 서로 조화를 이루고 있다. 센 강은 파리의 도시 규모에 알맞은 강폭으로 파리 중심부를 흘러 지나간다. 좌안과 우안 사이의 거리는 100미터 안팎이기 때문에 언제나 부담 없이 편한 마음으로 강을 건널 수 있다. 그래서 파리의 좌안과 우안은 둘로 갈라져 있으면서도 하나처럼 느껴진다. 파리 중심부에 늘어선 건물들의 높이와 도로 폭 사이의 비율도 파리가 주는 안정감을 구성하는 요소다. 도로의 폭은 좁은데 고층건물이 들어서 있으면 하늘이 잘 보이지 않게 되고 그 거리를 걷는 사람이 무언가 작아지고 눌리는 느낌을 갖게 된다. 그러나 6~7층 정도의 건물들이 일정한 높이로 줄지어 서 있는 파리의 거리는 기분 좋게 걸으면서 도시 풍경을 감상할 수 있는 분위기를 만든다. 인간은 자신이 하늘과 땅 사이에 있다는 것을 느낄 때 가장 안정감을 느낀다. 대도시가 그런 느낌을 앗아가는 것이 일반적이지만 파리에서는 그런 안정감을 수시로 느낄 수 있다. 엥발리드 광장, 샹 드 마르스 광장, 시트로앵 공원 등 엄청나게 큰 직사각형의 녹지에서나 퐁피두센터 앞 광장, 노트르담 사원 앞 광장, 콩코르드 광장, 에트왈 광장 등을 지나거나, 뤽상부르 공원, 튈르리 공원, 뷔트 쇼몽 공원 등을 산책하다 보면 내가 하늘과 땅 사이에 살고 있음을 새삼스럽게 느끼게 된다.

좌안과 우안의 차이

파리가 서로 다른 요소들이 공존하는 다양성의 도시라면 그 다양성은 무엇일까? 다양성은 우선 서로 다름으로 나타난다. 파리의 다양성을 지리적 기준에 따라 구분하자면 우선 센 강 좌안과 우안의 차이를 들어야 할 것이다. 대체로 보아 좌안이 문화, 예술, 교육, 종교 등의 중심지라면, 우안은 정치와 경제의 중심지이다. 아카데미 프랑세즈를 포함하는 프랑스 한림원, 콜레주 드 프랑스, 소르본, 쥐시외, 상시에, 톨비악 등을 비롯한 대학 캠퍼스, 에콜 노르말 쉬페리외르, 퐁 에 쇼세, 시앙스 포를 비롯한 그랑제콜, 갈리마르, 쇠이, 미뉘 등을 비롯한 출판사 등은 좌안에 있고, 대통령 관저인 엘리제 궁, 증권거래소인 부르스, 유명 디자이너들의 부티크가 즐비한 몽테뉴 거리, 프랭탕 백화점, 라파예트 백화점, 사마리텐느 백화점

등은 우안에 있다. 어떻게 보면 좌안과 우안은 서로 성격이 달라 분절적으로 느껴질 수도 있다. 전통적으로 좌안의 지식인이나 예술가들은 우안을 멀리했고 우안의 기업가나 정치가들은 좌안 사람들을 무시했다. 좌안과 우안을 구분하는 전통은 파리 사람들의 '심리적 지도' 위에 아직도 분명하게 남아 있다. 그러나 실제로 그 구별이 그렇게 명확한 것은 아니다. 151개의 연극공연장 가운데 118개가 우안에 있으며, 쥘리아르, 로베르 라퐁, 세게르 등의 유명 출판사는 우안에 있다. AFP를 비롯한 언론사들은 우안의 증권거래소 부근에 위치한다(중도 좌파지인 르몽드 사옥이 좌안인 13구에 있다고는 하지만 신좌파인 리베라시옹은 우안의 레퓌블릭 광장 근처에 있다). 20세기에 들어서 좌안의 몽파르나스와 생-제르맹-데-프레가 지식인과 예술가들이 모여 사는 구역이 되었지만 그 이전에는 우안의 몽마르트르 언덕이 예술가들의 근거지였으며 오늘날 우안의 바스티유 근처는 젊은 예술가들이 모여드는 새로운 문화촌이 되었다. 그리고 좌안의 7구는 우안의 8구나 16구보다 훨씬 더 전통적이고 귀족적인 주거지의 분위기를 풍긴다. 그럼에도 불구하고 센 강은 좌안과 우안을 분리시키면서 그와 동시에 수많은 다리를 통해 둘 사이를 이어준다. 센 강 위를 다니는 유람선을 타보면 양안의 차이보다는 조화를 더 크게 느낄 수 있고 센 강 위의 다리를 건너 좌안과 우안을 오가다 보면 양안의 차이와 더불어 다양성과 조화를 느낄 수 있다.

동쪽과 서쪽의
차이

　　　　　　　　파리의 다양성과 조화를 이야기하자면 좌안과 우
안 사이의 차이와 더불어 파리의 동쪽 부분과 서쪽 부분 사이의 차이를 들어
야 할 것이다. 전통적으로 파리 동쪽이 노동자들의 주거지역이었다면 파리
서쪽은 신흥 부르주아지들의 주거지역이었다. 그렇다고 동쪽 지역이 게토화
되어 있거나 우범지역은 아니다. 노동자와 서민들이 모여 살던 그곳에는 그
곳 나름의 문화가 있고 삶의 방식이 있고 분위기가 있다.

　동쪽과 서쪽의 광장만 비교해보아도 그 차이를 알 수 있다. 파리 서쪽의
개선문 광장은 파리를 넘어서 프랑스를 상징하는 샹젤리제 거리를 포함하여
열두 개의 길이 별 모양으로 갈라진다고 해서 에트왈(별) 광장이라고도 불린
다. 샹젤리제 거리는 드골 장군이 2차대전 승전을 기념하여 행진하며 내려온
장소로서 매년 7월 14일 프랑스혁명기념일이면 어김없이 프랑스 군대의 행
진이 벌어지는 영광의 장소다. 파리 동쪽의 레퓌블릭 광장에서 나시옹 광장
으로 이어지는 볼테르 대로와 바스티유 광장에서 나시옹 광장으로 이어지는
포부르 생-앙투안 대로는 노동자 시위에서 동성연애자들의 시위를 거쳐 고
등학생들의 시위가 벌어지는 항의의 거리다. 파리의 동쪽에는 노동자들의 축
제 광장이 있고 파리코뮌의 흔적이 있고 삶의 냄새가 배어 있는 골목길들이
있다. 그래서 파리 서쪽의 다소 지루한 분위기에 질린 부르주아들이나 자유
로운 정신으로 살고 싶어 하는 보헤미안적 부르주아인 보보족들은 서쪽의 안
정된 주거지역의 단조로움을 피해 저항의 분위기가 남아 있는 동쪽 노동자

거주 지역으로 몰려들고 있다. 파리의 동쪽과 서쪽을 오가다 보면 그 두 지역 사이의 생생한 차이가 만드는 다양성이 파리라는 도시 공간을 더 살아 있는 공간으로 만듦을 느낄 수 있다.

공간에 퇴적된 시간

데카르트는 『방법서설』에서 이상적인 도시는 한 사람의 작품이 되어야 한다고 말했다. 이상적 도시는 합리적 이성의 지시에 따라 만들어져야지, 역사의 우연에 의해 만들어질 성질의 것이 아니라는 것이다. 규제되고 정리되고 질서가 잡힌 조화롭고 이상적인 도시를 만들기 위해서는 도시 공간과 기능에 대한 합리적인 계획과 그것을 실현하기에 아무런 장애가 없는 새로운 땅이 필요하며 무질서한 공간과 원활하지 못한 기능을 가진 기존의 도시를 개조해서는 완전한 도시를 만들 수 없다는 것이 그의 생각이다. 그러나 파리와 암스테르담을 거닐던 데카르트가 두바이나 아부다비 같은 페르시아 만 산유국의 신흥도시들을 보면 어떤 느낌을 가질까? 원활한 기능을 위해 합리적으로 배치되었지만 역사와 우연이라는 인간적 흔적이 없는 도시 공간에서 그의 철학적 상상력이 제대로 발휘될 수 있을까? 역사의 흔적이 없는 계획도시에서 새로운 문명이 태어날 수 있을까? 도시는 공간 위의 합리성만으로 이루어지지 않는다. 도시는 공간의 축 위에 시간의 축이 교차되면서 만들어진다. 바슐라르가 "시간은 공간 속에 응축되어 있다"고 말했지만, 파리라는 공간 속에는 지나간 여러 시대의 흔적들이 소리 없이 누적되어 있다. 파리가 아름다운 이유는 이미 있는 것들에 새것들이 덧붙여지면서 만들어낸 고유한 역사성에 있다. 파리에는 절대 권력에 의해 만들어진 직선의 대로들도 있지만 우연이 작용하여 만들어진 활처럼 휘어진 곡선의 골목길들도 있다. 파리는 합리성과 역사적 우연이 함께 작용하여 만들어진, 완전하지는 않지만 인간적인 도시다. 그곳에는 수많은 역사적 사건들이 지층처럼 켜켜이 쌓여 있다.

파리가 그곳을 걷는 사람들의 해석을 기다리는 거대한 기호의 체계라면 그 체계를 이루고 있는 구성 요소들을 분해하고 그것들 사이의 관계를 규명할 때 파리가 갖는 아름다움의 비밀을 풀 수 있게 될 것이다. 건물, 광장, 길, 동상과 석상, 박물관, 미술관, 공원, 가로수들 등은 파리라는 공간에 누적된 시간대를 이루는 구성 요소들이다. 파리의 거리가 역사의 저장소라면 파리의 거리를 걷는 일은 역사를 읽는 일이다. 파리를 걷다 보면 로마 시대의 유적인 공중목욕탕과 원형경기장에서 시작하여 노트르담 사원과 생-제르맹 성당을 비롯한 중세의 건축물들을 지나 한림원과 발 드 그라스 같은 절대 왕정시기의 건물, 개선문과 마들렌 사원 같은 근대 건물을 지나 퐁피두센터와 케브랑리 박물관 같은 현대 건물에 이르기까지 서로 다른 시간대를 연상시키는 건물들을 수없이 만나게 된다.

파리,
기억의 숲

　　　　　　　파리에서는 서로 다른 이야기를 담고 있는 서로 다른 시간대의 공간들이 하나로 어울려 소리 없이 장편의 서사시를 쓰고 있다. 파리는 거대한 기억의 숲이다. 시테 섬의 노트르담 사원 앞 광장 지하에는 뤼테스라고 불리던 파리 발상지의 고고학적 유적이 있고 팡테옹 광장 앞의 수플로 대로는 로마시대의 포럼이 있던 자리다. 아카데미 프랑세즈가 들어 있는 프랑스 한림원 건물은 루이 14세를 연상시키고 그 앞에는 계몽사상가 콩도르세의 동상이 서 있다. 프랑스혁명 이후 루브르 궁전은 박물관으로 바뀌었고 교회와 수도원은 학교와 도서관으로 전환되었다. 부르봉 궁전은 하원 건물로 전환되었고 뤽상부르 궁전에는 상원이 들어섰다. 유럽을 제패했던 나폴레옹은 파리를 유럽의 수도로 만들기 위해 개선문과 마들렌 사원을 짓게 했다. 파리코뮌은 파리 시청을 불태웠으나 그 이후 제3공화정이 시작되면서 새로운 시청 건물이 세워지고 20개의 번듯한 구청 건물들과 오페라 극장을 비롯한 수많은 공공문화 공연장들이 들어서게 하는 계기가 되었다. 베르사유 궁전이 절대왕정을 상징하고 노트르담 사원이 중세의 기독교 이념을 상징한다면, 프랑스혁명 이후 새로 지어진 건물들은 공화주의 이념의 승리를 선언했다. 1789년 프랑스혁명 당시 제헌의회가 열렸던 튈르리 공원은 귀족들의 산책로에서 누구나 걸을 수 있는 공공의 정원이 되었다. 1871년 파리코뮌 당시 튈르리 궁전은 파리시청과 함께 파리 시민군에 의해 파괴되었지만 튈르리 공원만은 그대로 남아 아직도 많은 사람들에게 산책의 기쁨을 제공하고 있다. 19세기 프랑스 산업사회의 상징인 에펠탑이 서 있는 샹 드 마르스 공원은 나폴레옹이 나온 에콜 밀리테르의 연병장이었으며, 프랑스혁명 당시 대중 집회의 장소였다. 이렇게 파리의 역사를 알게 되면 파리는 수많은 이야기를 담고 있는 거대한 연극의 무대가 된다.

파리,
시간의 축

파리의 건물들 하나하나가 서로 다른 시간대에 지어진 것이지만 하나의 건물에 여러 시간대가 누적되어 있기도 하다. 이미 존재하던 낡은 건물을 밀어버리고 새 건물을 짓는 일이 능사인 한국이나 중국의 도시들과는 달리 파리는 그 역사적 시간대의 누적을 통해 한 장소가 갖는 의미를 점점 더 풍요롭고 다채롭게 만든다. 빅토르 위고는, 건축은 그 본질에 있어서 개인적 작품이 아니라 사회적이고 집합적인 작품이라 말한 바 있다. 루브르 박물관 하나만 보더라도 프랑수아 1세와 앙리 4세, 루이 14세 통치시기에 만들어진 부분이 있고, 그 위에 나폴레옹 1세의 제1제정과 나폴레옹 3세의 제2제정 시기에 덧붙여진 부분 위에 제3공화정 시대에 와서 그 기본 골격이 완성되었다. 그리고 1990년대에 미테랑 대통령 재임 시절에 유리 피라미드가 세워지고 카루셀 공원이 재정비되면서 루브르 박물관은 튈르리 공원, 콩코르드 광장, 샹젤리제를 지나 개선문과 라 데팡스에 새로 지은 그랑드 아르슈와 일직선으로 연결되었다. 이렇듯이 오늘날 우리가 보는 파리의 모습은 하루아침에 형성된 것이 아니라 여러 시간대가 겹겹이 누적되어 만들어진 것이다. 전통은 과거와 연결되어 있는 동시에 미래로 이어질 때 우리를 구속하는 힘이 아니라 새로운 창조를 가능하게 하는 정신의 자극제가 된다. 과거와 연결되지 않은 현재는 경박하고 미래와 연결되지 않은 현재는 무기력하다. 파리는 오래된 것에 대한 존중과 새로운 것의 창조 사이의 긴장을 겪으며 끊임없는 변화를 경험했다. 파리에는 불필요하거나 폐해가 되는 부분은 과감하게 해체하고 의미 있는 부분을 되살려 강조하고 새로운 요소를 덧붙여 나간 역사의 궤적이 있다. 파리가 사람들을 싫증나지 않게 하는 힘을 가지고 있다면, 그것은 오랜 전통이 과거에 머물러 있지 않고 미래와 연결되어 현재를 의미 있게 만들어주기 때문이다. 과거가 없는 현재는 버려진 고아처럼 불행하고 미래가 없는 현재는 무기수의 삶처럼 지루하다. 파리라는 도시 공간을 아무리 걸어 다녀도 지루하지 않은 이유는 풍요로운 과거와 연결되어 있고 미래로 열려 있는 현재를 느낄 수 있기 때문이다. 과거와 현재와 미래로 이루어진 시간의 축이 지나가는 파리의 공간은 그곳을 걷는 인간에게 우리들 각자는 긴 역사 축의 한순간을 지나가는 존재임을 환기시킨다.

중심축의
역사적 의미

파리의 개선문에서 샹젤리제 거리를 지나 콩코르드 광장에 이르는 거리는 파리를 상징하는 기본 축이다. 이 기본 축은 동쪽으로는 튈르리 공원을 지나 루브르 박물관으로 이어지고 서쪽으로는 그랑드 아르메 거리를 지나 라 데팡스의 그랑드 아르슈로 이어진다. 파리의 이 기본 축은 많은 역사적 기억을 담고 있는 시간의 축이기도 하다. 이 기본 축 위에는 서로 다른 시간대의 공간과 건축물들이 이마를 맞대고 공존하며 절묘한 조화를 연출하고 있다. 루브르가 과거와 연결된 역사적 파리를 상징한다면 라 데팡스는 미래로 열린 빛의 도시 파리를 상징한다. 루브르 박물관은 원래 12세기 필리프 오귀스트 대제 시절에 지어진 궁전이었는데, 그 후 프랑수아 1세에서 루이 나폴레옹 시대에 이르기까지 여러 시대를 거치며 새로운 건물들이 덧붙여진 역사적 건물이다. 루브르 서쪽에 서 있는 나폴레옹의 승전을 기념하는 카루셀 개선문을 지나면 튈르리 정원이 나온다. 이곳은 1871년 파리코뮌 당시 불타 없어진 튈르리 궁전의 부속 정원이었다. 나폴레옹은 베르사유보다 이 튈르리 궁전에 머물기를 좋아했는데, 튈르리 정원은 원래 16세기에 왕녀 카트린 드 메디치를 위하여 조성된 정원이다. 튈르리 공원을 나오면 콩코르드 광장이 펼쳐진다. 이곳은 원래 프랑스혁명 전 루이 16세가 선왕인 루이 15세의 영광을 드러내기 위해 조성한 광장이었다. 그곳에서 프랑스혁명 당시 루이 16세와 그의 부인 마리 앙투아네트가 기요틴으로 참수당했음은 역사의 아이러니다. 이 광장의 이름은 구체제에서 프랑스혁명을 거치면서 '왕실 광장'에서 '혁명 광장'으로 바뀌었다가 '일치'라는 뜻을 담은 '콩코르드 광장'으로 고정되었다. 프랑스가 자랑하는 초음속 비행기 '콩코르드'의 이름이 바로 이 광장의 이름에서 유래했다. 콩코르드 광장에 설치된 오벨리스크는 이 장소의 시간 축을 기원전으로 돌려놓는다. 람세스 2세의 치적이 적혀 있는 오벨리스크는 이집트의 룩소르에서 가져온 것으로 1836년에 현재의 장소에 설치되었다. 그때 광장 중앙에 두 개의 분수대와 프랑스의 여덟 개 도시

(리옹, 마르세유, 보르도, 루앙, 낭트, 릴, 스트라스부르, 브레스트)를 상징하는 여인상이 설치되었다. 오벨리스크는 프랑스 제국의 식민주의의 전리품으로 해석될 수 있지만 인류의 문명을 상징한다고 볼 수도 있다. 오벨리스크는 인류의 문명사를 담고 있는 루브르 박물관 앞의 유리 피라미드와 이어지면서 작은 축을 형성한다. 그래서 오벨리스크-피라미드 축은 프랑스 역사를 넘어서 인류의 역사를 상징하게 된다. 1989년 7월 14일 콩코르드 광장에서 열린 프랑스혁명 200주년 기념행사는 이 장소가 가진 인류사적 의미를 최대한으로 활용했다. 당시 미국의 흑인 성악가 제시 노먼이 프랑스 국기인 삼색기에 들어 있는 푸른색, 흰색, 붉은색 선이 들어 있는 드레스를 입고 나와 프랑스의 국가인 「라 마르세예즈」를 독창으로 불렀다. 프랑스의 삼색기의 세 가지 색깔은 프랑스혁명의 이념인 '자유 평등 박애'를 상징하고, 프랑스의 애국가 「라 마르세예즈」는 억압에 항거하는 용맹한 혁명군의 노래인데 이런 상징들의 의미가 콩코르드 광장에서 흑인 여성 성악가의 목소리를 통해 프랑스를 넘어 인류 전체에게 전달되었던 것이다.

콩코르드 광장에서 남쪽으로 강을 건너면 부르봉 궁전이 있는데 그곳은 현재 하원으로 쓰인다. 하원 뒤의 남서쪽으로는 1889년, 프랑스혁명 100주년 기념으로 열린 만국박람회를 위해 건립된 파리의 상징 에펠탑이 서 있다. 하원과 콩코르드 광장 사이에 센 강이 흐르는데 그곳에 돌로 세워진 다리가 콩코르드 다리이다. 이 다리를 지을 때 사용한 돌은 1789년 프랑스혁명 당시 민중들에 의해 허물어진 바스티유 감옥에서 가져온 것이다. 사람들을 가두던 감옥을 만들었던 돌들이 사람들이 밟고 지나다는 다리로 바뀌었음 또한 역사

의 아이러니다. 콩코르드 광장에서 북쪽으로 나가는 길은 뤼 르와얄(왕실로)
이라는 옛 이름을 그대로 고수하고 있다. 광장에서 그쪽을 바라보면 나폴레
옹의 군대를 위해 지은 마들렌 사원이 서 있다. 그리스 양식으로 지은 이 사
원은 역사의 시간 축을 서양 문화의 출발점인 고대로 돌려놓는다.

콩코르드 광장에서 개선문에 이르는 1.88킬로미터의 대로가 프랑스 사람
들이 세계에서 가장 아름다운 거리라고 자랑하는 샹젤리제 거리다. 이 거리
를 걸어 올라가다 보면 왼쪽으로 그랑 팔레와 프티 팔레가 나온다. 그랑 팔
레 앞 광장에는 프랑스 레지스탕스 운동의 상징이며 2차대전의 영웅인 드골
장군의 동상이 서 있다. 드골의 동상에서 멀리 떨어지지 않은 곳에 1차대전
을 승리로 이끈 클레망소의 동상이 서 있고 프티 팔레 앞에는 영국 수상 처칠
의 동상이 서 있다. 소련의 스탈린 동상은 없다. 미국의 루스벨트 동상도 없
다. 그 대신 샹젤리제 대로에 프랭클린 루스벨트라는 이름의 지하철역이 있
다. 샹젤리제 거리의 끝에 에트왈 광장이 있고 그곳에 개선문이 위용을 자랑
하며 서 있다. 개선문 밑에는 1, 2차대전에 사망한 무명용사를 위한 꺼지지
않는 불이 있어서 새로 취임하는 대통령은 취임식 날 이곳에 헌화한다.
(1970년 일단의 여성운동가들이 이 장소에 무명용사보다 더 잊힌 무명용사의 부
인들을 위해 헌화하고 행진했다. 이날이 현대 프랑스 여성운동의 원점이다.) 7월
14일 프랑스혁명 기념식 날은 개선문에서 콩코르드 광장까지 이어지는 샹젤
리제 거리에 프랑스 군대의 행진이 이루어지고 하늘 위로는 비행기가 난다.
2차대전 승전시 드골 장군은 개선문을 지나 콩코르드 광장으로 입성했다.

개선문에서 서쪽을 바라보면 미테랑 대통령 시절 만들어진 그랜드 아치가

나온다. 이 조형물은 21세기 미래를 향해 행진하는 프랑스를 상징한다. 라 데팡스라는 파리의 신시가지에 만들어진 대규모 조형물인 그랑드 아르슈 전 망대에 올라가면 개선문과 샹젤리제, 튈르리를 거쳐 루브르 박물관에 도달하 는 일직선이 한눈에 들어온다. 그랑드 아르슈의 전망대는 미래의 시점에서 과거를 조망할 수 있는 장소이다. 루브르에서 시작하여 그랜드 아치로 연결 되는 직선의 축은 과거에서 시작하여 미래로 열린 시간의 축이며 파리라는 도시의 중심축이며 프랑스라는 국가를 상징하는 기본 축으로 그 뜻이 확장된 다. 파리의 기본 축을 지나가는 지하철 노선의 번호가 1번인 것은 우연이 아 닌 듯이 보인다. 이 노선은 라 데팡스에서 기본 축을 지나 뱅센 성 사이를 오 간다. 뱅센 성은 14세기에 성곽으로 지어졌는데, 17세기에 루이 르보가 지은 왕실 누각도 있다. 이곳은 한때 감옥으로 사용되기도 하였다.

파리에는 이 중심축 말고도 몇 개의 기본 축이 더 있다. 우선 이 긴 중심축 과 직각을 이루며 십자가를 그리는 짧은 축이 있다. 오르세 박물관 앞의 솔 페리노 다리에서 출발하여 튈르리 공원을 통과한 다음 리볼리 거리를 지나 방돔 광장과 만나 십자가를 만드는 가로축이 그것이다. 다른 하나의 축은 트 로카데로의 샤이오 궁전에서 에펠탑과 샹 드 마르스를 지나 에콜 밀리테르로 이어지는 축이 있다(2차대전 당시 히틀러가 독일 점령하의 파리를 방문했을 때 콩코르드 광장에서 샹젤리제 거리를 바라보고 난 다음 트로카데로에서 에펠탑을 바라보았다). 파리에서 가장 높은 건물인 몽파르나스 타워는 이 축과 일직선 상에 있다. 마지막으로 엥발리드에서 에스플라나드와 알렉상드르 3세 다리를 지나 그랑 팔레와 프티 팔레를 통과한 다음 드골 장군의 동상이 있는 샹젤리제 거리와 만나는 축이 있다. 이 두 개의 축은 모두 세계만국박람회를 위해 만들어졌다.

파리의
동상과 석상들

　　　　　　　　　　파리의 역사는 건물로 남아 있지만 역사는 인간이 만든다. 그래서 파리에는 역사에 기록된 수많은 인물들을 기리는 석상과 동상들이 즐비하게 서 있다. 석상과 동상들은 뤽상부르 공원이나 몽소 공원의 산책로에 서 있기도 하고, 광장이나 대로변에 서 있기도 하며, 노트르담 사원, 루브르 박물관, 시청 건물, 장송 드 사이 고등학교 건물 등의 외벽을 장식하고 있기도 하다. 파리 전체에 석상과 동상이 600개 이상 서 있는데 뤽상부르 공원 안에만 해도 구석구석에 80여 개의 상들이 알게 모르게 서 있다. 파리 시내에 있는 동상을 찾아다니며 그 동상 인물의 삶을 시대 속에 넣어 살펴본다면 훌륭한 프랑스 역사기행이 될 수도 있다. 파리 곳곳에 샤를마뉴 대제와 앙리 4세, 루이 14세(샤를마뉴 대제상은 노트르담 사원 앞에 앙리 4세의 동상은 퐁네프에 서 있다. 루이 14세 동상은 빅투아르 광장, 루브르 박물관 피라미드 앞, 카르나발레 박물관 정원 앞 등 여러 곳에 있다)와 나폴레옹, 클레망소와 드골의 동상 등 시대를 달리하는 군주와 정치 지도자들의 동상이 서 있는가 하면, 몽테뉴, 볼테르, 루소, 몽테스키외, 디드로, 콩도르세, 콩트, 르 플레 등의 사회사상가들의 상들도 서 있다. 몰리에르와 라 퐁텐, 빅토르 위고와 발자크(발자크의 동상은 두 개가 있다. 로댕이 만든 동상은 바뱅에 있고 팔귀에르가 만든 석상은 프리랑 거리에 있다), 보들레르와 스탕달, 플로베르와 발레리, 알렉상드르 뒤마와 모파상, 베를렌과 랭보, 모리아크와 사르트르 등 문인들의 상과 더불어 베토벤, 쇼팽, 마스네, 구노 등 음악가들의 상도 서 있다. 프랑스혁명의 지도자 당통의 상이 서 있는가 하면, 미국독립전쟁에 참여한 라파예트 장군의 동상도 서 있다. 파리를 근대적 도시로 변모시킨 오스만 남작의 상도 볼 수 있고 그 유명한 드레퓌스 사건의 주인공인 드레퓌스의 상도 볼 수 있다(폴란드 출신의 조각가 팀이 만든 똑같은 상이 6구의 라스파이 거리와 4구의 유대박물관 앞마당에 서 있다). 포슈, 네, 로샹보 등 장군들의 동상도 있고 조지 워싱턴과 벤저민 프랭클린, 처칠 등 외국인들의 동상도 서 있다. 프랑스혁명과 파리코뮌 등을 거치며 많이 파괴되었지만 모든 성당의 외벽에는 성자들의 석상이 서 있으며 몽마르트르 언덕의 뷔송 공원에는 성자 생-드니가 잘린 자기의 목을 들고 서 있는 석상을 볼 수도 있다. 대부분의 석상과 동상들이 남성들의 상이고 여성들의 상은 잘 보이지 않지만 뤽상부르 공원에 가면 마리 드 메디치 등 수많은 왕녀들의 석상이 둥근 테라스를 한 바퀴 빙 돌며 서 있고 쇼팽과 뮈세의 연인이었던 조르주 상드의 흰색 석고상이 서 있기도 하다. 20구의 바뇰레 광장에 가면 거의 실물 크기의 에디트 피아프의 동상이 있으며 리볼리 거리에는 금빛을 칠한 잔 다르크의 동상이 서 있다(파리에 잔 다르크의 동상은 최소한 세 개가 있다. 루브르 박물관 앞 리볼리 거리와 더불어 생-오귀스탱 성당 앞 광장 그리고 13구의 잔 다르크 거리에도 말을 타고 있는 그녀의 동상이 서 있다). 말없이 한자리에 서서 지나가는 사람을 바라보고 있는 수많은 석상과 동상들은 지나간 시대를 상기시키며 역사와 삶과 예술과 사랑과 시간의 의미를 다시 생각하게 한다.

기억의 장소와
'장소의 기억'

공간에 누적된 시간의 기억을 느끼게 하는 장치로 파리 시내 곳곳에 서 있는 기념비와 건물 외벽에 붙어 있는 표지판들을 빼놓을 수 없다. 어디를 가나 가장 많이 만나는 기념비는 1차대전과 2차대전에서 나라를 위해 순국한 사망자들을 위로하는 기념비다. 그리고 건물 외벽에는 항독 레지스탕스 활동을 하다 죽은 사람들을 기억하는 팻말이 가장 많다. 그러나 전쟁이나 항독운동과 같은 20세기 역사를 넘어 데카르트와 파스칼, 앙드레 브르통과 르 코르뷔지에, 앙드레 지드와 알퐁스 도데, 아폴리네르와 피카소, 올랭프 드 구즈와 카미유 클로델이 살았던 집에도 그 사실을 알리는 팻말이 붙어 있다. 역사학자 피에르 노라가 편집한 책의 제목처럼 파리 전체가 『기억의 장소』다. 기억의 장소 파리에는 '장소의 기억'이라는 시민문화단체가 있는데, 이 단체는 문화예술인들이 살았던 집에 돌로 된 현판을 붙이는 일을 즐겁게 하고 있다. 그 석판 위에는 보통 이곳에서 누가 언제 살았다는 간단한 내용의 소개와 함께 그 사람이 남긴 글 가운데 한 구절을 인용해놓는다. 파리 시내를 걷다 보면 이곳저곳에서 그 단체가 붙인 석판을 마주치게 된다. 사르트르와 시몬 드 보부아르가 1930년대 말과 1940년대 초 나치 치하에서 자주 머물렀다는 몽파르나스 묘지 남쪽에 있는 호텔 벽에 붙어 있는 현판, 미라보 우안 다리가 시작하는 입구에 붙어 있는 아폴리네르를 기리는 현판, 세르방도니 거리의 콩도르세가 『인간정신의 진보사 개요』를 쓴 집 벽에 붙어 있는 현판, 철학자 장켈레비치가 살았던 시테 섬 센 강변 아파트 벽에 붙은 현판, 생-루이 섬의 부르봉 강변로에 붙은 카미유 클로델을 기리는 현판, 프로방스의 작가 장 지오노가 파리에 오면 머물던 드라공 거리의 호텔에 붙은 현판 등은 모두 이 시민단체가 만들어 붙인 것이다.

파리 곳곳에
새겨진 이름들

역사에 흔적을 남긴 사람들의 이름은 파리의 거리 이름 속에도 많이 들어 있다. 생-미셸, 생-자크 등, '생saint' 자가 붙은 성자들의 이름이 제일 많아 프랑스가 오랜 가톨릭 국가였음을 상기시키고, 생시몽, 푸리에, 조레스, 루이 블랑, 오귀스트 블랑키 등의 이름은 프랑스 사회주의 운동의 역사를 환기시키며, 몽테뉴, 빅토르 위고, 에밀 졸라, 알베르 카뮈, 조르주 상드, 마르그리트 뒤라스, 생상스, 드뷔시, 에릭 사티 등의 사상가, 문인, 예술가들의 이름이 붙은 거리들은 파리가 문화 예술의 도시임을 환기시킨다. 거리 이름으로 남은 각각의 인물들은 그들의 삶과 작품, 그들이 살았던 시대에 관심을 갖게 만든다. 역사적 인물들의 이름은 중고등학교 이름에도 많이 사용되고 있어서 루이 14세를 뜻하는 루이 르 그랑 고등학교가 있는가 하면 앙리 4세 고등학교도 있고, 몽테뉴 고등학교가 있는가 하면 클로드 모네 고등학교도 있으며, 스테판 말라르메 고등학교가 있는가 하면 모리스 위트릴로 고등학교도 있다. 파리의 지하철역 이름에도 볼테르, 빅토르 위고, 강베타, 파스퇴르, 조레스, 샤를 드골 등 프랑스를 대표하는 인물들의 이름이 들어가 있어 현재는 과거와 이어져 있음을 상기시킨다.

박물관 속의
박물관들

　　　　　파리의 길을 걷다가 만나는 광장과 건물과 동상들은 그 자체가 건축사, 문학사, 사상사, 정치사, 생활사의 흔적들이다. 파리 곳곳에는 수많은 역사의 흔적들이 침묵으로 웅변을 하고 있다. 그래서 시인 레옹-폴 파르그는 파리 시내 산책을 오래된 사진첩 넘기기에 비유했다. 프랑스 역사에 대한 흥미와 교양을 가지고 있다면 길을 걸으며 수많은 이야기들을 머릿속에 떠올릴 수 있다. 자신의 관심에 따라 건축사적 산책을 즐길 수도 있고 문학사적 산책을 즐길 수도 있으며 프랑스혁명사나 파리코뮌의 흔적을 찾아서 역사기행을 할 수도 있다. 파리 전체가 하나의 거대한 노천 박물관이라면 파리에는 실내로 들어가 있는 수많은 박물관들도 있다. 과거를 모르고서는 미래를 창조할 수 없다는 말이 있지만, 파리에 있는 온갖 종류의 박물관들은 지나간 시간대를 환기시키며 미래로 열린 시간의 축을 상징한다. 루브르 박물관, 오르세 박물관, 퐁피두센터의 현대미술관은 인류의 예술사를 담고 있고, 클뤼니 박물관은 중세역사를 담고 있으며, 카르나발레 박물관에는 파리의 역사와 프랑스혁명의 역사가 들어 있다. 의상박물관, 포도주박물관, 해양박물관, 자연사박물관, 사냥박물관, 병원사박물관, 화폐박물관, 군사박물관 등의 주제별 박물관과 로댕 미술관, 마르모탕 모네 미술관, 마욜 미술관, 자드킨 미술관, 부르델 미술관, 브란쿠시 아틀리에, 들라크루아 박물관, 구스타브 모로 미술관, 달리 미술관, 에릭 사티 박물관, 쇼팽 박물관 등 개인별 박물관들을 합치면 파리는 엄청난 수의 박물관과 미술관이 있는 '기억의 도시'임을 알 수 있다. 그러니까 파리는 박물관의 도시이며, 파리 시내 전체가 하나의 거대한 박물관이다. 그렇다면 루브르와 오르세를 비롯한 박물관과 미술관들은 박물관 속의 박물관들인 셈이다. 박물관은 과거의 유물을 전시하는 장소가 아니라 일상의 인간을 좁은 세상에서 넓은 세상으로 인도하는 관문이며 미술관은 이미 창조된 작품을 연대기별로 전시한 공간을 넘어서 새로운 창조를 자극하는 또 하나의 학교다. 그런 박물관과 미술관이 많아서 파리는 역사의 향기를 풍기며 미래를 엿보게 한다.

안정된
색조

　　　　　　박물관과 미술관 속에 전시된 그림이 형태와 색채로 이루어지듯이, 도시에도 형태와 더불어 색채가 있다. 건물의 외형적 형태와 달리 건물 외벽의 질감이나 색감은 금방 눈에 들어오지 않지만 도시 분위기와 그곳에 사는 사람들의 정서에 알게 모르게 소리 없이 영향을 미치는 중요한 요소다. 파리가 가라앉고 안정된 분위기를 제공한다면, 그것은 일단 돌로 지은 일정한 높이의 건물들이 주조를 이루고 있기 때문이다. 돌로 지은 수백 년 된 건물들은 역사적 의미를 통해 도시에 안정감을 부여한다(파리에

목조건물을 금지하고 석조건물만 허락한 칙령이 반포된 것은 1607년이다. 이 칙령은 1667년 런던 대화재사건 이후 새로운 법령으로 보강되었다). 미국의 교외 주택가의 나무로 지어 흰색 페인트를 칠한 2층 건물들이 얼핏 가건물 같은 인상을 준다면 대도시의 고층 콘크리트 건물은 비정한 정글의 도시를 연상시킨다. 반면에 자연에서 나온 돌을 인간적 노력을 통해 다듬어 쌓아올린 파리의 7층 건물들은 장소에 깊게 뿌리내리고 있는 느낌을 준다. 그래서 빅토르 위고는 파리를 '돌로 만든 거대한 심포니une vaste symphonie en pierre'라고 말했다. 돌로 지은 건물의 외벽은 다른 소재의 건물과는 다른 느낌을 준다. 건물의 외벽은 사람으로 말하자면 얼굴의 피부와 같다. 그래서 건물 외벽의 색조와 질감은 건물의 형태 못지않게 도시에 대한 인상 형성에 중요하게 작용한다. 울긋불긋한 다양한 색조의 신흥 도시들이 시각의 무질서와 혼돈감을 준다면 파리의 안정된 색조는 안정감과 창조적 영감을 제공한다. 파리의 돌로 지은 건물들은 베이지색, 미색, 꿀색(생텍쥐페리는 『어린왕자』에서 꿀 빛깔의 사막에 대해서 이야기한 바 있는데, 사막이 모래로 이루어졌듯이 파리의 집을 지을 때 사용한 돌들도 모래로 만들어진 사암들이다), 회색, 검은색 사이를 오간다. 파리의 오래된 건물들은 세월의 먼지가 쌓여 회색을 지나 검은색으로 바뀐다. 그런데 최근 10여 년 사이에 노트르담 사원과 콩시에르즈리, 퐁네프 등 오래된 건물과 다리들이 뒤집어쓰고 있던 검은 먼지들을 제거하는 작업이 이루어졌다. 그래서 파리 중심부에는 베이지색 또는 꿀색에 가까운 부드러운 노랑색을 발하는 건물들이 많아졌다(최근에 파리 시청 가까이에 있는 생-자크 탑이 몇 년 동안에 걸친 보수와 세척 작업을 마치고 꿀색의 온전한 모습을 선보였다). 16구를 비롯한 주택가에도 건물 세수시키기 작업이 대대적으로 이루어져 동네 분위기가 한결 산뜻해졌다. 그 결과 도시 전체가 깨끗해지고 밝아진 반면에 약간 가볍게 느껴지기도 한다.

파리에는 돌로 지은 건물만이 아니라 석회반죽을 바른 건물들도 많고 벽돌 건물들도 있다. 그런데 회반죽을 바른 건물들도 외벽에 베이지색, 흰색, 회색, 꿀색 등의 페인트를 칠해 주변에 있는 돌집의 색조와 자연스럽게 어울린다. 벽돌집들은 1930년대에 지은 공공주택들이 다수를 이루는데, 붉은색 벽돌이 아니라 옅은 갈색의 벽돌을 사용해서 영국식 붉은 벽돌 건물과는 다른 느낌을 준다. 벽돌과 돌을 섞어서 지은 건물도 가끔 눈에 띈다(지금은 박물관이 된 '빅토르 위고의 집'이 있는 보즈 광장에 가보면 광장을 둘러싸며 사각형을 이루고 있는 건물들을 볼 수 있다. 바로 그 건물들이 벽돌과 돌이 아름답게 조화를 이루고 있는 보기이다). 건물의 색조가 기본을 이루지만 그 밖에도 버스와 버스정거장, 지하철과 지하철역, 신문가판대, 우체통, 상점의 진열창, 가로등과 교통신호등, 자동차들과 파리지앵들이 입고 다니는 옷 색깔, 거리 이름 표지판, 거리의 광고판이나 벽보 등의 색조도 지나치게 튀지 않기 때문에 파리의 기본적 분위기와 잘 어울린다. 아연으로 만든 경사진 짙은 회색빛 지붕과 벽돌색 굴뚝이 서로 잘 어울린다(카프카가 프라하를 떠나 파리를 잠시 여행하고 남긴 글을 보면 이 벽돌색 굴뚝들이 늘어선 지붕에 대한 묘사가 나온다). 그랑 팔레의 지붕이나 엘리제 궁 정문 국기 게양대에서 펄럭거리는 푸른색, 흰색, 빨강색으로 된 프랑스 국기도 파리의 분위기를 살려준다. 파리를 구성하는 안정된 기본 색조와 그 바탕색 위에 펼쳐지는 다양한 색채의 조화야말로 파리를 아름답다고 느끼게 하는 중요한 요소다.

은은한 조명

낮의 파리뿐만 아니라 밤의 파리에도 특별한 분위기가 있다. 파리를 배경으로 하는 영화들에 언제나 어두워지는 저녁이나 야경이 나오는 이유가 거기에 있다. 물론 낮이나 밤이나 파리의 건물과 도로와 광장은 똑같이 그 자리에 있다. 낮과 밤사이에 달라지는 것은 빛이다. 밤의 파리가 무대라면 그 무대에 특별한 분위기를 만드는 것이 바로 조명효과다. 저녁이 되면 약간 어두운 듯한 은은한 불빛 속을 걸어가는 파리 사람들의 실루엣이 영화 스크린 속의 장면들을 연상시킨다. 파리의 상징인 에펠탑이야말로 밤에 그 진가를 발휘한다. 다른 건물들이 어둠 속에 그 자취를 감출 때 조명을 발하는 에펠탑은 선명하게 빛난다. 매시간 처음 10분 동안에는 깜박거리면서 환상적 시계의 역할을 하는 에펠탑은 조명 예술가들의 거대한 실험실이 되기도 한다. 2003년에 중국의 후진타오 대통령이 프랑스를 공식 방문하였을 때 에펠탑의 조명은 중국을 상징하는 붉은색으로 바뀌었고(이미 1928년 들로네는 붉은 에펠탑을 그렸다), 2008년 6월에서 12월 사이 프랑스가 유럽연합을 대표할 동안에는 유럽연합을 상징하는 푸른빛 옷을 입고 있었다. 개선문에서 콩코르드 광장에 이르는 샹젤리제 거리는 평소에도 가로등과 상점들의 불빛이 밝게 빛나지만 연말연시에는 가로수에 깜박이는 조명이 설치돼 포근한 동화의 세계를 만든다. 화려한 오페라 건물에 조명이 더해지면 더욱 화려해진다. 엥발리드와 한림원의 금색 돔 지붕이 빛을 발하고 그랑 팔레의 지붕에 설치된 청동 마차에 조명이 비치면 마차가 곧바로 출발할 것 같다. 생-루이 섬에서 바라보는 팡테옹의 청동 돔 지붕의 은은한 빛은 언제 보아도 고요하다. 매년 10월에 열리는 '라 뉘 블랑슈(백야축제)'는 그야말로 빛의 향연이다. 파리 시내 곳곳의 역사적 장소에 빛의 예술이 펼쳐진다. 밤의 파리가 서울이나 뉴욕을 비롯한 다른 나라의 도시와 다른 점은 네온사인이 거의 보이지 않는다는 점이다. 물론 약국을 상징하는 초록색 십자가나 물랭 루주 같은 공연업소의 광고 이미지는 예외다. 파리 도심에는 서울 세종로에서 보는 것과 같은 거대한 전광판도 없다. 울긋불긋한 네온사인과 현란한 이미지의 전광판이 요란하게 반짝이는 대신 은은한 주황 빛깔을 내는 백열 가로등이 어둠을 밝혀주고 있어서 훨씬 안정되고 가라앉은 느낌을 준다. 빛의 도시 파리는 은은한 조명을 통해 아름다운 밤의 도시가 된다.

파리를 만드는
도시 비품들

　　　　　　　　파리를 파리로 만들어주는 것은 화려한 장소들만이 아니다. 내가 만약에 며칠 동안 납치범에 의해 감금되었다가 어느 장소에 버려졌다고 가정해보자. 그때 주변에 초록색 철제의 작은 분수대나 원통형 광고탑을 발견한다면 그곳이 파리임을 금방 알게 될 것이다. 파리의 곳곳에 서 있는 모리스 기둥이나 발라스 분수대는 파리의 정체성과 통일성을 만들어주는 도시 비품들이다. 그와 더불어 같은 초록색으로 칠해진 가운데 등 받침을 두고 양쪽으로 앉게 만든 벤치, 나뭇잎사귀가 넝쿨 모양으로 그려진 기둥 위에 켜지는 가로등, 공원 안팎을 구별해주는 머리끝에 금칠을 한 창살 철책, 가로수를 보호하는 네 조각의 철제 덮개 등은 어디에나 같은 모양, 같은 규격이다. 300여 개나 되는 지하철 입구도 파리를 상징하는 중요한 도시 비품이다. 아르 누보를 대표하는 헥토르 기마르가 설계한 지하철 입구는 지형과 장소에 따라 변형되지만 연두색에 가까운 초록색 철제와 입구 양쪽의 붉은 눈은 어느 역이나 동일하다(팔레 르와얄 지하철역은 예외다. 왕관 또는 꽃상여 모양의 입구는 설치미술가 장-미셸 오토니에의 작품이다). 콩코르드 광장의 죄드 폼므 미술관으로 올라가는 계단 옆에 붙은 초록색 바탕에 빨간색으로 쓴 'METRO'라는 글자를 보는 순간 여기가 파리의 콩코르드 광장임을 즉시 알게 된다(자세히 보면 빨간색으로 글자를 쓴 게 아니라 빨간색 판에서 글자를 잘라내서 만들었다). 밤색 기둥의 횡단보도 신호등과 가로등도 파리 어디에서나 동일하다. 샹젤리제 거리와 생-제르맹-데-프레 광장을 비롯한 파리의 오래된 길과 광장을 덮고 있는, 마차 타고 다니던 시절의 파리를 상징하는 돌이 박힌 포도는 아스팔트가 깔린 길과 다른 분위기를 연출한다. 검은색의 미끈미끈한 느낌을 주는 아스팔트가 빠른 속도와 효율성을 상징한다면 돌로 포장된 도로는 아직 마음의 여유가 있던 지난 세월을 연상시킨다.

파리의 5,000개가 넘는 거리에는 모두 거리 이름을 알리는 표지판이 붙어 있다. 가로 30센티미터, 세로 20센티미터의 짙은 청색의 직사각형의 위쪽에는 직경 20센티미터 정도의 타원이 붙어 있고 표지판을 잘 보이게 하기 위해서 표지판 가장자리를 초록색으로 틀지었다. 직사각형 안에는 거리 이름이 들어 있고, 타원 안에는 구의 번호가 들어 있다. 그리고 거리의 모든 건물의 외벽에는 작은 정사각형 안에 번지수가 붙어 있다. 지하철역과 거리 이름과 번지수를 알리는 간판만이 아니라 파리 시의 간판문화에는 예의와 염치가 있다. 우선 크지 않고 요란하지 않다. 의사, 변호사, 회계사, 정신분석가 등의 사무실은 건물 입구에 가로 25센티미터에 세로 15센티미터 정도의 직사각형 판에 이름과 전화번호가 적혀 있다. 작은 간판의 색깔도 검은색, 금색, 흰색 등으로 한정되어 있다. 한 건물 입구에 여러 개의 간판이 나란히 붙어 있을 경우에도 각각 요란한 색상을 써서 다른 간판을 짓누르고 자기만 돋보이려는 간판은 찾아볼 수 없다. 이런 작은 도시 비품들이 파리를 파리로 만든다.

노천시장,
생활 속의 건강미

파리는 지난 시대의 역사를 상기시키는 박물관이면서 동시에 오늘을 살아가는 파리지앵들의 삶의 공간이기도 하다. 파리 사람들이 다 빠져나간 8월의 파리에서는 파리 본래의 모습을 느낄 수 없다. 파리를 아름답게 만드는 것은 파리 사람들의 활기찬 삶의 모습이다. 출퇴근 시간의 지하철은 파리 사람들의 삶의 활기를 직접 강하게 느낄 수 있는 곳이지만 정신이 없어지는 장소이기도 하다. 일주일에 한두 번씩 동네 대로에서 열리는 노천시장에 가면 여유가 있으면서 활기찬 파리 사람들의 모습을 볼 수 있다. 많은 사람들이 평소에 모노프리나 프랑프리 같은 슈퍼마켓을 이용하지만 재래식 노천시장이 사라지지 않고 명맥을 유지하고 있는 곳이 파리다. 파리의 노천시장은 안정된 파리에 생기와 활기를 부여하는 깜짝쇼와 같다. 콩방시옹 거리, 프레지당 윌슨 거리, 모베르 광장, 라스파이 거리, 리샤르 르누아르 거리 등, 시내 곳곳에서 열리는 노천시장은 보통 수요일과 토요일 오전 9시에 시작해서 오후 1시면 끝난다. 시장에는 생선 가게, 정육점, 치즈 가게, 포도주 가게를 비롯해 온갖 식품점과 옷과 간단한 가구를 비롯하여 신발 가게, 꽃 가게에 이르기까지 생활에 필요한 모든 것들이 총출동한다. 아침 일찍 트럭에 진열대와 물건을 싣고 와서 전시를 시작해 장사를 마치고 나면 어느 사이에 모든 것이 원래 상태로 돌아간다. 상인들이 지나간 자리는 깨끗하게 물청소가 되어 언제 시장이 열렸는지 모르게 된다. 지붕이 덮인 재래식 시장도 곳곳에 있으며 다게르 거리, 클레 거리, 코메르스 거리, 아농시아시옹 거리, 레비스 거리 등 일상의 식생활에 필요한 재료들을 파는 상점들이 줄지어 늘어서 있는 시장거리도 그대로 존재한다. 파리의 시장거리들은 파리를 살아 움직이게 하는 장소들이다. 그곳에는 과일-채소 가게, 치즈 가게, 포도주 가게, 빵 가게, 카페, 식당들이 줄지어 서 있고 고객과 상인 사이의 즐거운 대화가 오간다. 지나가는 행인에게마저 삶의 활기를 느끼게 하는 노천시장과 전통적 시장거리는 파리에 생활 속의 활기찬 건강미를 불어넣는다.

크고 작은
공원 속의 조화

　　　　　　　　　파리에 아무리 역사적 건물이 많고 즐비하다 하더

라도 450여 개에 달하는 공원과 녹지가 없다면 파리는 사막과 같이 건조한 도시가 될 것이다. 석조 건물들은 녹색의 공원들과 조화를 이루며 파리를 살아 있는 도시로 만든다. 몽소 공원은 주변을 둘러싸는 주택들로 더욱 빛이 나고 오래된 고급 주택들은 공원으로 인해 삭막함을 벗어난다. 개별 공원 수준이 아니라 파리 전체의 수준에서 보더라도 파리에는 다양한 시대의 건물과 다양한 형태의 공원이 조화를 이루고 있다. 각각의 요소들은 다른 요소들이 없다면 그 가치가 훨씬 줄어들어버리고 말 것이다. 파리 전체의 아름다움이 다양성과 조화에서 온다면, 파리를 구성하는 각각의 장소들도 다양성과 조화의 원리로 짜여 있다. 공원도 그 가운데 하나다. 파리 도심에 위치해 있어 많은 사람들이 즐겨 찾는 뤽상부르 공원을 산책해보면 하나의 공원 안에 다양한 요소들이 어떻게 조화를 이루고 있는가를 알 수 있다. 파리의 오래된 고전적 정원인 뤽상부르 정원에는 가지런하게 서 있는 나무들 사이로 조용한 산책로가 펼쳐지며 중앙의 커다란 분수대 주변에는 꽃밭이 조성되어 있고 분수대 좌우 위편 테라스에는 마리 드 메디치를 비롯한 왕녀들의 석상이 서 있다. 봄이 와서 기온이 올라가면 공원 온실에서 겨울을 지낸 야자수를 비롯한 열대식물들의 커다란 화분이 분수대 주변으로 나온다. 분수대 주변이 넓은 하늘이 펼쳐지는 개방의 장소라면 공원의 남쪽과 서쪽에 작은 규모로 구분되어 있는 영국식 정원들은 조용히 앉아 책을 보거나 사색을 하기에 적합한 공간이다. 가만히 있기보다는 움직이고 싶어 하는 어린아이들을 위한 모래밭과 놀이터, 인형극장과 조랑말 코스도 있다. 젊은이들이 자유롭게 뒹굴 수 있는 풀밭이 있으며 땀을 흘릴 수 있는 테니스장과 농구장도 있다. 공원 구석구석에는 플로베르, 스탕달, 쇼팽, 베토벤, 보들레르, 베를렌, 조르주 상드, 들라크루아 등 수많은 문인, 음악가, 화가들의 상들이 서 있고 군데군데 벤치가 마련되어 있는가 하면 간단한 식사를 하거나 차를 마실 수 있는 노천카페도 있다. 화려한 상원건물이 있는가 하면, 초록색을 칠한 나무로 만든 작은 매점도 있다. 파리의 크고 작은 공원들은 이미 있는 것들에 새로운 것들이 덧붙여져 만들어진 조화의 공간들이다. 그것들은 몇 세기에 걸쳐 수많은 건축가, 조각가, 조경사, 정원사들이 이미 있는 것들을 존중하며 새로운 것을 덧붙여 쌓아올린 도시의 오아시스들이다. 그 오아시스들이 있어 파리는 인간다운 삶이 가능한 아름다운 도시가 된다.

숨어 있는
작은 광장들

모든 도시는 일단 길로 이루어지지만 그 길과 길이 만나고 흩어지는 곳에 광장이 있다. 파리에는 콩코르드 광장, 레퓌블릭 광장, 바스티유 광장, 나시옹 광장 등 크고 웅장한 규모의 광장들이 있는가 하면 대로에서 조금 들어가 조용하고 한적한 곳에 자리하고 있는 작은 규모의 광장들도 많다. 대부분의 성당 앞에는 조용한 광장이 조성되어 있고 그 주변에는 흔히 카페와 식당, 신문가판대 등이 있다. 생-쉴피스 성당 앞 광장, 생-제르맹 성당 앞 광장, 생-뱅상 드 폴 성당 앞의 광장들은 그 보기이다(대로변에 위치해 광장이 없는 생-앙투안 거리의 생-폴 성당은 예외에 속한다). 그러나 그런 광장들 앞에도 자동차들이 분주하게 다닌다. 그런데 파리에는 자동차가 거의 다니지 않는 아주 조용하고 한적한 광장도 있다. 파리 6구에 있는 퓌르스텐베르그 광장을 그 보기로 들 수 있다. 사르트르와 보부아르, 마르그리트 뒤라스와 앙드레 말로 등 유명한 문인들이 모여들던 카페 되마고가 있는 생-제르맹-데-프레 광장은 언제나 많은 사람들이 오간다. 그러나 센 강변을 향해 그곳을 지나가다 보면 이내 생-제르맹-데-프레 교회에 붙은 작은 공원을 만나게 된다. 그곳에는 피카소가 만든 아폴리네르의 얼굴상이 있다. 그 공원을 끼고 오른쪽으로 돌아서 계속 가다 보면 얼마 되지 않아 왼쪽에 작은 광장이 하나 나오는데, 그곳이 바로 퓌르스텐베르그 광장이다. 이 광장에는 네 그루의 오동나무, 가로등, 광장을 둘러싸는 주변의 건물들, 들라크루아 박물관 입구, 광장으로 이어지는 작은 길들이 잘 어울려 고유한 조화의 상태를 이루고 있다. 시끄럽거나 요란하지 않고, 무겁게 가라앉지도 않고, 경쾌하면서도 차분한 느낌을 갖게 하는 이 작은 광장의 분위기는 어느 하나의 요소로 설명할 수 없다. 그 특별한 분위기는 여러 요소들이 합쳐져 만들어낸 조화의 산물이다. 그것은 광장의 위치, 광장의 크기, 광장을 둘러싸고 있는 건물들 사이의 조화, 건물과 광장 사이의 조화, 가로등과 나무들 사이의 조화, 건물과 가로등 사이의 조화, 건물과 나무 사이의 조화, 건물과 길 사이의 조화 등이 신비한 방식으로 상호 결합하여 만들어내는 분위기다. 똑같은 장소가 보는 방향에 따라 다른 분위기를 만들어주기도 한다. 광장에서 자코브 거리 쪽으로 걸어 나가다가 광장을 뒤돌아보면 광장 뒤편 건물의 벽돌과 사암을 배합해서 만든 벽이 배경이 되어 광장으로 걸어 들어올 때와는 사뭇 다른 분위기를 느끼게 된다. 똑같은 장소가 날씨에 따라 다른 분위기가 되기도 한다. 어느 날 소나기가 내린 뒤 아무도 없는 광장 주변을 걷다 보면 먼 옛날로 돌아간 듯한 느낌을 받는다. 파리에는 콩코르드 광장 같은 화려한 광장도 많지만 퓌르스텐베르그 광장 같은 한적한 광장도 많다. 그런 광장들이 숨어 있어서 파리는 아름다운 도시가 된다.

안정 속의
파격

파리가 갖는 아름다움은 기본적으로 다양한 요소들의 조화에 있지만 때로 예상치 않은 파격 속에서 파리의 또 다른 매력을 느낄 수 있다. 오스만식 규범을 따르는 7층의 화려한 건물들이 늘어서 있는 거리에 2층짜리 아담한 건물이 끼어 있는 모습이나, 돌로 지은 건물들이 늘어선 거리에 철제로 지은 파리 지하철공사의 건물이 들어서 있는 파격도 파리의 매력이다. 일정한 규칙이 있어 정돈된 느낌을 주지만 때로 규범을 넘어서는 파격이 있고 예상치 못한 예외적 건물들이 모습을 드러낸다. 돌로 지은 무거운 건물들 사이에 유리로 지은 투명한 집이 그렇게 잘 어울릴 수가 없다. 루브르 박물관 입구의 나폴레옹 광장에 서 있는 투명한 유리 피라미드는 지나가는 사람의 시야에 작은 파문을 일으킨다. 퐁피두센터, 사회과학고등연구원EHESS 건물, 카르티에 현대미술재단 건물, 케브랑리 박물관, 아랍문화원, 르몽드 사옥, 퓌블리스 사옥 등 유리와 철제로 지은 투명한 건물들은 19세기 후반 돌로 지은 오스만식 건물들의 육중함과 대조를 이루는 파격이다.

파리의 건물 안에도 숨겨진 파격이 있다. 겉에서 보기와 달리 파리의 대부분의 건물들은 ㅁ 자 모양을 하고 있어 건물 안에 네모난 모양의 안 정원을 가지고 있다(퓌르스텐베르그 광장에 있는 들라크루아 박물관에 들어가서 관람을 마치고 남쪽으로 난 나무 계단을 타고 내려가면 예상치 않게 조용한 작은 정원이 있다). 그리고 큰 저택들의 뒤쪽에는 밖에서는 상상할 수 없는 크기의 잘 정돈된 개인 정원들이 자리하고 있다(로댕 미술관 뒤뜰이 그 보기가 될 수 있다). 이처럼 파리 시내를 주의 깊게 관찰하며 걷다 보면 작은 파격들을 도처에서 발견할 수 있다. 그러한 작은 발견들이 일상의 무료함과 단조로움을 깨고 정신에 활력을 준다. 가라앉고 눅눅해진 기분을 다시 일으켜 세워준다. 그래서 침울했던 파리가 다시 상쾌한 모습으로 다가온다.

**발견을 기다리는
이름 없는 장소들**

파리에서는, 눈에 잘 드러나지 않는 시시하고 하찮게 보이는 작은 것들에서 아름다움을 발견할 기회가 많다. 마치 시골의 어느 마을을 연상시키는 이층집들이 줄지어 서 있는 골목길들, 동네 아이들이 나와서 뛰노는 언덕길, 더 이상 기차가 다니지 않는 버려진 철도 길에 핀 야생화. 공원의 호젓한 한구석에 서 있는 시인의 동상들이 우리의 마음에 다가와 말을 걸기도 한다. 길과 길이 이어지는 모퉁이를 돌아서면서 잘 보이지 않는 구석진 공간에서 예기치 않은 눈의 신선한 즐거움을 맛볼 수 있다. 프루스트의 『잃어버린 시간을 찾아서』에서 주인공이 마들렌 과자 한 조각을 통해 과

거의 어린 시절의 풍요로웠던 나날로 돌아갈 수 있었듯이, 파리에는 과거의 기억을 환기시키는 장면들이 너무 많다. 어느 골목길의 오래된 나무 대문, 붉게 물든 담쟁이가 덮인 건물의 외벽, 오래된 건물 외벽에 어른거리는 바람에 흔들리는 나무의 그림자, 검은 철문에 달린 구리 손잡이, 황혼이 물든 센 강변의 하늘, 집들로 둘러싸인 작은 공원, 포도넝쿨이 있는 막다른 골목길, 어둠이 내리는 저녁 돌계단을 따라 일렬로 서 있는 가로등 불빛 등은 평소에 느낄 수 없었던 무언가 특별한 감흥을 불러일으킨다. 점심시간에 생-쉴피스 성당 앞 광장을 지나가다 듣는 성당의 종소리는 몇 세기 전의 파리를 연상시킨다. 가로등이 켜지기 시작하는 저녁 무렵 시원한 바람이 부는 일 생-루이의 강변을 걷다 보면 어느 집에서 누군가가 연주하는 쇼팽의 「야상곡」이 울려 퍼지기도 한다. 그런 일상의 공간에 흩어져 있는 하찮은 것들, 시시하게 보이는 것들이 모여 파리라는 도시의 전체적 분위기를 만든다. 작고 보잘것없어 보이는 것들을 새로운 눈으로 볼 수 있다면 우리들의 삶에서 권태와 지루함은 자취를 감출 것이다. 파리는 모든 것을 처음 바라보는 아이처럼 매일 새로운 것을 발견할 수 있는 끝없는 산책의 공간이다. 그래서 파리는 아름답다.

화려함 속의 멜랑콜리

파리에는 세상의 온갖 화려한 것들이 줄지어 서 있다. 나폴레옹 황제의 시신이 안치된 엥발리드의 금박을 입힌 돔 지붕, 알렉상드르 3세 다리 위의 황금빛 조각들 그리고 콩코르드 광장에 서 있는 오벨리스크의 삼각형 정상에 칠해진 금박, 수많은 조각으로 장식된 오페라 건물, 몽테뉴 거리의 샤넬, 크리스티앙 디올, 이브 생 로랑 등 유명 디자이너들의 부티크, 방돔 광장의 쇼메, 반 클리프, 카르티에, 바카라 등의 극도로 세련된 보석상들은 모두 파리의 화려함을 눈으로 느끼게 해준다. 노트르담 성당을 한눈에 내려다보는 곳에 위치한 투르 다르장(은탑) 식당이나 파리를 훨씬 넘어 세계적으로 알려진 샤넬 향수, 마들렌 성당 옆에 있는 온갖 고급 식품을 파는 포숑, 르 노트르 등은 미각과 후각을 통해 파리의 화려함을 과시한다. 파리의 화려함은 때로 경박스러운 사치와 세속적 쾌락주의로 빠지기도 한다. 브리지트 바르도와 카트린 드뇌브, 에마뉘엘 베아르와 쥘리에트 비노슈, 이자벨 아자니와 나탈리 베이 등의 여자 배우들은 세련된 사치와 감각적 쾌락이 결합된 프랑스적 이미지의 표상들이다. 많은 사람들이 그런 파리의 화려한 이미지에 끌려 파리를 찾는다.

그러나 파리는 화려함만 있는 곳이 아니다. 거기에는 어디에서 오는지 알 수 없는, 넘치지도 모자라지도 않는 적당한 정도의 멜랑콜리가 스며들어 있다. 파리의 화려함 뒤에는 알게 모르게 옷을 적시는 가랑비처럼 천천히 그리고 부드럽게 영혼에 스며드는 달콤한 멜랑콜리가 숨어 있다. 그런 분위기는 자신에 차고 현재에 만족감을 느끼며 힘차게 앞으로 나가는 느낌을 주는 상승기의 신흥도시에서는 느낄 수 없다. 파리는 정점에 도달했다가 하강기에 들어서서 세속적 영광의 허무함을 알게 되고, 지나간 과거를 장기적 관점에서 뒤돌아보는 시점에 있는, 그렇지만 아직도 무시할 수 없는 위치를 차지하고 있는 도시다. 파리에서는 아직도 빛을 발하고 있지만 점차 희미해지는 과거의 영광, 아련한 노스탤지어, 이루어지지 않은 꿈, 무너져버린 환상의 허무함, 무언지 모를 결핍감, 안타까운 상실감이 느껴진다. 저돌적인 힘으로 돌진하는 중국이나 중동 산유국들의 도시에서는 내면을 들여다보는 분위기가 만들어지기 힘들다. 그런 도시에서는 무언가 새로운 것, 이익이 될 만한 것을 찾아 부리나케 빠른 속도로 움직여야 할 것 같은 느낌이 든다. 그렇지 않으면 뒤처지고 낙오자가 될 것만 같다. 그러나 파리에서는 그렇지 않다. 오래된 세월의 이끼가 긴 곳곳의 기념비적 건물과 센 강변과 공원의 산책로와 골목길 속에는 인간 삶의 유한성과 허무함을 일깨우는 멜랑콜리한 분위기가 스며들어 있다. 적당한 양의 멜랑콜리와 약간의 소외감 속에서 자기 자신의 내면을 들여다볼 수 있는 장소가 파리다. 그런 파리의 분위기가 세상에서 상처받은 사람에게 위안을 준다. 그러나 파리의 멜랑콜리는 실패와 실연, 상실과 좌절, 죽음과 패배감을 줄 정도로 부정적이지는 않다. 파리의 멜랑콜리는 열등감보다는 자부심을 동반한 상실감이다. 파리의 멜랑콜리는 행복한 고독감을 주는 달콤한 우울이다. 멜랑콜리의 달콤함은 세상의 모든 세속적 영광과 즐거움을 뒤로하게 만든다. 파리의 우울은 마음에 상처를 입은 사람을 우울증으로 빠지게 하여 무기력한 상태로 만드는 병적 우울이 아니라 자신의 내면을 들여다보고 세상을 다른 눈으로 보게 하고 삶의 상대성을 느끼게 하여 지금까지와는 다른 새로운 삶을 시작하게 하는 창조적 우울이다. 파리의 멜랑콜리는 아직 꺼지지 않은 불꽃을 다시 살려내고 새로운 상상력을 불러일으키는 창조의 원동력이다. 세계 도처에서 예술가와 작가와 지식인이 파리로 몰려드는 이유는 바로 그런 멜랑콜리한 분위기가 주는 창조적 영감에 있다. 그들은 창조적 영감을 통해 고통과 두려움, 상처와 좌절을 '작품'으로 승화시킨다. 파리의 멜랑콜리는 어느 특정한 곳에 모여 있지 않고 도처에 퍼져 있다가 구름이나 안개를 타고 오기도 하고 비를 동반하며 그 모습을 드러내기도 한다. 때로는 햇볕 내리쪼이는 날 마로니에 나무의 그림자 속에도 나타나고 뤽상부르 공원의 보들레르 동상 근처를 배회하기도 한다. 화려함 속의 우울, 우울 밖의 화려함. 파리의 매력은 공존할 수 없는 그 두 요소가 서로 뗄 수 없는 관계로 얽혀 있는 모순된 조화의 상태에서 만들어진다. 파리에는 세상에 대한 긍정과 세상에 대한 부정, 삶의 기쁨과 삶의 무의미, 화려함 속의 쾌활과 고독 속의 우울이 공존하며 때로 갈등하며 때로 조화를 이룬다. 그것이 바로 파리 도시미학의 정수다.

파리지앵들의
파리

파리지앵들이 파리를 사는 법

당신은 진짜 파리지앵이세요?
물론이지요.
어머니는 터키 사람이고 아버지는 폴란드 사람이랍니다.
—라파엘 소랭, 『파리지엔느』

어느 가을날 뤽상부르 공원의 산책로. 파리 6구, 2005.

파리지앵의
조건

　　　　　흔히 파리 사람들은 자기중심적이고 변덕스럽지만 창조적이고 고유한 개성을 가진 사람들로 알려져 있다. 권태를 참지 못하고 지루하면 꼭 무슨 일이건 저지르고야 마는 사람들이 바로 파리 사람들이다. 파리지앵들은 변화가 심한 파리의 날씨만큼이나 변덕스럽다. 그래서 장 주네의 전기를 쓴 에드먼드 화이트의 표현에 따르면, "파리지앵들은 무엇이건 새로운 것에 관심을 갖는다. 그러다가 얼마 지나지 않아 언제 그랬냐는 듯이 무관심해진다. 어느 날 새로운 무엇에 열광하다가 얼마 안 가서 언제 그랬냐는 듯이 잊어버린다. 파리지앵들은 모든 것을 불평하고 모든 것을 관용하며, 모든 것을 조롱하고 모든 것을 망각한다. 그들은 모든 것을 열정적으로 느끼다가 모든 것을 던져버린다."

　그렇다면 누가 파리지앵인가? 흔히 파리에 사는 사람들을 파리지앵이라고 부르지만 정작 파리지앵의 기준을 따지자면 복잡해진다. 파리에서 태어나서 파리에서 자라고 파리에서 살고 있는 토박이만을 파리지앵이라고 한다면 그 수는 매우 한정될 것이다. 게다가 3대 이상 파리에서 살고 있는 집안 출신이라는 조건을 붙이면 파리지앵의 수는 더욱 적어질 것이다. 파리에 살고 있는 사람들 가운데 대부분은 19세기 이후 파리와 그 주변이 산업화되면서 지방에서 올라온 사람들이다. 발자크나 스탕달의 소설에서 나오듯이 농촌과 지방 소도시의 젊은이들은 권태와 단조로움을 벗어나 대도시에서의 새로운 삶과 성공을 꿈꾸며 '빛의 도시' 파리로 올라왔다. 2차대전 이후에는 북아프리카와 이탈리아, 스페인, 포르투갈, 그리스 등의 서유럽 나라들은 물론 불가리아, 루마니아, 폴란드를 비롯한 동유럽으로부터 많은 사람들이 일자리와 자유를 찾아 파리로 왔다. 이들 이민객들도 모두 파리지앵이다. "프랑스를 프랑스 사람에게"를 외치는 프랑스 극우 민족주의자들에게 파리지앵은 인종적으로 프랑스 사람에 한정될 터이지만 파리를 세계에서 가장 코즈모폴리턴적인 도시로 생각하는 사람들에게 파리지앵은 파리에 주소를 가진 모든 사람이다. 그러나 파리에 살면서도 스스로를 파리지앵이라고 느끼지 않는 사람들이 있는가 하면 외국이나 지방에 살면서도 스스로를 파리지앵이라고 생각하는 사람들도 있다. 그렇다면 파리에 거처가 있건 없건 스스로를 파리지앵이라고 느끼는 사람은 누구나 파리지앵이라고 볼 수도 있다.

파리,
카멜레온의 도시

　　　　　　　　　파리지앵들은 파리를 어떻게 살고 있을까? 먼저
서른한 살, 회사원인 다미엥의 이야기를 들어보자. 그는 파리에서 태어나 파
리에서 살면서도 자신이 파리지앵이라는 사실을 느끼지 못했으나 직업상의
이유로 런던과 암스테르담에서 상당 기간을 살다가 다시 파리로 돌아온 이후
에야 비로소 자신이 자신도 모르게 파리지앵이었음을 실감했다고 한다. 그에
게 파리는 무엇보다도 다양성의 도시다. 파리에서는 지역과 장소에 따라 분
위기가 확 달라진다. 그는 직장에서 하루 일과를 마치고 나면 직장 부근과는
전혀 다른 분위기의 구역으로 이동하여 저녁 시간을 보내고 귀가한다. 다미
엥은 낮의 생활과 밤의 생활이 완전히 달라지는 카멜레온 같은 삶을 사는 자
기 같은 사람에게 파리야말로 가장 이상적인 도시라고 말한다.

　라파엘라는 스물두 살의 대학생이다. 파리 14구에서 태어났고 11세에서
17세 사이에는 부모를 따라 스위스의 제네바에서 살다가 다시 파리로 돌아왔
다. 라파엘라도 다미엥처럼 다른 도시에서 살다가 파리로 돌아왔을 때야 비
로소 자신이 파리지엔느임을 알았다고 한다: "나는 그 유배지에서 돌아왔을
때 내가 어느 정도로 파리지엔느였던가를 알게 되었어요. 나는 범위가 너무
좁아서 익명성이 부족한 제네바 같은 도시를 싫어하고 파리처럼 공격적이지
만 활기가 넘치는 대도시를 좋아해요. 제네바를 싫어하고 파리를 좋아하는
이유에는 나의 다소 도발적인 자민족중심주의가 작용하는지도 모릅니다. 아

무튼 나에게 파리는 모든 것의 중심입니다."

한번 파리에서 살아본 사람은 다른 어떤 곳에 가서도 살기 힘든 사람이 된다는 말이 있다. 그러나 그 사실을 체험하려면 파리에 살다가 파리가 아닌 다른 도시에서 살아보아야 한다. 다미엥이나 라파엘라의 경우에서 보듯이 파리에 계속 사는 사람보다는 파리에 살다가 파리를 떠나 다른 곳으로 가서 살다 돌아온 사람들이 파리를 더욱 깊게 느끼고 사랑한다. 그들에게 파리는 구역에 따라 분위기가 달라지는 다양성의 도시다. 라파엘라도 다미엥처럼 파리의 한 구역에서 다른 구역으로 건너다니며 여러 방식의 삶을 즐긴다. 라파엘라의 말을 들어보자. "그래요, 프랑스에는 파리 말고도 다른 도시들이 많이 있어요. 그리고 나는 파리를 떠나 다른 도시로 여행 가는 것도 좋아합니다. 그러나 그럴 때마다 얼마 후면 다시 파리가 그리워지는 것으로 끝나게 됩니다." 그래서 라파엘라에게 파리는 세상의 중심이다.

파리,
여성들의 파리

　　　　　　서른일곱 살의 마틸드는 어린이들을 위한 책을 만드는 일을 하고 있다. 태어난 곳은 인도네시아이고 프랑스 북부 도시인 릴에서 성장했다. 그 후 남아프리카공화국에서 살다가 파리로 돌아와 산 지 3년이 되었다. 마틸드가 정작 파리에 산 햇수는 얼마 되지 않는다. 그런데도 그녀는 스스로를 파리지엔느라고 생각한다. 그녀는 외국 여행을 자주하는데 외국 사람들에게 파리 이야기를 꺼내면 곧장 눈빛이 달라짐을 느낀다. 파리 사람들이 신경질을 잘 낸다고 하지만 마틸드가 보기에 파리지앵(파리 남자들)과 달리 파리지엔느(파리 여자들)는 화를 잘 내지 않는다. 파리 여자들은 말한마디, 몸동작 하나, 미소 한 모금으로 일상생활에서 생기는 갈등과 긴장상태를 없애버린다(어느 날 오후 4시경 붐비는 72번 버스 안에 있을 때의 경험이다. 버스에 탈 때는 앞문으로 타게 되어 있는데 어떤 여자가 사람들이 내리는 뒷문으로 버스에 올라탔다. 운전사는 마이크를 통해 약간 화난 목소리로 뒷문으로 탄 사람은 자기에게 와서 버스표를 보여 달라고 말했다. 40대 초반의 여자는 핸드백에서 정기권을 꺼내서 운전사에게 가서 보이고 무어라 한마디를 던졌다. 그랬더니 운전사의 표정이 금세 바뀌면서 두 사람은 화기애애하게 이야기를 나누었다). 외국에서 살다 돌아온 마틸드는 파리를 즐겨 걸으며 지하철을 타는 것도 좋아한다. 그녀의 표현에 따르면 "파리의 지하철 속에서는 세계의 모든 나라가 만난다." 정말 파리의 지하철을 타고 앉아 있다 보면 피부색, 얼굴 모양, 언어, 옷차림 등이 각양각색인 사람들이 타고 내리는 모습을 볼 수 있다. 마틸드는 그러다가 내릴 정거장을 깜박 지나치기도 한다. 마틸드가 보기에 파리 사람들을 비난할 점이 있다면 그건 파리지앵들이 타인에게 마음의 문을 잘 열지 않는다는 점과 파리 경계선 밖은 마치 사람이 살 수 없는 곳이라고 생각하는 자족적 오만함이다.

스물다섯 살의 줄리는 도자기로 유명한 도시, 리모즈에서 태어나 그곳에서 성장했다. 4년 전 파리로 올라와서 대학을 다녔고 지금은 공연기획 회사에서 보조 역할을 하고 있다. 그녀에게 "파리 사람이 되는 것은 공간 이동에서 자유롭고 타인의 규범적 시선에서 자유롭게 되는 것"이다. 그녀는 파리에 올라온 이후 저녁 외출이 훨씬 잦아졌고 외모에 더욱 신경을 쓰게 되었으며 일요일에도 외출을 한다. 줄리 역시 마틸드와 마찬가지로 파리 사람들의 폐쇄적 태도가 문제라고 생각하고 있다. 각자 자기만의 삶을 살고 옆의 사람을 도와주지 않기 때문에 지방 사람들이 파리에 올라오면 완전히 처음부터 자신의 삶을 다시 만들어야 한다. 자기 인생을 자기가 챙기지 않으면 누가 알아서 도와주는 사람이 없다(미국 하버드 대학 교수였으며 일본학 연구의 대가인 라이샤워는 자서전에서 1930년대 파리에 1년 동안 머무르며 공부했는데 그때 프랑스 사람 집에 한 번도 초대받은 적이 없다고 술회한 바 있다).

올해로 쉰아홉 살이 된 샹탈은 스물아홉 살에 피레네 산맥에서 멀지 않은 고향 도시 페르피냥을 떠나 파리에 올라왔다. 그 후 그녀는 파리 11구에 있는 오베르캉 거리에 있는 건물에 살면서 그 건물의 콩시에르주(수위) 노릇을 하며 30년을 보냈다. 젊은 날을 이곳에서 다 보낸 셈이다. 그녀는 이 구역에서 일어난 지난 30년간의 변화를 다음과 같이 요약한다: "내가 처음 이곳에 도착했을 때 이곳은 노동자들과 서민들의 동네였어요. 골목길은 철공소들로 가득했고 땅바닥은 자동차에서 나온 시커먼 기름들로 덮여 있었어요. 요즈음은 이 거리가 아주 깨끗해졌어요. 예술가들의 아틀리에와 보보들의 로프트가 들어섰기 때문이지요. 그때와 지금은 너무 다릅니다. 그러나 뭐가 더 좋다고는 말할 수 없습니다." 샹탈은 파리 사람들이 불친절하고 신경질을 잘 낸다고 하지만 지방 출신인 자기도 걸핏하면 욕설이 나온다고 말한다. 샹탈은 파리 사람들이 다 바캉스를 떠난 8월의 파리를 가장 좋아한다. 8월이 오면 샹탈은 텅 빈 파리 시내 곳곳을 걸어 다니는데, 특히 오베르캉에서 20구의 바놀레 사이를 오가는 산책 코스를 즐긴다. 바놀레의 작은 집들이 옹기종기 모여 있는 골목길들이 시골의 마을 분위기를 자아내기 때문이다.

서른한 살의 마케팅 담당자인 뤼실은 파리를 자기 집처럼 느낀다며 "파리가 아닌 다른 곳에서 사는 일은 불가능하다"고 말한다. 그녀에게 파리지앵이란 포도주 한잔을 걸치기 위해 분위기 있는 와인 바를 찾아다니고 마음에 드는 전시회를 보러 다니며 축제와 환상과 서로 다른 문화의 섞임을 좋아하는 사람이다. 뤼실은 파리의 계층적 인종적 문화적 다양성을 즐기고 사랑한다. "저는 파리가 계속해서 여러 가지 색깔이 공존하는 공간으로 남기를 바랍니다. 너무 광이 나서 빤질거리고 지나치게 청결하고 부티가 나는 도시가 되는 것은 원치 않습니다." 뤼실은 세계에서 가장 화려한 의상 디자이너들의 부티크가 줄지어선 몽테뉴 거리에서 값싼 생활용품들을 파는 허름한 상점이 늘어서 있는 벨빌 거리에 이르기까지, 광채와 어수룩함이 공존하는 파리를 사랑한다. 그녀는 파리 동북부의 서민들의 주거지에 보보들이 몰려드는 것을 경계한다: "보보들이 내세우는 정신의 개방성이란 완전히 허구예요. 그들은 스스로 관용적이라고 말하면서 자기 집 앞에서 조금만 소음이 들려도 화를 냅니다." 뤼실은 카페나 식당, 병원, 우체국 등 서비스업에 종사하는 사람들이 조금만 더 미소를 띤다면 파리가 훨씬 더 살기 좋아질 거라고 말한다.

나이를 밝히지 않은 코린은 여성복 디자이너다. 그녀에게 파리지앵이란 특별한 정신 상태를 말한다: "파리지앵의 정신 상태란 파격, 우아함, 기분 좋은 상태와 그렇지 않은 상태, 무기력과 스트레스가 섞여 있는 상태입니다." 그녀는 파리의 여성들, 파리지엔느들을 다음과 같이 묘사한다: "파리지엔느들은 파리를 한가로이 거닐고 카페의 테라스에서 이야기 나누기를 즐깁니다." 그녀가 볼 때 파리의 여성들은 모두 시간과 장소의 분위기에 따라 자기에게 맞는 옷을 입을 줄 아는 감각을 지니고 있다. 다시 코린의 말을 들어보면, "파리지엔느들은 대부분 큰 옷장을 가지고 있지요. 그 옷장 속에 '터부'란 말은 존재하지 않습니다. 파리지엔느들은 아주 적당한 정도로만 야하고 알맞게 피상적입니다. 밀라노 여성들은 보석과 사치품으로 자신을 돋보이게 만듭니다. 뉴욕의 직장 여성들은 원래 클래식한 분위기의 옷을 즐겨 입습니다. 그러나 파리지엔느들은 자기가 속한 사회적 배경이 요구하는 기준에 맞추어 옷을 입어야 한다는 의무감을 느끼지 않습니다." (파리 여성들의 파격은 자전거를 탈 때도 나타난다. 파리지엔느들은 치마를 입고 자전거를 타는 데 아무런 불편함을 느끼지 않는다. 자전거 앞에 장바구니를 달고 치맛자락을 펄럭이며 파리 시내를 누비는 파리지엔느들은 상쾌한 느낌을 준다.)

파리,
남성들의 파리

텔레비전 방송국의 피디인 32세의 티모테는 파리의 근교인 랑부이에에서 태어나 그곳에서 아동기와 청소년기를 보냈다. 그 이후 줄곧 파리에 살고 있는 티모테는 스스로가 마음속 깊숙이 100퍼센트 파리지앵이라고 느낀다. 그의 친구는 두 집단으로 나뉜다. 파리 근교 랑부이에에 사는 친구들과 파리에 사는 친구들은 서로 섞일 수 없는 완전히 다른 세계에 산다: "요즈음도 랑부이에의 친구들에게 파리에서 저녁과 밤 시간을 보내는 이야기를 하면 그들은 제 이야기를 무슨 다른 나라 이야기를 하는 것처럼 이그조틱하게 느낍니다." 그는 지난 15년 동안 파리 시내 어디를 가든 자전거를 타고 다녔다. 자전거로 파리 곳곳을 이동하면서 파리를 속속들이 알게 되었다. 그런데도 그는 매일 파리의 아름다운 장면들을 발견한다: "파리에서 어느 장소로든 이동하다가 보면 언제나 아름다움에 끌리는 축복의 순간이 있습니다. 파리에서는 일상의 시시한 장면들도 무언가를 느끼게 해줍니다."

49세의 장-피에르는 지식인과 문화인들이 많이 모이는 생-제르맹-데-프레 구역에서 26년째 신문가판대를 운영하고 있다. 그는 그곳에서 거리를 지나가는 사람들을 수없이 관찰하며 그 구역의 분위기 속에 젖어 살았다. 1950년대 사르트르, 뒤라스, 프레베르 등 사상 문화 예술가들이 살던 이 지역은 2000년대에 들어서 점차 문화의 향기를 잃어가고 있다. 광장 주변에 있던 '디방(정신분석용 침상)'이라는 이름의 서점이 크리스티앙 디오르 매장으로 바뀌었고 언제부터인가 루이뷔통을 비롯해 유명 마크의 부티크들이 생-제르맹-데-프레 광장 둘레에 들어서고 있다. 주변의 카페나 식당에는 외국인 관광객들이 다수를 이루고 있어서 이제 파리의 문화예술계에 종사하는 지식인들은 이곳을 떠나 12구의 바스티유 주변으로 이동했다는 진단이 나오기도 한다. 하지만 '륀(배의 망루)'이나 '레큄 데 파주(책 페이지의 거품)' 같은 서점에 들어가 보면 나름대로 교양을 갖춘 분위기 있는 파리지앵들이 책장을 넘기고 있다. 륀 서점 앞에 있는 장-피에르의 신문가판대는 온갖 종류의 신문과 잡지를 구비하고 있다. 그는 그곳에서 관찰한 파리의 변화를 다음과 같이 말한다: "세월이 갈수록 파리 사람들이 신경질적으로 되고 불안해하는 반면 예절은 없어지고 과거보다 덜 행복해 보입니다. 나만 하더라도 과거보다 쫓기는 편이지요. 생-제르맹-데-프레의 분위기가 많이 상업화되었다고 하지만 아직도 이곳을 찾는 사람들은 다른 구역의 사람들과 구별되는 모습을 보입니다. 그들은 여유를 가지고 몇 시간이고 이야기를 나누는 습관이 있습니다. 파리의 문화 예술 교양층인 그들이 점점 더 경박하고 세속적인 모습을 보이는 것도 사실입니다."

파리지앵들의
파리 사랑

파리지앵들처럼 자기가 사는 도시에 자부심을 느끼는 사람들도 없다. 프랑스의 대표적 사회학자이며 나의 은사이기도 한 올해 여든네 살의 알랭 투렌 교수는 몇 년 전에 3개월 동안 뉴욕에 있는 뉴스쿨 대학에서 강의하고 돌아왔는데, 어느 날 그와 만난 자리에서 뉴욕에서의 생활을 묻자 "삶의 질로 말하자면 파리가 뉴욕보다 다섯 배는 좋을 것이다"라고 말했다. 그가 파리 사람이고 파리가 그에게 익숙하기 때문에 그렇게 말했을 수도 있다. 물론 파리 시의 스무 개 구 사이에 차이가 있고 파리와 파리 주변의 교외 사이에는 엄청난 차이가 있다. 그러나 파리만 놓고 보았을 때 일상적 삶이 이루어지는 공간으로서의 파리의 삶의 질은 세계 어느 대도시와 비교해도 떨어지지 않을 것이다. 그래서 파리는 아직까지도 세계에서 가장 많은 사람들이 가보고 싶어 하는 도시이고 인생에 한 번쯤은 살고 싶어 하는 도시이다.

스위스 출신으로 영국에 살며 영어로 재미있는 책들을 써서 우리나라에도 꽤 알려진 알랭 드 보통도 『행복의 건축』(2007)에서 다음과 같이 파리 체험담을 털어놓는다: "파리 제2구의 한 작은 호텔에서 여름을 보낸 적이 있다. 싸늘하고 진지해 보이는 오래된 국립도서관에서 돌을 던지면 닿을 만한 거리였다. 〔…〕 일이 지루해지면—지루하지 않을 때가 거의 없었지만—호텔 바로 옆의 카페에 앉아 있곤 했다. 〔…〕 그 덕분에 나는 파리에 혼자 있으면서도, 며칠 동안 누구하고도 말 한번 나누지 않았음에도 다른 도시, 예를 들어 두 개의 프리웨이 가운데 낀 블록에서 몇 주를 산 적이 있던 로스앤젤레스에서 자주 느꼈던 소외감을 전혀 느끼지 못했다. 그해 여름, 나보다 먼저 왔거나 뒤에 왔던 많은 사람들과 마찬가지로 나는 영원히 파리에 살면서, 도서관에 다니고 거리를 어슬렁거리고 카페의 한쪽 구석 탁자에 앉아 세상을 지켜보며 살 수 있다면 그보다 더 행복한 일이 없겠다고 상상했다."

며칠 전 파리 16구 우리 동네에 사는 친구 알방과 즈느비에브 부부 집에 저녁 초대를 받아서 갔다가 파리에 대한 이야기가 나왔다. 알방은 쥐라 출신이고 즈느비에브의 고향은 아베롱이다. 그리고 두 사람은 암스테르담에서 6년 동안 살다 돌아왔다. 해안 지역 토지 관리를 담당하는 정부 기관의 고급 공무원인 즈느비에브는 흰색과 노란 꿀색이 섞인 돌들로 지어진 오스만식 건물들이 늘어선 파리 골목길의 안정된 분위기를 좋아한다며 자세히 살펴보면 집집마다 출입문과 베란다 창살의 디자인이 다르기 때문에 통일성 속에 다양성이 느껴진다고 말했다. 전자제품 회사 필립스에서 간부로 일하고 있는 알방은 생-도미니크 거리나 레비스 거리 같은 다양한 생활용품 상점이 늘어선 활기찬 거리를 좋아한다고 장단을 맞춘다. 알방은 젊은 시절 20구의 피레네 거리에 살았는데, 그때 밤에 유리창가에 서서 파리를 내려다볼 때가 좋았다고 말한다. 두 사람은 저녁식사를 하고 나서 심심하면 파시 언덕의 계단을 걸어 내려가 센 강변으로 나간다. 그리고 에펠탑이 바라다 보이는 강변의 벤치에 앉아서 이야기를 나누다 돌아온다. 알방은 파리에 사는 이점을 최대한으로 누려야 한다고 말한다. 파리 사람들은 이들 부부처럼 자기들이 사는 구역에서 편리하고 친숙한 일상을 영위하며 동시에 분위기를 달리하는 여행지의 기분을 느끼기도 한다.

파리지앵들의
파리 비판

아직도 파리는 세계에서 제일 가보고 싶은 도시로 손꼽히고 있지만 파리를 비판하는 파리지앵들이 늘어나고 있다. 그들은 예전의 파리는 좋았는데 점점 그 분위기가 나빠지고 있다고 불평한다. 3세대에 걸쳐 15구 콩방시옹의 같은 아파트에 살고 있는 판화가 뤽 에므리는 파리가 저항의 정신을 잃어가고 있다고 한탄한다. 파리의 매력은 서민들이 사는 변두리 캬르티에가 갖고 있는 잠재적 권력 저항성에 있는데, 돈푼깨나 번 보보들이 세계 전역에서 파리로 몰려들기 때문에 파리의 부동산 값이 오르고 서민들이 교외로 밀려나면서 점점 체제순응적인 분위기가 커지고 있다는 것이다. 그래서 그는 새로운 영감을 주는 도시를 찾아 파리를 떠날 생각이라고 말한다. 외젠 바슐로-프레베르는 시인이자 영화인이자 작사가이기도 했던 자크 프레베르의 손녀다. 그녀는 세계화의 물결 속에서 고유함을 잃고 획일화되어가는 파리 사람들의 정신을 비판한다. "프레베르는 우리에게 자유로운 정신이 되기를 요구합니다. 외부에서 들려오는 소리를 그대로 믿지 않는 투명한 정신이 되기를 바라고 있는 것이지요. 그런 점에서 그의 작품들은 오늘날에야말로 더 큰 의미를 갖습니다"라고 말한다.

파리는 공간상으로도 변화를 겪고 있다. 2008년 여름 파리를 방문한 미국의 비판적 도시사회학자 마이크 데이비스는 "저는 파리를 좋아하지 않습니다. 서점과 박물관이 더 많다뿐이지 비버리힐스와 크게 다를 게 없습니다"라고 말한다. 현대 프랑스의 도시를 연구하는 인류학자 마르크 오제는 도시의 정체성과 의미화에 관련된 지역을 '장소'라고 부르는 반면에 오로지 기능만 갖는 도시의 장소들을 역설적으로 장소가 아니라는 뜻에서 '비(非)장소'라고 부른다. 그는 파리 고유의 분위기가 점차 훼손되는 까닭을 비장소들의 증가에서 찾는다. 모노프리, 프랑프리 등의 슈퍼마켓, 주유소, 빨래방, 주차장,

맥도날드, 스타벅스, 리나 샌드위치, 헐리우드인, 이비스 등의 대형 호텔 체인점, 은행의 현금인출기, 똑같은 이름의 브랜드로 파리 곳곳에 퍼져 있는 프낙 등의 서점, 폴 등의 빵집, 자라 등의 옷 가게, 마리오노 등의 향수 가게, 장-루이 다비드 등의 미용실, 센추리 21 등의 부동산중개 체인점 등 자신의 고유한 정체성을 갖지 못하는 비장소들이 점점 더 파리의 공간을 잠식하고 있다. 그런 공간들이 늘어가는 반면 자신의 고유한 정체성을 지키는 파리의 개별적 상점들이 점점 줄어들고 있는 것이다.

나이를 밝히기를 꺼리는 작가 샤를 당지그는 파리의 고유한 장소와 분위기가 사라지는 것을 비판하는 사람 가운데 한 명이다. 『프랑스 문학에 대한 에고이스트 사전』(2006)에 이어 『모든 것 또는 아무것도 아닌 것에 대한 변덕스러운 백과사전』(2009)을 펴낸 그는 점점 더 천박스러워지는 파리를 안타까운 마음으로 바라보며 "파리의 매력은 다 어디로 갔느냐"고 묻는다. 날카로운 눈으로 파리를 관찰하는 그는 들라노에 파리 시장의 작품인, 파리 시내 어느 곳에서나 빌려 탈 수 있는 자전거 벨리브는 암스테르담을 연상시키고 저녁 6시 이후 매시간이 시작할 때 10분 동안 깜박거리는 에펠탑은 디즈니랜드를 연상시킨다면서 진짜 파리를 사랑하는 파리지앵들은 파리를 떠나게 되었다고 한탄한다. 일상생활에서 주위 사람들의 반응에 민감한 그는 택시 운전기사와 카페의 종업원들의 서비스의 질이 형편없이 낮아졌음을 개탄한다. 택시 운전기사는 자기가 원하는 코스가 아니면 승차를 거부하고, 주문한 지 20분이나 된 손님이 주문한 것 언제 나오느냐고 상냥하게 물으면 카페의 가르송이 퉁명스러운 목소리로 "사 아리브(곧 나와요)"라고 대꾸하는 파리가 싫다고 말한다. 『르몽드』와 『르피가로』를 비롯한 일간지들이 재정 위기를 맞이하고 있는데 지하철에서 12쪽짜리 무가지를 읽고 있는 파리지앵들의 모습이 보기 싫고 "이렇게 살면 행복하다"라는 주제로 매번 비슷한 내용의 기사를 내보내는 여성지를 읽고 있는 파리 여자들이 한심해 보인다. 그래서 그는 "파리의 매력은 다 어디로 갔느냐"고 묻지 않을 수 없다.

『위대한 파리』를 쓴 언론인 필리프 메이에르의 파리 비판은 한층 심각하다. 그는 파리가 러시아, 중동의 산유국과 중국, 일본, 한국, 대만 등 동아시아 사람들에게 사치와 우아함과 축제와 예술의 도시라는 이미지를 파는 진열장이 되어가고 있다고 한탄한다. 그가 볼 때 파리는 자신의 고유한 영혼을 잃어가고 있다. 파리에서는 세계적인 예술가가 점점 더 나오지 않고 있으며 문화행사나 공연의 수준도 점점 낮아지고 있다. 패션은 밀라노와 런던에 비해 떨어지고 있으며, 밤무대의 다양성과 수준은 바르셀로나보다 못하다. 파리는 미래보다는 과거에 집착하고 있으며 숨이 꽉 차서 더 이상 움직이지 못하는 상태가 되었다. 그는 파리만이 아니라 파리지앵들의 에고이즘과 무책임성과 자기기만을 폭로한다. 대다수의 파리 사람들이 아직 자기만족과 환상에 빠져 있지만 정말 고급문화를 즐기고 쾌적한 삶을 찾는 파리의 문화귀족들은 제네바나 런던으로 거처를 옮기고 있다는 것이다.

그러나 내가 볼 때 파리지앵들의 파리 비판은 지나치게 혹독하다. 파리를 비판하는 파리지앵들은 파리가 진정한 내용을 갖춘 문화도시로 다시 태어나기 위해서는 자유로운 분위기와 호기심을 불러일으키는 다양한 장소와 행사를 많이 만들어야 한다고 말하는데, 나는 파리를 걸으며 그런 요소들을 너무나 많이 만나고 느끼기 때문이다. 파리지앵들의 파리에 대한 과장된 비판은 그들이 파리를 사랑하는 마음에 비례하는지도 모른다. 물론 오늘날 파리가 변화하는 모습 가운데 내 마음에 들지 않는 부분도 많다. 파리는 2012년 올림픽 유치 경쟁에서 런던에 밀렸으며 21세기 유럽의 수도는 통독 이후 새로운 변화를 겪고 있는 베를린이 될 것이라는 전망이 나오고 있다. 파리의 변화에 대한 파리지앵들의 불평과 비판은 이런 분위기에서 나온 것이다. 파리가 '19세기의 수도'에 머무르지 않고 '21세기의 문화도시'로 다시 태어나기 위해서는 당연히 다른 도시가 흉내 낼 수 없는 파리 고유의 분위기를 간직해야 한다. 그러나 도시도 변화할 수밖에 없는 생명체다. 파리는 옛것을 지키며 새것을 만들 수밖에 없도록 운명 지어진 도시다. 21세기의 파리는 전통의 '뿌리'와 창조의 '날개'라는 모순되는 두 요소를 창조적으로 결합시키는 도시가 될 것이다. 파리를 사랑하며 비판하는 수많은 사람들이 있는 한 전통을 계승하며 새로운 것을 창조하는 파리의 오래된 전통은 계속 유지될 것이다. 그런 과정에서 과거와 이어지며 미래를 내다보는 새로운 도시 문화를 위한 다양한 실험들이 계속될 것이다.

이 책에 나오는 사람들

이 책에
나오는
사람들

이 책에
나오는
사람들

이 책에
나오는
파리의 장소들

이 책에 나오는 책과 영화들

이 책에
나오는
책과 영화들